PSYCHOLOGIE VAN DE LIEFDE

Jürg Willi

Psychologie van de liefde

Jezelf ontwikkelen door partnerrelaties

lannoo

www.lannoo.com

Tweede druk
Oorspronkelijke titel Psychologie der Liebe
Persönliche Entwicklung durch Partnerbeziehungen
Oorspronkelijke uitgever Klett-Cotta © 2002
J.G. Cotta'sche Buchhandlung Nachfolger GmbH, Stuttgart
Uit het Duits vertaald door Christelle Bogaert
Onder redactionele supervisie van Jean-Marie Govaerts
Omslagontwerp Studio Lannoo

D/2005/ 45 / 178 – ISBN 90 209 4998 5 (1ste bijdruk) – NUR 770

Gedrukt en gebonden bij Drukkerij Lannoo

Inhoud

Voorwoord

In dit boek behandelt Willi een van de belangrijkste vragen van onze tijd: gaat het samenleven met een partner ten koste van de eigen ontwikkeling?

Het antwoord van Willi is duidelijk. Samenleven met iemand is niet alleen een uitnodiging maar ook een uitdaging tot intense persoonlijke ontwikkeling. Een liefdevolle samenleefrelatie blijkt de beste levensvorm te zijn waarin mensen hun eigen groei bevorderen. Ten minste voor hen die de confrontatie met de partner echt aangaan. Voor hen die nodige energie in de relatie stoppen. Voor hen die echt liefhebben...

Een succesvolle partnerrelatie bevordert de persoonlijke groei doordat ze elke partner voor een aantal uitnodigingen en opdrachten stelt, die haar/hem verplichten te blijven evolueren, te blijven veranderen, zichzelf blijven in vraag te stellen, enzovoort. Tussen die partners ontspint zich een dynamiek van wederzijdse uitnodiging, begrenzing en ondersteuning. Duurzaam constructief samenleven in een liefdesverhouding vereist een hoge vaardigheid in het omgaan met meningsverschillen en in de kunst ze aan elkaar te uiten. Zichzelf verwerkelijken krijgt door de reactie van een levenspartner een diepere realiteitswaarde. Kort gesteld: minder inbeelding, meer realiteit.

Dit antwoord van Willi is uitzonderlijk. Velen gaan er vandaag vanuit dat om (uitsluitend) zichzelf te realiseren, ze beter geen samenleefrelatie aangaan. Anderen, de 'consumenten', die relaties vooral bekijken als verbruikers en er zoveel mogelijk voor zichzelf willen uithalen, zien hun relaties telkens weer mislukken. Dit toont het belang aan van Willi's stelling.

Verder bevat dit boek ook behartigenswaardige reflecties over liefde en verliefdheid, over het belang van verwijten in een relatie, over de spiritualiteit van samenleefrelaties en over de band tussen seksualiteit en liefde. Alles kadert binnen de veranderde partnerrelatie waarin vandaag veel meer dan vroeger, de partners zelf hun eigen vorm aan de liefdesrelatie geven.

Willi is een relatietherapeut met grote ervaring. Hij schrijft zoals hij is: eenvoudig en minzaam. Dit boek bevat bovendien een heldere synthese van zijn vorige bestsellers. Hij illustreert zijn ideeën met voorbeelden uit therapie en geeft ook aan hoe de recente relatietherapie eruit ziet.

Dit boek richt zich tot iedereen die met een partner samenleeft en die toch zichzelf wil blijven realiseren. Het is een gids voor mensen die niet willen gevangen raken in de alledaagse sleur van het 'naast-elkaar-overleven'. Voor hen die openstaan voor de intensiteit van het samenleven; voor hen die kunnen omgaan met de verschillen tussen zichzelf en de partner. Zo staan de partners uiterst dicht bij elkaar en worden ze tegelijk méér zichzelf.

Alfons Vansteenwegen

Inleiding

Vier boeken heb ik al geschreven over partnerrelaties. Kun je van een vijfde dan nog iets nieuws verwachten? De boeken omvatten een tijdspanne van meer dan 25 jaar. In die kwarteeuw zijn partnerrelaties maatschappelijk gezien ingrijpend veranderd, net zoals onze kennis over partnerrelaties werd verdiept en verfijnd. In *De partnerrelatie* (1975) en het bijbehorende boek *Het paar op de divan* (1978) ging het om het onbewuste samenspel van partners bij hun partnerkeuze en om hun relatieconflicten, evenals om de pathologische motieven en angsten die partners in een collusie met elkaar pogen te overwinnen. De daarin neergeschreven observaties waren nieuw en verschenen bovendien op het juiste moment. Deze boeken verschenen in een periode dat men in het Westen de denkwijze overboord gooide om bij relatieconflicten een schuldige en een onschuldige aan te duiden. Men begon toen eveneens in te zien dat in een partnerrelatie het gedrag van de ene ook steeds het gedrag van de andere beïnvloedt. De lezers stortten zich op *De Partnerrelatie* om inzicht te krijgen in het pathologische samenspel in hun eigen relatie en om te onderzoeken welk collusiemodel op hen van toepassing was. Daarmee was ik eigenlijk niet zo opgezet, omdat ik de indruk had dat het boek te vaak werd misbruikt om er een bevestiging van de eigen relatievijandige vooroordelen in te zoeken. Sommigen vonden er het bewijs in dat het huwelijk draaide om een pathologisch fenomeen. Ik herinner me seminaries met huwelijksconsulenten waarbij ik de deelnemers vroeg om het eerste wat hen bij het woord 'huwelijk' door het hoofd ging op het bord te schrijven. Er was niemand die er een positief begrip aan verbond. Grote bijval kenden begrippen als verveling, gewoonte, zorg, zekerheid, afhankelijkheid en onderdrukking. Vandaar dat ik me in mijn daaropvolgend boek *Ko-Evolution: Die Kunst gemeinsamen Wachsens* (1985) vooral bezighield met de vraag wat zelfontplooiing vanuit een ecologisch perspectief betekent en waarom de mens relaties nodig heeft. Gebaseerd op de theorieën uit de ontmoetingsfilosofie en meer bepaald die van Martin Buber, poneerde ik dat de mens zijn Zelf niet vindt door zich terug te trekken en af te schermen van andere mensen, maar dat relaties integendeel net het medium zijn waardoor de mens zich van zijn uniciteit bewust wordt, zich ontplooit en verwezenlijkt. Ik breidde het op de pathologie gebaseerde begrip collusie uit met het begrip co-evolutie. Met het begrip co-evolutie wordt verwezen naar het proces waarbij mensen hun persoonlijkheid ontwikkelen en ontplooien in en door het doen groeien van een partnerrelatie en naar de wijze waarop ze elkaar wederzijds in hun groei stimuleren. Niet alleen in pathologische relaties, maar in elke relatie wordt een gemeenschappelijk onbewuste basis geactiveerd binnen de grenzen van de wederzijdse ontwikkelingsbereidheid van de geliefden. Aan dit gemeenschappelijk onbewuste wordt bij partners soms vormgegeven in verkrampte en gepolariseerde pathologische interactiepatronen. Collusie kan dan ook worden opgevat als een specifieke pathologische variant van co-evolutie.

In 1991 verscheen het boek *Duurzame Liefde,* waarin ik co-evolutie diepgaander als overeenstemmende ontwikkelingsbereidheden tussen de partners beschreef. Tussen de partners ontstaat een dynamiek van wederzijdse uitdaging, begrenzing en ondersteuning. Ik heb echter vooral aangetoond dat de psychologie van partnerrelaties niet uitsluitend kan worden verklaard op basis van de dynamiek tussen de partners. Ook vroegkinderlijke relatie-ervaringen en maatschappelijke invloeden zijn als verklarende factoren voor co-evolutie tussen partners ontoereikend. Voor 1991 werd immers nauwelijks aandacht besteed aan het ecologische aspect van een partnerrelatie. Daarmee wordt bedoeld dat partners in een leefgemeenschap een interne en externe leefwereld creëren, die van primordiaal belang is voor de identiteit, zingeving en stabiliteit van hun relatie. Een duurzame leefgemeenschap ontwikkelt kwaliteiten die vreemd zijn aan een kortstondige liefdesrelatie. Het gaat daarbij enerzijds om de gemeenschappelijk gecreëerde interne leefwereld. Deze bestaat uit een gezamenlijk constructensysteem, gemeenschappelijke voorstellingen over de zin, doel en regels van het samenleven en tevens uit het gezamenlijke verleden en uit een gemeenschappelijke schat aan herinneringen. Anderzijds is er in een duurzame partnerrelatie ook sprake van een gezamenlijk gecreëerde externe leefwereld. Deze omvat de gemeenschappelijke behuizing waarvoor de woning representatief is, de opdeling van de kamers en hun inrichting, het gemeenschappelijke bezit en vooral ook de samen verwekte en grootgebrachte kinderen. Vertrekkend vanuit dezelfde ecologische principes ontstond in 1996 het voor professionele hulpverleners bestemde boek *Ökologische Psychotherapie*, waarin de relationeel-ecologische visie in een individuele psychotherapeutische setting werd uitgewerkt.

In onderhavig boek wil ik het begrip partnerrelatie vervangen door liefdesrelatie om te illustreren dat liefde steeds vaker de belangrijkste factor voor een duurzame relatie blijkt. Als de liefde verdwijnt, dooft normaal ook de partnerrelatie uit. Het begrip 'liefde' wordt echter nauwelijks ernstig genomen door professionele hulpverleners. Een liefdesrelatie wordt geassocieerd met romantiek, illusie, zeemzoeterigheid en '*la vie en rose*'. Liefde wordt in de media excentriek voorgesteld als een sprookjeshuwelijk van een sprookjespaar, waarbij de man met de vrouw van zijn dromen trouwt en omgekeerd, en beiden elkaar het eeuwige liefdesgeluk beloven. Toch beseft elkeen tegelijkertijd dat het geluk van korte duur zal zijn. Met verbazing stel ik vast dat men niettegenstaande alles geluk als hoogste goed in de liefde beschouwt. Evenveel verbazing wekt het dat ook hoogopgeleide mensen weigeren om zich kritisch in de problematiek van de liefde te verdiepen en om zich af te vragen of liefde en geluk nu echt wel zo nauw met elkaar zijn verbonden als de media ons voorspiegelen. Afspraakjes via de televisie en het internet dreigen uit te groeien tot een soort drugs waarvan de dosis continu moet worden verhoogd en waarvan het terugschroeven leidt tot ontwenningsverschijnselen. De inflatie van liefdesrelaties maakt ze broos en oppervlakkig. Men vermijdt dieper in te gaan op wat zich tussen geliefden afspeelt uit angst dat het euforische effect ervan verloren zou gaan. In dit boek wordt liefde niet gelijkgeschakeld met geluk, wel met vervulling en zelfverwezenlijking. Niemand blijft gespaard van pijn en eenzaamheid. Persoonlijkheidsontwikkeling en rijpheid worden in het leven van een volwassene door geen enkele relatie zo gestimuleerd als door een liefdesrelatie. Er is echter evenmin een relatie die het individuele welzijn en de psychische en fysieke gezondheid zozeer schade kan berokkenen als een destructieve liefdesrelatie. Het gevaar bestaat dat men de pijn van een mislukte liefdesrelatie onmiddellijk poogt te verzachten door een nieuwe relatie, zonder dat men probeert te achterhalen wat aan de basis van de mislukking ligt en wat men daaruit kan leren voor een nieuwe partnerrelatie. Wanneer aan een liefdesrelatie een einde komt, laat men vaak een belangrijke kans onbenut. Doorgaans hebben partners een goed inzicht in elkaar en kunnen ze de vinger leggen op vernieuwende persoonlijke ontwikkelingen die de ander uit de weg gaat. Vaak staan partners echter niet open voor die rake vingerwijzingen, maar proberen ze de verwijten te neutraliseren door hun gedrag te rechtvaardigen en door in de tegenaanval te gaan. In dit boek wil ik aantonen dat partners vaak als een stem van het onbewuste, proberen elkaar de weg te tonen. Het nader bekijken van een mislukte partnerrelatie kan voor de persoonlijkheidsontwikkeling een grote verrijking betekenen.

Zoals in mijn vorige werken gaat mijn dank uit naar de medewerkers van het team 'Co-evolutie' in Zürich, maar tevens naar de vele paren en deelnemers aan de seminaries wier opbouwende kritiek me gedurende jaren heeft geïnspireerd. Mijn vrouw Margaretha Dubach was ook deze keer mijn belangrijkste stimulans, zelfs al verwenst ze me hartgrondig wanneer ik in het schrijven van een boek ben verdiept.

A. Basisprincipes van een liefdesrelatie

Het boek is opgesplitst in drie delen. Het eerste deel handelt over de voorwaarden en vereisten van een liefdesrelatie. Het gaat over de vraag waarom mensen eigenlijk überhaupt liefdesrelaties nodig hebben en hoe het komt dat ze zich als persoon niet beter ontplooien en ontwikkelen wanneer ze zich onafhankelijk opstellen tegenover anderen. Wat blijft er over van de radicale en revolutionaire eisen van de 68'ers? Wat is een meerwaarde gebleken en wat moet worden bijgestuurd? Is het mogelijk om vandaag de dag losser van ideologie over de verschillen tussen de geslachten te discussiëren en in die genderverschillen een creatief spanningsveld te zien van waaruit een partnerrelatie vorm kan krijgen? Kun je seks volledig integreren in een rijpe volwassen liefde of moeten we ermee leren leven dat de seksualiteit van de lust en de seksualiteit van de verbondenheid na verloop van tijd moeilijk te verzoenen tegenstellingen zijn? Kan de ambivalentie van het seksuele verlangen een duurzame relatie ook stimuleren? Kan religie liefde verdiepen? Welke visie op liefde bieden de christelijke en andere monotheïstische tradities? Wat is de visie op liefde in de oosterse spiritualiteit en mystiek? Heeft het christelijke huwelijksritueel tegenwoordig nog zin?

Hoofdstuk 1

'Liefde': een verwaarloosd aspect in de psychologie van partnerrelaties

Waarom is liefde zo belangrijk voor een goed begrip van de relatie binnen een partnerrelatie? De vraag lijkt banaal. Toch werd tot op heden verbazingwekkend weinig onderzoek naar liefde verricht. Waarom? Is het de angst dat liefde door wetenschappelijk onderzoek zou worden gebanaliseerd? Is liefde geen ernstig wetenschappelijk thema of laat liefde zich niet exact genoeg definiëren? Zelfs al kunnen we niet precies vastleggen wat liefde is, toch kunnen we het effect beschrijven van dat wat mensen liefde noemen. Aan de basis van dit boek liggen de ervaringen over de diverse vormen van liefdesrelaties zoals ik ze heb opgetekend bij de paren die ik als therapeut heb ontmoet. Nu dit vandaag niet langer als een maatschappelijke of economische noodzaak wordt beschouwd, dringt zich de vraag op wat partners nog bij elkaar houdt. We brengen verslag uit over twee onderzoeken die ons onderzoeksteam daaromtrent heeft uitgevoerd. Uit het ene blijkt het grote belang van verliefdheid als basis voor een duurzame liefdesrelatie. Het andere onderzoek verklaart de verschillende factoren voor een duurzame relatie. Liefde blijkt de belangrijkste factor. In overeenstemming daarmee wordt in dit boek het begrip partnerrelatie vervangen door liefdesrelatie.

De terughoudendheid bij professionele hulpverleners voor het thema liefde

Wat is liefde? Ik ken geen sluitende definitie. Het is misschien eenvoudiger te definiëren wat liefde niet is: ze is niet alleen tederheid, niet alleen erotiek, niet alleen zorgen voor, niet alleen een band, niet alleen sympathie. Liefde is misschien een niet nader te omschrijven begrip, net zoals we niet echt kunnen zeggen wat het leven of de ziel is. En toch kunnen we evenmin zonder deze begrippen. We gebruiken ze als vanzelfsprekend en iedereen lijkt te weten wat ermee bedoeld wordt. Wanneer we cliënten tijdens een relatietherapie vragen of ze nog van hun partner houden, kunnen ze eenduidig op deze vraag antwoorden. Sterker nog, ze weten de intensiteit van hun liefde zowaar te situeren op een schaal van nul tot honderd. Zelfs indien we uiteindelijk niet kunnen zeggen wat liefde is, dan nog kunnen we de effecten ervan observeren en de complicaties en de tegenstrijdigheden in een liefdesrelatie beschrijven.

De moeilijke wetenschappelijk concrete operationalisatie ervan is misschien de reden waarom tot in de jaren tachtig liefde nauwelijks een onderzoeksthema was en in psychologische woordenboeken slechts sporadisch als trefwoord opduikt. Een andere mogelijke reden is de vrees dat de wetenschappelijke objectiviteit de magie waarmee liefde is omsluierd zal tenietdoen. Moet liefde niet in een hokje blijven dat is gevrijwaard van wetenschappelijke doorlichting? Is er geen gevaar dat de wetenschap de liefde zal banaliseren? Empirisch onderzoek kan slechts de oppervlakkige bovenlaag blootleggen, die dan gemakkelijk voor het geheel kan worden aanzien. Gaat het verborgene, de achtergrond, het onuitspreekbare van de liefde daarbij niet verloren? De relatietherapeuten Schindler, Hahlweg en Revenstorf (1998) schrijven dat wetenschappelijke studies in de voorbije twee decennia weliswaar de eerste, veelbelovende aanzet hebben gegeven om een theorie op te bouwen, maar dat onze kennis over het 'geheim van de liefde' gebrekkig is en dat de resultaten saai en pover zijn. Classificatiesystemen verklaren niet hoe een liefdesrelatie ontstaat, waaruit ze bestaat en van welke factoren het verloop ervan afhangt. De publicaties van twee auteurs krijgen veel aandacht. Lee (1973) ontwikkelde een multidimensionele typologie van zes soorten liefde: de romantische liefde als Eros, de speelse liefde als Ludus, de vriendschappelijke liefde, de bezitterige liefde, de pragmatische liefde en de altruïstische liefde. Voor Sternberg (1986) bestaat liefde uit de drie componenten intimiteit, passie en welwillendheid/oordeel. Ik ga niet dieper in op hun werk omdat ik meen dat deze zuiver theoretische indelingen op hun plaats zijn in hoofdstuk 8, waar ik de liefde beschrijf als een proces dat in verschillende fases verloopt, van het verlangen naar liefde over het verliefd zijn tot liefde op latere leeftijd. Daar wordt duidelijk dat liefde een veellagig fenomeen is, dat zich niet eenduidig laat definiëren omdat het continu verandert. Elke fase vergt een nieuwe stap in de ontwikkeling van degene die zich engageert in een liefdesrelatie. De verschillende stadia in die ontwikkeling kun je beschrijven. Ik zie echter af van een poging om een algemeen geldende definitie van liefde te formuleren.

Relatie- en gezinstherapeuten leggen een opmerkelijke terughoudendheid aan de dag om over liefde te spreken. De bittere onenigheid tussen hun cliënten ontdoet hun partnerrelatie van elk greintje romantiek. De achter alle ruzie verscholen passionele betrokkenheid en liefde worden daarbij gemakkelijk uit het oog verloren.

Het empirisch onderzoek van de liefde heeft tot nog toe weinig of geen resultaten opgeleverd die voor de praktijk relevant zijn. Daarom poog ik de psychologie van de liefde vooral uit mijn ervaringen in mijn therapeutische praktijk af te leiden. Het boek beperkt zich tot het proces van de liefde tussen man en vrouw. Uiteraard bestaat er ook liefde voor het werk, voor het vaderland, voor dieren. In de actualiteit van vandaag gaat veel aandacht naar de liefde tussen partners van hetzelfde geslacht. Ik wil me echter beperken tot de problematiek waarmee ik als relatietherapeut gedurende 35 jaar het meeste ben geconfronteerd, en dat is de partnerrelatie tussen man en vrouw.

Liefde doet zich voor in veel vormen, die bovendien cultuur- en tijdsgebonden zijn.

Het inzicht in liefde, zoals ook ik het gedistilleerd heb uit de verborgen verlangens en verwachtingen van mijn cliënten, berust volgens de Amerikaanse godsdienstfilosoof Jacob Needleman (2000) op het feit dat de mens onvolkomen ter wereld komt en een voortdurende innerlijke strijd voert om vollediger te worden. Het ontmoeten van een ander als iemand die eveneens al zijn hele leven op zoek is naar heelwording, doet de behoefte ontstaan om hem bij deze zoektocht te steunen. Needleman noemt dit de bemiddelende liefde. We kunnen daarbij elkaar als zoekende wezens zien. We kunnen iets van de zoektocht van de ander vermoeden. We kunnen op de hoogte zijn van de strijd van de ander om meer innerlijke vrijheid. Het gaat bij bemiddelende liefde om de openheid voor datgene in ons wat groter is dan wijzelf, waarvan we zijn afgesneden door begeerte, angst en illusies. Liefde voor de partner is liefde voor de innerlijke strijd van de mens met zichzelf. Het is niet de liefde voor de deugd. Het is de liefde voor de strijd om de deugd. Het is niet de liefde voor de sterkte, maar de liefde voor de strijd tegen de zwakte. Het is niet de liefde voor de geest of de ziel van de ander. Het is de liefde voor datgene waar de ander in het diepst van zijn ziel naar hunkert en zich voor wil inzetten, hoe beperkt ons begrip ervan ook is (blz. 45-46).

De wens dat de ander mag groeien als persoon kan ontstaan uit de observatie van onze eigen innerlijke worsteling. Wanneer we onze eigen diepste verlangens en behoeften herkennen, staan we open voor de verlangens en behoeften van de ander. We herkennen bij de ander het verlangen om de strijd met zichzelf aan te gaan. Juist dat kan ons hart spontaan voor hem doen openbloeien.

Ook volgens mijn inzichten berust de partnerliefde niet op de bevrediging van welomschreven behoeften, maar gaat het om een wordingsproces, een groeiproces van twee mensen, die samen een evolutie doormaken vanuit het appel van hun relatie, een co-evolutie. In een liefdesrelatie stellen twee mensen wederzijds de vervulling en realisatie van hun diepste verlangens in het vooruitzicht. De geboden mogelijkheden om tot persoonlijke ontplooiing te komen worden echter begrensd door de onvermijdelijke beperking van het wederzijdse begrip en van de onderlinge aanspreekbaarheid. De worsteling om het begrip van de partner en de instandhouding van de hoop op heelwording, niettegenstaande de onvolledige vervulling ervan, zijn essentiële kwaliteiten van liefdesrelaties.

Ik wil eerst de resultaten bespreken van twee studies van ons onderzoeksteam 'Co-evolutie'. Die studies hebben onze houding tegenover het thema liefde veranderd en deze in het centrum van onze belangstelling geplaatst.

Is verliefdheid belangrijk voor de duurzaamheid van en het geluk binnen een partnerrelatie?

Verliefdheid heeft bij psychotherapeuten niet echt een goede naam. Het gaat door voor een toestand van illusie, van vertekende projecties. Verliefdheid wordt beschreven als een manifeste psychose en geldt in elk geval als een toestand waarin elke zin voor realiteit ontbreekt en de betrokkene voor geen enkel rationeel argument vatbaar is. Buitenstaanders constateren opgelucht dat verliefdheid van voorbijgaande aard is en vaak snel overgaat in gejammer over de opgelopen teleurstelling. Derhalve rijst de vraag of verliefdheid een noodzakelijke vereiste is voor een duurzame relatie dan wel een hinderpaal voor de ontwikkeling ervan. Is een realistische inschatting van de mogelijkheden en beperkingen van een liefdesrelatie de beste basis voor een duurzame partnerrelatie? We hebben gepoogd om op basis van eigen onderzoek in te schatten hoe belangrijk verliefdheid is voor het huwelijk (Willi, 1997; Riehl-Emde en Willi, 1997). Zo werd aan 605 proefpersonen een enquête voorgelegd (twee derde waren vrouwen, 66% was gehuwd, 24% alleenstaand en 10% gescheiden). Ik beperk me hier tot de resultaten die relevant zijn voor het huidige boek.

Wat moeten we denken van liefde op het eerste gezicht? Liefde op het eerste gezicht geldt als niet meer dan een strovuurtje, als een projectie van eigen wensbeelden op een partner die je nog niet kunt kennen. Geleidelijk aan verliefd worden gaat dan weer door voor een rijpere, rationelere en solidere relatievorm. Uit ons onderzoek blijkt echter dat 25% van de proefpersonen al vanaf de eerste dag verliefd is op hun huidige partner (13% zelfs op het eerste gezicht), 30% had meer dan twee maanden nodig. Nochtans resulteerde de verliefdheid bij die 30% niet vaker in een duurzame relatie dan bij diegenen die snel emotioneel in vuur en vlam stonden. Verbazingwekkend genoeg waren de verliefden op het eerste gezicht niet minder tevreden met of gelukkig in hun relatie dan mensen bij wie het iets langer duurde voor ze verliefd werden. In tegenspraak met de vakliteratuur werd evenmin bevestigd dat mannen het sneller 'te pakken hebben' dan vrouwen. Mannen geven slechts de indruk dat ze sneller verliefd worden omdat ze hun verliefdheid vlugger tonen. Vrouwen pogen hun gevoelens te verbergen achter een stugge houding. Liefde op het eerste gezicht blijkt veel trefzekerder dan algemeen wordt aangenomen. Het is alsof de mens in staat is om in luttele seconden intuïtief de wezenlijke aspecten van een potentiële liefdespartner in te schatten. Liefdesrelaties lijken, startend met verliefdheid op het eerste gezicht, te verlopen volgens irrationele regels.

Een andere vraag in het onderzoek was, wat er geworden was van de grote liefde in het leven van de proefpersoon. Mag je ervan uitgaan dat 'de grote liefde' een relatie stabieler maakt? Of is het net andersom? Is het met andere woorden een voordeel dat je elkaar kritisch en zonder illusies tegemoet treedt en zo dus minder ontgoochelingen oploopt? Eén zesde van de ondervraagden had nooit een relatie met zijn of haar 'grote liefde'. We stelden een belangrijk onderscheid vast tussen liefdesrelaties en sympathierelaties. Sympathierelaties berusten voor het merendeel op wederzijdsheid. Je vindt iemand die jou niet sympathiek vindt meestal evenmin sympathiek. Het woord sympathie impliceert immers dat men 'elkaar' leuk vindt. Helemaal anders is het bij verliefdheid. Verliefdheid hoeft niet te worden beantwoord. Je kunt een diepe liefde voelen voor iemand zonder dat die daarop ingaat of er zelfs maar van op de hoogte is. Niettemin lijkt een vaste relatie met 'de grote liefde' trouwen te bevorderen. 60% van de gehuwden zegt samen te leven met hun grote liefde. Bij gescheiden mannen en vrouwen met een nieuwe partner zegt slechts 18% dat hun ex-partner hun 'grote liefde' was. Ongehuwden met een vaste partner betitelen deze slechts in 29% van de gevallen als de liefde van hun leven. Veel minder van hen gingen met hun grote liefde samenleven. In één vijfde van de gevallen kwam niet eens een relatie tot stand. Uit de onderzoeksresultaten blijkt dus een significant verschil tussen gehuwden en ongehuwden wat het percentage betreft dat samenleeft met zijn grote liefde. In vergelijking met ongehuwden met een vaste partner berust bij gehuwden de grote liefde vaker op wederzijdsheid en werd de relatie minder vaak aangeknoopt onmiddellijk na een spaak gelopen liefde.

Hoe zit het met geluk en tevredenheid in de relatie bij gehuwde en ongehuwde paren? Zoals hierboven vermeld leeft een hoger percentage gehuwden samen met hun grote liefde dan ongehuwden met een vaste partner. Dat het belangrijk is met de grote liefde te zijn gehuwd, blijkt uit het geringe aantal echtscheidingen in die groep (6%). Een huwelijk met de grote liefde lijkt dus minder frequent uit te draaien op een echtscheiding.

Zijn gehuwden dan ook tevredener en gelukkiger in hun relatie? Dat blijkt alvast niet uit ons onderzoek. Ongehuwden met een stabiele relatie omschrijven zichzelf beduidend vaker als gelukkig in de relatie dan gehuwden. Ze vertonen bovendien een grotere tevredenheid over de diverse aspecten in hun relatie, vooral over communicatie, de wederzijdse tederheid en hun seksleven. Het minst tevreden zijn gehuwde paren met kinderen. Die vaststelling verbaasde ons, maar stemt overeen met de bevindingen van Belsky en Rovine (1990). Het kan zijn dat gehuwde paren met kinderen vaker ontevreden zijn over de relatie met hun partner, maar wel emotionele voldoening vinden in de relatie met hun kinderen.

Waarom trouwen ongehuwden met een vaste partner niet, als ze dan toch gelukkiger zijn dan gehuwde paren? Of zijn ze net gelukkiger omdat ze niet getrouwd zijn? Dat ongehuwden een gelukkigere of bevredigendere relatie hebben met hun partner dan gehuwden, zou kunnen worden verklaard door het feit dat ongehuwden sneller uit een onbevredigende relatie kunnen stappen dan gehuwden. Het zou kunnen dat ongehuwden meer zorg en energie besteden aan hun onderlinge relatie, vooral wat betreft communicatie, tederheid en seksleven. Het zou echter ook kunnen dat ongehuwden niet kiezen voor een huwelijk omdat hun partner niet hun grote liefde is. Hun verwachtingen zijn derhalve minder hooggespannen en gemakkelijker in te lossen. Wie gehuwd is met zijn grote liefde lijkt er ook mee samen te blijven zelfs wanneer dat huwelijk geen geluk en tevredenheid biedt.

Samengevat wekken de resultaten van ons onderzoek de indruk dat de logica van liefdesrelaties verschilt van andere relaties. Vaak kent een liefdesrelatie geen geleidelijk begin, maar dient verliefdheid zich aan als een donderslag bij heldere hemel. Amor heeft toegeslagen, verliefdheid is een '*coup de foudre*'. Met een soort vanzelfsprekendheid weet men de geliefde persoon op slag te herkennen, nog voor men over voldoende informatie beschikt. Je kunt je daarbij vergissen, maar verrassend vaak blijkt de eerste indruk juist. Om verliefd te zijn hoeven de gevoelens niet wederzijds te zijn. De verliefdheid druist vaak in tegen elk greintje gezond verstand. '*Le coeur a des raisons, que la raison ne connaît pas*' (Pascal).

Verliefdheid komt in ons onderzoek naar voren als een belangrijke stabilisator van het huwelijksleven, zeker wanneer de partnerrelatie niet meer als gelukkig en bevredigend wordt ervaren. Geluk en tevredenheid zijn dus niet de enige maatstaven en misschien wel niet eens de doorslaggevende elementen voor het instandhouden van een relatie. Aan de kwaliteit en de intensiteit van de verliefdheid werd tot nog toe in de psychologie van partnerrelaties en in de partnerrelatietherapie weinig aandacht besteed.

Liefde, de beslissende factor voor een duurzame relatie

In 1991 heb ik in *Duurzame Liefde* over dit thema mijn ervaringen als therapeut beschreven. De daarin geformuleerde veronderstellingen werden door mijn vroegere medewerkster Astrid Riehl-Emde in een empirisch onderzoek getoetst (Riehl-Emde, Frei, Willi, 1994; Riehl-Emde, 1998). Aan de hand van een voor dat onderzoek opgestelde paar-inventaris ondervroeg ze schriftelijk 204 representatieve paren (gemiddelde leeftijd van de mannen 45 jaar, van de vrouwen 43). De gemiddelde duur van het huwelijk bedroeg 16 jaar (variërend tussen 5 en 30 jaar). De enquête had in eerste instantie betrekking op 18 factoren die belangrijk leken voor een duurzame relatie. Bij een eerste proefafname wezen de proefpersonen Astrid Riehl-Emde er echter op dat de belangrijkste factor voor een duurzame relatie liefde is en dat dit aspect in de enquête niet aan bod kwam. De enquête *'Wat paren bindt en wat ze doet scheiden'* werd derhalve uitgebreid met een 19de factor.

- gedachtewisseling in onderlinge gesprekken
- opsplitsing van de gemeenschappelijke en persoonlijke levenssfeer
- beroepsinkomen
- relatie met de eigen familie en met de schoonfamilie
- rolpatronen binnen de relatie
- mogelijkheid tot persoonlijkheidsontwikkeling binnen de relatie
- perceptie van solidariteit en steun binnen de relatie
- gezamenlijk seksleven
- erotiek
- liefde
- tederheid
- omgang met de problematiek van vreemdgaan
- identificatie met de relatie
- perceptie van de verschillen tussen de partners
- plicht- en schuldgevoelens tegenover de partner
- angst voor het alleen-zijn
- de financiële situatie
- religieuze dimensie binnen de relatie
- dagelijkse omgang met de kinderen

De proefpersonen dienden ondermeer in te schatten hoe belangrijk deze factoren waren voor de stabiliteit van hun relatie en de mate van hun tevredenheid erover te evalueren. Bovenaan op de lijst staat eenduidig de liefde als belangrijkste motivatie waarom ze samenblijven, gevolgd door de identificatie met de relatie, gedachtewisseling in onderlinge gesprekken en persoonlijkheidsontwikkeling binnen de relatie. Identificatie met de relatie is de houding die men aanneemt tegenover de relatie of de partner en de vraag of je bij die partner zou blijven, om het even wat er gebeurt. Het gaat dus om de duurzaamheid die is ontstaan door het gezamenlijke verleden, vooral door de moeilijke tijden die men samen heeft doorgemaakt en door de overtuiging dat het samenleven loont. De proefpersonen leken de vragen over het thema liefde moeiteloos te kunnen beantwoorden. Mannen en vrouwen kenden een nagenoeg identieke rangorde toe aan de diverse factoren. Beide seksen vermeldden liefde en identificatie met de relatie als belangrijkste stabilisatoren. Wat ons verbaasde was dat een aantal maatschappelijke thema's die de afgelopen jaren zoveel stof hebben doen opwaaien helemaal niet bovenaan stonden. We denken hierbij aan de opsplitsing tussen gezamenlijke en persoonlijke levenssfeer of aan rolpatronen. Wat ons tevens verraste was dat tederheid pas op de tiende, erotiek op de twaalfde en gezamenlijk seksleven op de veertiende plaats stonden.

De rangorde voor de stabiliteit van de relatie komt grotendeels overeen met de rangorde voor geluk en tevredenheid in een partnerrelatie.

De proefpersonen betitelden zichzelf nu als minder tevreden en gelukkig dan tijdens het eerste jaar van hun relatie, ongeacht hoe lang die al standhield. Op de vraag of hun liefde in vergelijking met dat eerste jaar in het voorbije jaar was toegenomen, afgenomen, dan wel gelijk gebleven, antwoordde meer dan de helft van de ondervraagden dat ze was gelijk gebleven, 30% dat ze was afgenomen. Ongeveer dezelfde percentages tekenden we op voor de factor gedachtewisseling in onderlinge gesprekken. Wanneer ze hun persoonlijkheidsontwikkeling binnen de relatie vergeleken met die tijdens het eerste jaar, was het aantal mensen dat nu tevredener is ongeveer gelijk aan het aantal dat ontevredener is. Wat de identificatie met de relatie betreft waren de resultaten veel uitgesprokener. In meer dan 75% van de gevallen identificeerde men zich nu meer met de relatie, slechts zelden minder. Heel groot was het percentage ontevredenen in de intieme sfeer. 52% was nu minder tevreden met het gezamenlijke seksleven dan in het eerste jaar. 50% was ontevredener over tederheid en 41% over erotiek. Die resultaten lopen enigszins parallel met de bevindingen uit de verliefdheidsstudie. Naarmate een relatie langer duurt wordt de identificatie ermee sterker en neemt het gevoel van geluk en tevredenheid over de verbale en erotische communicatie af. Dat stemt overeen met mijn vroegere observaties (Willi, 1991) dat identificatie met de samen opgebouwde interne en externe leefwereld, met het dyadische constructensysteem en met de dyadische niche (zie hoofdstuk 8), belangrijker wordt voor de binding tussen paren naarmate de duur van de relatie toeneemt.

Voor onderhavig boek is het van belang te weten dat liefde het hoofdmotief is om een partnerrelatie aan te gaan. Van de verschillende aspecten binnen een partnerrelatie volgt identificatie met de relatie het dichtste op liefde, gevolgd door onderlinge gedachtewisseling en persoonlijkheidsontwikkeling in de relatie. Die aspecten moeten derhalve binnen de psychologie van de liefde een centrale plaats innemen. Liefde is echter vaak irrationeel en naar die irrationaliteit werd slechts weinig onderzoek verricht. Bij een liefdesrelatie streeft men weliswaar het hoogste geluk na, maar de duurzaamheid van een liefdesrelatie hangt niet in de eerste plaats af van de vervulling van dat geluk. Wie elkaar liefheeft is bereid om voor die liefde te lijden. Belangrijker dan geluk en tevredenheid is de identificatie met de liefdesrelatie. Die wordt intenser naarmate men langer samenleeft. Het samen te boven komen van moeilijke periodes en het verwerven van een gezamenlijk verleden, lijkt de liefde te verdiepen en te stabiliseren.

Hoofdstuk 2

Wat betekent zelfverwezenlijking in de liefde?

In dit boek onderschrijven we de these dat de mens zich niet onafhankelijk van zijn medemens maar wel in relatie ermee ontwikkelt en dat liefdesrelaties een manier zijn om te komen tot de ontplooiing, ontwikkeling en verwezenlijking van de diepste persoonlijke verlangens. In een liefdesrelatie ontmoeten twee zoekende, onvolkomen en onvoldane mensen elkaar. Ze hopen in en door die relatie hun persoonlijk potentieel te kunnen realiseren en nieuwe evoluties door te maken. Door de respons van hun partner krijgt de zelfverwezenlijking een andere realiteitswaarde. De partners moeten er echter leren mee leven dat ze van de ander enkel respons krijgen voor zover dat binnen zijn eigen specifieke aanspreekbaarheid kadert en dat die net zoals bij henzelf beperkt is. Partners strijden met elkaar om een grotere wederzijdse aanspreekbaarheid. Voor de gebieden waar beiden dat verlangen tot ontplooiing vertonen zullen ze elkaar in de verwezenlijking van dat potentieel in grote mate stimuleren. Secundair zullen ze echter gemakkelijk met elkaar in conflict treden om de eigen verdienste en eigen invloed te beklemtonen. Die dynamiek wordt hieronder verduidelijkt aan de hand van gedragsecologische modellen.

Van de normatieve naar de gedragsbiologische 'liefdesethiek'

Liefde is een begrip dat gemakkelijk wordt geassocieerd met dweperige romantiek of met een verheven moraal. In het Duitse idealisme wordt de liefde gevierd als de bezielster van een grotere eenheid in een wereld die verdeeld wordt door Subject en Object. Liefde voert weg van het Subject en maakt het Object tot overheersende voorgrond. Volgens Hegel is men slechts één in de liefde voor het Object, want dat beheerst niet en wordt niet beheerst (cit. Hoffmeister, 1955). Wijd verbreid is de opvatting dat de mens van nature uit wordt geleid door egoïsme en rivaliteit. Bij de liefde hoort de morele bereidheid om de eigen belangen ondergeschikt te maken aan die van de geliefde. Ook Darwin was ervan overtuigd dat het morele gevoel of het geweten het belangrijkste onderscheid vormde tussen mens en dier (cit.Vogel, 1992). Echte moraliteit uit zich in de overwinning van deze natuurlijke neigingen. Morele waarden hebben tot doel de aan de mens eigen immorele neigingen, drijfveren en gedragingen bij te sturen, af te remmen of te onderdrukken. Door de liefde dergelijke geïdealiseerde morele waarden toe te dichten, ontstaat volgens mij het gevaar dat discussies, ruzies en eigenbelang uitsluitend als negatieve factoren worden beoordeeld. Als het concrete gedrag van liefdesparen wordt beoordeeld op basis van die hoge idealen, kan dat er alleen maar als onvolmaakt uitkomen. De gedragsecologie daarentegen biedt modellen waarmee de tegenstrijdigheid van de reëel beleefde liefde goed kan worden verklaard. Meer bepaald gaat het om de tegenstelling tussen aantrekking en afstoting of tussen altruïsme en egoïsme. Ik ben het in dat opzicht eens met Edward Gibbons, die waarschuwt: 'Vertrouw geen verheven motief voor een daad wanneer er ook niet een minder verheven principe achter te vinden is' (cit.Vogel, 1992; blz. 209).

De ethologie heeft sinds Darwin een grote evolutie doorgemaakt. Achteraf bekeken is het begrijpelijk dat de theorie van Darwin de behoefte deed ontstaan om terug te grijpen naar ethische, menselijke normen.

Darwin heeft met zijn werk *On the Origin of Species by Means of Natural Selection* (1859) nieuwe ideeën gelanceerd over de evolutie der soorten.Volgens hem was natuurlijke selectie de enige bepalende factor in de evolutie. Het gedrag dat het beste is aangepast aan de omgeving biedt de grootste overlevingskans. Darwins theorie over de strijd om het bestaan had een moreel, menselijk tegengewicht van medemenselijke liefde nodig. De darwinisten stelden de natuur voor als een slagveld waarop de zwakkeren door de sterkeren, meer behendigen en meer listigen worden uitgeroeid. Slotsom was dat de mens van de natuur alleen het slechte kon leren, de bittere strijd van allen tegen allen.

Toch benadrukte ook Darwin al de andere kant van de natuurlijke medaille: coöperatie en wederzijdse hulp. Competitie en conflict tot de dood erop volgt, zijn voor een soort altijd schadelijk. De klassieke ethologie stelde een moreel-analoog altruïstisch gedrag (Konrad Lorenz) voorop dat ten dienste staat van het voortbestaan van de soort of populatie. Bij dieren werd een 'onbaatzuchtig' en zelfs 'moreel' gedrag vastgesteld waardoor de groep of soort betere overlevingskansen krijgt. Konrad Lorenz (1965) bestempelde het doden van soortgenoten om het voortbestaan van de soort te verzekeren zowel bij mens als dier als uiterst ondoeltreffend. De beschaafde mens kan dit natuurlijk slagveldmechanisme uitschakelen en de 'moraal der natuur' overboord gooien. Het natuurlijke tekort moet hij aanvullen met een rationele moraal. De mens diende van de dieren te leren en ten voordele van zijn soortgenoten af te zien van een maximaal eigenbelang. Er werd beweerd dat een volk met voldoende mensen die anderen bereidwillig helpen uit patriottisme, trouw en gehoorzaamheid en die zich willen opofferen voor het algemeen belang, door natuurlijke selectie zou zegevieren. Van een strijd van allen tegen allen was geen sprake meer. Uit de natuur meende men de hoge ethische standaard te kunnen afleiden dat de eigen belangen ondergeschikt moeten worden gemaakt aan die van de gemeenschap, ook wat de liefde betreft.

In de sociobiologie, in navolging van W.D. Hamilton (1964), werden modellen opgesteld waarin niet langer morele idealen worden gehanteerd en die de condities voor de doeltreffendheid van egoïstisch en altruïstisch gedrag in een nieuw licht plaatsen. De gedragsbiologie bracht een nieuwe, realistische en 'natuurlijke' kijk op het complexe sociale gedrag van de mens en dus ook op het gedrag van geliefden. Om te begrijpen hoe mensen zich in relaties gedragen hoeft men zich niet te concentreren op ethisch beladen kenmerken en instincten als altruïsme en egoïsme. Je kunt menselijk gedrag bestuderen door na te gaan *welke relatiepatronen in welke omstandigheden 'overlevingsvoordelen' bieden.* Welke 'aanpassingsstrategieën' worden gehanteerd in de diverse natuurlijke levens- en relatiesferen? Het gaat met andere woorden niet om de vraag of de mens van nature uit egoïstisch dan wel altruïstisch is, in staat zich te binden dan wel onafhankelijk is, monogaam of polygaam is. Het gaat erom *welk gedrag in welke relationele situatie de meeste overlevingsvoordelen biedt.* Het zal hieronder worden aangetoond dat over het algemeen egoïsme noch altruïsme op zich in liefdesrelaties enig voordeel oplevert. Ideologieën en revoluties die betrekking hebben op de vorm van liefdesrelaties zullen slechts van blijvende betekenis zijn indien ze beter aansluiten en passen bij een persoon en daardoor zijn *'fitness'* verhogen. Een normatieve liefdesethiek blijkt in feite voor het begrip van liefdesrelaties overbodig.

Het principe van eigenbelang

Voor we ons bezighouden met de vraag in hoeverre ethologische principes van toepassing zijn op de psychologie van de liefde, moet eerst worden geschetst welke opvatting over relaties binnen een partnerrelatie en gezin vandaag heerst in de ethologie. Basisprincipe is de stelling van Darwin dat 'fitness' voor de evolutie van doorslaggevend belang is, met andere woorden dat individuen via hun gedrag een succesvolle voortplanting beogen. Zijn theorie werd verder ontwikkeld tot een genetische theorie met betrekking tot sociaal gedrag (Hamilton, 1964). Volgens die theorie is bij de organisatie van sociale gedragingen het principe van het *'selfish gene'* (Dawkins, 1989) of het *principe van eigenbelang'* (Wickler en Seibt, 1977,1991) bepalend. De gedragingen van dieren zijn er met andere woorden op gericht om de eigen genen zoveel mogelijk te verspreiden, om dus zoveel mogelijk geslachtsrijpe nakomelingen groot te brengen. Coöperatie of competitie, ontstaan van groepen of een agressieve individuele opstelling worden ingegeven door de vraag of de eigen genen daardoor een betere kans op verspreiding hebben. Behulpzaam gedrag of zelfs 'opoffering' om anderen te laten overleven berust niet op altruïstische liefde, wel op het principe van het eigenbelang der genen. Omdat broers en zussen drager zijn van dezelfde genen, is het mogelijk dat een optimale verspreiding van de eigen genen efficiënter wordt bewerkstelligd door elkaar te helpen bij het grootbrengen van de jongen dan door zich alleen te concentreren op de eigen nakomelingen. De samenlevingsvorm bij dieren laat zich verklaren door het principe van eigenbelang der genen. Er ontstaat slechts een band tussen ouders en kinderen indien broedzorg nodig is, wat bij reptielen, vissen en lagere diersoorten niet in dezelfde mate het geval is. Tussen de ouders ontstaat de samenwerkingsvorm die het geschiktst is om de jongen groot te brengen. Bij broedende vogels neemt het mannetje meestal de taak op zich om voedsel en materiaal voor het nest te verzamelen. Bij leeuwen gaan de vrouwtjes op jacht om voedsel te zoeken, terwijl het mannetje zichzelf als een harembezitter tegenover zijn rivalen moet bewijzen en zijn krachten spaart voor de frequente copulaties. Duurzame relaties ontstaan waar de samenwerking een beter broedresultaat oplevert, zoals bij diverse vogelsoorten.

Het sociaal gedrag van dieren wordt ten behoeve van de voortplanting geoptimaliseerd door op deze wijze de krachten doeltreffender en spaarzamer in te zetten. Samenwerking en samenlevingsverbanden ontstaan wanneer individuen samen meer succes boeken dan afzonderlijk. Volgens Eibl-Eibesfeldt (1998) wordt het ontstaan van gemeenschappen gestimuleerd door het vluchtgedrag bij externe bedreiging, de drang naar geborgenheid, broedzorg, taakverdeling bij broedzorg en het samen sterk zijn tegen externe vijanden. De seksuele drift lijkt bij dieren echter nauwelijks bij te dragen tot het ontstaan van groepsverbanden.

Bij de mens vervangt de verwezenlijking van het eigen potentieel de voortplantingsdrang

Men kan opwerpen dat de betrachting naar maximale reproductie en verspreiding van de eigen genen niet de belangrijkste redenen kunnen zijn waarom mannen en vrouwen een leefgemeenschap vormen. In veel gevallen wil men helemaal geen gezin stichten. Sommigen vinden een kinderloze relatie bevredigender dan een relatie met kinderen (Willi, 1997; Riehl-Emde, 1998). Een kroostrijk gezin wordt vandaag veeleer beschouwd als een uiting van asociaal en incompetent ouderlijk gedrag en is geen prestigezaak meer. Het was een van de doelstellingen van de emancipatie dat een vrouw zich niet meer in de eerste plaats via de moederrol dient te realiseren als persoon. Het baren van kinderen zou dan ook geen maatstaf meer zijn voor het gevoel van eigenwaarde bij een vrouw. Vandaag kiest een vrouw er immers zelf voor of, wanneer en hoeveel kinderen ze wil.

Wanneer we echter met een kunstgreep het principe van eigenbelang lostrekken uit de enge betekenis van verspreiding der genen en het veeleer beschouwen als een algemeen model voor het ontstaan van relaties, leidt dat tot een fascinerend en verhelderend inzicht. *Ik vervang het principe van de verspreiding van de individuele genen door het principe van de verwezenlijking van het persoonlijk potentieel in en door een partnerrelatie.*

Mensen gedragen zich zo dat ze zoveel mogelijk van hun persoonlijke mogelijkheden kunnen ontplooien en ontwikkelen. Daartoe hebben ze andere mensen nodig, want in talloze opzichten kunnen ze hun potentieel slechts verwezenlijken met en voor en door andere mensen. Er ontstaan daarbij fundamentele belangenconflicten en om die de baas te kunnen worden uit pure noodzaak relationele evenwichten gecreëerd. Wat relationele harmonie lijkt is in wezen een conflictgebonden patstelling waarmee tegenstrijdige ontwikkelingstendensen binnen een partnerrelatie voorlopig onzichtbaar blijven en geneutraliseerd worden.

Men zal aanvoeren dat een dergelijk model opgaat voor zakelijke en professionele betrekkingen. Het is bij dergelijke relaties zo klaar als een klontje dat ieder zoveel mogelijk persoonlijk voordeel wil binnenrijven. Maar geldt het principe van eigenbelang ook voor liefdesrelaties?

Wat betekent zelfontplooiing binnen een relatie?

Wanneer we het principe van eigenbelang overdrachtelijk toepassen op de mens, gaan we uit van de veronderstelling dat zelfontplooiing niet alleen een introvert proces is van zelfwaarneming, bewustwording en zelfkennis, maar dat zelfontplooiing vooral een concrete realisatie in de externe leefwereld moet inhouden om als reëel te worden ervaren (Willi, 1996). Door op zijn leefomgeving in te werken wordt een mens concreet en tastbaar voor zichzelf en voor anderen die daarop reageren. Het effect dat hij extern sorteert heeft evenveel invloed op zijn fantasieën, dromen, intenties en handelingen als omgekeerd zijn fantasieën en dromen invloed hebben op zijn externe verwezenlijkingen. Zolang de innerlijke aspiraties geen uiterlijk effect sorteren, worden ze niet als echt ervaren. Iets is pas reëel als het reële gevolgen heeft. Zelfkennis en zelfbewustwording worden in grote mate gestuurd door succes en mislukking in externe realisaties.

Elke mens creëert voor zichzelf een persoonlijke externe leefwereld, een persoonlijke niche (zie uitgebreider Willi, 1996). De persoonlijke niche vormt de externe structuur van een individu, die het denken en handelen op een gelijkaardige manier kanaliseert als de innerlijke structuur. Deze interne structuur omvat ondermeer het persoonlijke constructensysteem volgens G. Kelly, de schemata volgens Piaget of de innerlijke objecten van de psychoanalyse. Of hij zijn verzuchtingen kan realiseren hangt echter niet van hem alleen af. Hij is daarbij aangewezen op de steun van zijn omgeving. Hij moet zijn medemensen winnen voor de verwerkelijking van zijn plannen en intenties en heeft daarbij meer nodig dan louter zelfhandhaving en autonomie.

In de door ons gehanteerde relatie-ecologische therapiebeginselen (Willi, 1996, Willi, 2000) wordt onderzocht welke ingesteldheid, houding en strategie een mens kan benutten om zijn potentieel in zijn relationele omgeving te realiseren. Het gaat daarbij om alle relaties, zowel met het levende, met het levenloze als met de medemenselijke omgeving. Het gaat om relaties op professioneel, cultureel en sociaal vlak, in de vrije tijd en in het bijzonder ook om liefdesrelaties.

Liefdesrelatie als een beantwoorde persoonlijkheidsontwikkeling

Anders dan bij zakelijke en professionele relaties gaat het bij een liefdesrelatie om het meest persoonlijke en meest intieme facet van de menselijke ontplooiing, om het Ik dat Jij wordt, zoals Martin Buber (1973) het formuleert. Je wilt in de geliefde een mens ontmoeten die je in je diepste innerlijk begrijpt en goedkeurt, die je zonder schaamte je angsten en zwakheden kunt tonen, bij wie je je geborgen en veilig voelt, aan wie je je kunt blootgeven zonder bang te zijn dat je gevoelens zullen worden misbruikt. Je zoekt in de geliefde een mens die je koestert en verzorgt wanneer het slecht gaat, die je niet in de steek laat bij mislukkingen en trots op je is bij succes. Je wilt door de geliefde partner op fouten en vermijdingsstrategieën gewezen worden en door zijn kritiek worden gestimuleerd. Je wilt met elkaar een manier zoeken om samen hindernissen en moeilijkheden te overwinnen en samen de ups en downs van het leven door te maken. Je wilt in de geliefde iemand vinden die het niet onverschillig laat hoe je gekleed gaat, die je erop attent maakt dat er vlekken op je kleren zitten en dat je een onaangenaam geurtje verspreidt, die opmerkt dat je treurig bent of er moe uitziet. Een persoon kortom die rekening houdt met wie jij bent.

Net zoals Jacob Needleman (2000) ga ik uit van de vaststelling dat elke mens in wezen onzeker is, dat iedereen tekortkomingen en zwakheden heeft en op zoek is naar manieren hoe hij deze onzekerheden kan overwinnen. De specifieke aantrekkingskracht tussen mensen berust niet alleen op positieve kwaliteiten zoals sterkte, schoonheid of intelligentie. De meer authentieke aantrekkingskracht schuilt vaker in de verborgen onzekerheden en in de aspecten van zwakte van een individu en in zijn verlangen om deze te overwinnen. De idee dat men die persoon kan helpen om de juiste weg te vinden kan een bijzondere aantrekkingskracht uitoefenen. Je wilt de ander helpen om zich te verwezenlijken zoals hij in essentie is.

Op het intieme vlak van persoonlijkheidsontwikkeling en zelfontplooiing is een individu op de respons van zijn partner aangewezen. De partner biedt het individu de ruimte, de niche, waarbinnen hij zijn intieme mogelijkheden kan ontwikkelen. De kwaliteit van die zelfontplooiing correleert met de kwaliteit van de beantwoording door de partner.

In een liefdesrelatie wil de man dat de vrouw reageert op zijn manzijn. Hij wil worden gestimuleerd in zijn mannelijk potentieel, worden gerespecteerd, bewonderd en in zijn mannelijkheid worden benut door de partner. De vrouw wil in haar vrouwelijkheid worden bevestigd en begeerd. Zij wil voelen dat de man haar de ruimte biedt om haar persoonlijk potentieel te ontplooien en dat die ontplooiing zijn goedkeuring en steun wegdraagt.

Geliefden stellen voorwaarden aan elkaar. Ze provoceren elkaar bij hun wederzijdse persoonlijke ontplooiing. Ze bieden elkaar niet alleen liefdevolle ondersteuning maar koesteren bepaalde verwachtingen en zijn vaak elkaars scherpste criticus. Ze gaan in tegen de neiging van de partner om onaangenaamheden uit de weg te gaan, confrontaties te vermijden en laffe compromissen te sluiten. Ze kunnen ook moeilijk anders, want ze zijn rechtstreeks betrokken bij het gedrag en bij de beïnvloeding van hun partner. Binnen een liefdesrelatie is de differentiatie van de ander een voorwaarde voor een gedifferentieerde ontplooiing van het eigen potentieel. De wederzijdse stimulering van het persoonlijk potentieel is tevens vanuit het perspectief van de evolutieleer zinvol: door het persoonlijke potentieel te ontplooien en aan te wenden wordt men wezenlijk vruchtbaar.

Zelfverwezenlijking als mogelijkheid om het eigen potentieel in een liefdesrelatie vorm te geven

Zelfverwezenlijking wordt in dit boek opgevat als de rijpheid en differentiëring in de verwerkelijking van het eigen persoonlijk potentieel in intieme relaties. Uit de gedragsecologie ontleen ik lichtjes aangepaste modellen die de psychologische processen in een liefdesrelatie zichtbaar en derhalve begrijpelijk kunnen maken.

De metaforische toepassing van gedragsecologische modellen op liefdesrelaties

Elk levend wezen en dus ook de mens is voortdurend bezig om zijn omgeving voor zijn eigen voortplanting en overleven te benutten. Dankzij zijn potentieel weet een dier het door de omgeving geboden voedsel, beschermingsmogelijkheden tegen vijanden en weersomstandigheden te gebruiken. Het potentieel van diersoorten is grotendeels genetisch bepaald en onderling verschillend. Omgevingsfactoren worden door dieren op een soortgerelateerde, van elkaar onderscheiden manier benut. Koeien, regenwormen en bijen gaan op dezelfde weide op een totaal andere manier op zoek naar voedsel. Deze levende wezens kunnen overleven omdat hun toerusting, dus hun potentieel, voldoende adequaat is om de door de weide geboden overlevingsmogelijkheden te gebruiken. Het aangepast zijn van het potentieel van het organisme aan de valenties van het milieu noemt men *fitness*. Het is niet nodig dat een organisme en zijn milieu volledig aan elkaar zijn aangepast. Om te overleven volstaat het dat ze in voldoende mate zijn aangepast. Dit theoretische model ligt aan de basis van de door ons ontwikkelde ecologische psychotherapie (Willi, 1996) en wordt daar meer gedetailleerd beschreven. Uiteraard zijn er wezenlijke verschillen tussen de genetisch voorgeprogrammeerde inzet van potentieel bij een dier dat het milieu benut en de verwezenlijking van potentieel bij een mens die zijn omgeving beïnvloedt. Een directe toepassing van gedragsecologische modellen is derhalve uitgesloten. De modellen kunnen echter worden beschouwd als metaforen, als beelden van hoe de mens zich bij het vormgeven van zijn omgeving verwerkelijkt. Het gaat hier om de zelfontplooiing van geliefden bij de vormgeving van hun relatie.

Wanneer twee liefdespartners elkaar ontmoeten kan de ene voor de andere theoretisch als omgeving worden beschouwd. Ieder heeft zijn eigen potentieel van persoonlijke bereidheid tot ontwikkeling. Ieder tast af welke van zijn ontwikkelingsbereidheden door de andere worden beantwoord, als noodzakelijk worden bevonden en bevestigd. Men is gelukkig, wanneer de partner op zoveel mogelijk als belangrijk ervaren ontwikkelingsbereidheden reageert en zo in en door de relatie de verwezenlijking mogelijk maakt van wat men zelf als belangrijk potentieel beschouwt. De ene heeft zijn potentieel-profiel, zijn partner zijn valentie-profiel, dus het profiel van zijn bereidheid om de beïnvloeding of het appel te beantwoorden.

In een echte liefdesrelatie zal het potentieel-profiel nooit volledig overeenstemmen met het valentie-profiel van de partner. Ze hoeven enkel voldoende bij elkaar te passen. Bij een liefdesrelatie is het een vereiste dat je het gevoel hebt dat de essentiële aspecten van het eigen ontwikkelingspotentieel door de partner positief worden beantwoord en dat je in je ontplooiing wordt bevestigd. Deze zelfontplooiing omvat zowel de lichamelijke verschijningsvorm als de ontwikkeling als man of vrouw, de seksuele ontplooiing en vertrekt vanuit een aantal fundamentele opvattingen over het leven (persoonlijk constructensysteem genoemd). Op professioneel vlak wil je dat de liefdespartner je interesses deelt, maar hoeft hij niet noodzakelijk dezelfde beroepsbekwaamheid te bezitten.

Persoonlijk constructensysteem

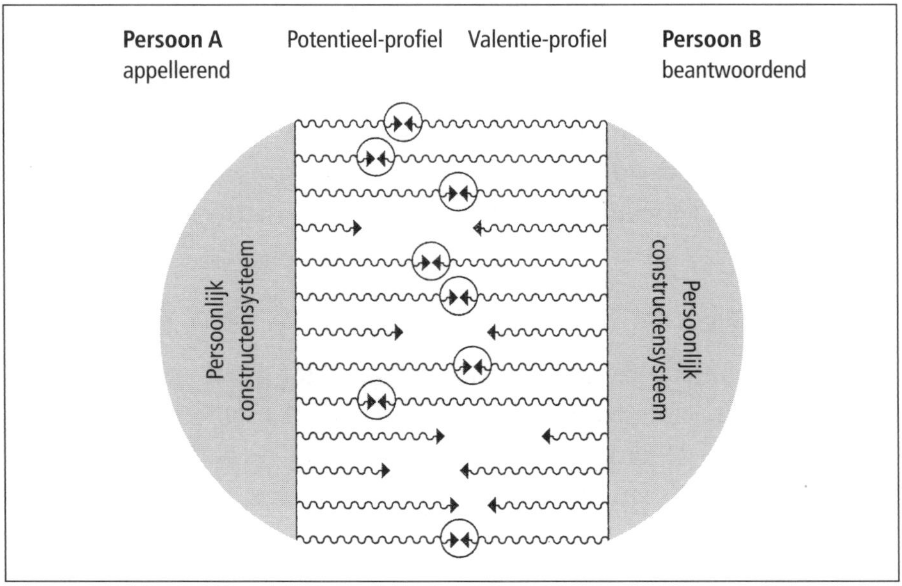

Afb. 1: De verwezenlijking van het persoonlijk potentieel in interactie met de partner

Partner A wil zijn potentieel optimaal ontwikkelen in de relatie met partner B door een zo veelomvattend en positief mogelijk antwoord van B op zijn beïnvloeding of appel.

Potentieel = aanleg tot verwerkelijking, vermogen om de omgevingsfactoren te benutten voor de ontplooiing van de eigen ontwikkelingsdomeinen. De pijlen stemmen overeen met individuele motivationele factoren die aansporen tot de verwezenlijking van het beantwoorde potentieel.

Valentie = aanspreekbaarheid betreffende de concrete ontwikkelingsbereidheid van de partner; bereidheid en kunde om te antwoorden op het appel van de partner.

Beantwoord appel (voorgesteld door cirkels in de figuur) wanneer er interactie is tussen de potentie van A en de valentie van B, met andere woorden wanneer de aanspreekbaarheid van de responderende B de ontplooiing van het ontwikkelingsdomein van A mogelijk maakt.

Fitness is de mate waarin het potentieel-profiel van A correspondeert met het valentie-profiel van B. Op sommige gebieden is er bij een uitgesprokener ontwikkelingsbereidheid van A geen overeenstemmende valentie bij B of bij een meer uitgesproken aanspreekbaarheid van B geen overeenstemmende ontwikkelingsbereidheid van A (de pijlen raken elkaar niet in een cirkel van de figuur hierboven). De fitness is nooit volledig. Om een relatieproces te kunnen garanderen moet ze echter toereikend zijn. In een liefdesrelatie bestaat de hoop dat belangrijke, tot nog toe onvervulde en braakliggende terreinen van persoonlijk potentieel zullen worden verwezenlijkt dankzij de beantwoording door de partner.

Omwille van de duidelijkheid wordt in de afbeelding partner A uitsluitend als appellerend en partner B uitsluitend als reagerend voorgesteld. In werkelijkheid bestaat er steeds een corresponderende wisselwerking tussen appelleren en reageren van de partners.

De omgang met de beperkte aanspreekbaarheid van de partner

Het zal vlug blijken dat je voor de verwezenlijking van een of meerdere belangrijk lijkende onontgonnen domeinen geen of de verkeerde respons krijgt van de partner. Je zult vaststellen dat de partner voor sommige zaken geen belangstelling heeft, het niet met je eens is of dat je op een verwrongen manier respons krijgt. Je wilt een gesprek en krijgt als antwoord seksuele avances. Je wilt hulp en er volgt een opsomming van je tekortkomingen. Je wilt uitgelaten en blij reageren en je wordt met een zedenpreek terechtgewezen. Je wilt kinderen en wordt aangemaand eerst te sparen voor een eigen huis. De gebrekkige fitness tussen het potentieel van de ene en de valentie van de ander noopt de partners ertoe om overeenstemming te zoeken. Ze zullen proberen om hun drijfveren uit te leggen, de partner voor hun plan te winnen, hun weigering te rechtvaardigen en compromissen te zoeken. In het gunstigste geval lukt het om de partner te overtuigen van de eigen zienswijze. Er ontstaat een assimilatie- en accommodatieproces. Assimilatie is de poging om de aanspreekbaarheid van de partner aan te passen aan de eigen ontwikkelingsbereidheid. Accommodatie is te beschouwen als de poging om de eigen motivatie en plannen aan te passen aan de aanspreekbaarheid van de partner. Om tot overeenstemming te komen is flexibiliteit en openheid nodig, de bereidheid om de ander van iets het bewijs te laten leveren maar tevens de capaciteit om de ander van zijn eigen streefdoelen te overtuigen. Voor veel domeinen zal de partner echter onaanspreekbaar blijven en blijft het persoonlijke potentieel onbeantwoord. Misschien zijn er dan alternatieven te vinden die voor beiden acceptabel zijn: tederheid in plaats van seks, een hond in plaats van een kind, psychotherapeutische hulp in plaats van hulp door de partner, uitgelatenheid bij carnaval in plaats van in bed. Hoe dan ook blijft de aanspreekbaarheid van de partner beperkt.

Overeenstemming tussen de bereidheid tot ontwikkelen van beide partners

De partner zal zich nooit als uitsluitend beantwoordend en dus als valentie aandienen. Hij streeft zelf actief naar de verwerkelijking van zijn eigen potentieel in de liefde en hoopt daarbij op positieve respons, een stimulerende uitdaging, een kritische analyse of de geëngageerde steun van de ander.

Het meest stimulerende is een brede overeenstemming van de ontwikkelingsbereidheden van beide partners, waarbij het ontwikkelingsaanbod van de ene wordt geïntegreerd in de ontwikkelingsplannen van de ander en nodig is voor de verwezenlijking van zijn eigen potentieel. Het wederzijds stimuleren van de persoonlijkheidsontwikkeling kan voor beide partners in hoge mate bevredigend zijn. Het gaat hierbij om een symmetrische co-evolutie.

Rivaliteit bij de persoonlijke verwerkelijking van de partners

Doorgaans zal een symmetrische co-evolutie met een wederzijdse positieve stimulering van de persoonlijkheidsontwikkeling beperkt zijn zowel in gradatie als in tijd. Wanneer de co-evolutie succes boekt in bijvoorbeeld het tot bloei brengen van een gemeenschappelijke zaak, zal dat weldra leiden tot rivaliteit. Zo stelt zich de vraag wie van beiden deze zaak de zijne mag noemen, aanspraak mag maken op de bijval van de omgeving en wie zich meer heeft kunnen bewijzen dan de ander. Hoe gelijker het aandeel, hoe moeilijker het is om een uitweg te vinden uit dit rivaliteitsprobleem. Hoe verschillender de domeinen waarin de partners functioneren, hoe gemakkelijker het is de respectieve bijdrage te identificeren en elk voor zich erkenning te claimen. Duidelijk wordt dit in de inrichting van het huis, in het besturen van het huishouden, in de opvoeding van de kinderen en in gemeenschappelijke jobs. Taakverdeling is niet alleen zinvol omdat specialisatie de efficiëntie verhoogt, maar ook omdat de respectieve bijdrage van de partners duidelijk is afgebakend en de rivaliteit zo daalt. Een vereiste daarbij is wel dat beide partners op gelijke manier hun potentieel kunnen verwezenlijken.

Dit thema wordt verder behandeld in hoofdstuk 3 over het dilemma tussen samenwerking en rivaliteit (blz. 42).

Constructieve en destructieve rivaliteit in de liefde

Geliefden zullen slechts node toegeven dat ze wedijveren om een doorslaggevende invloed op de relatie. Ze streven harmonieuze plannen na en willen elkaar de volle steun beloven. Ze dromen ervan onvoorwaardelijk door hun partner te worden gesteund en aanvaard. De realiteit is echter anders. Al bij de partnerkeuze zoekt men intuïtief naar iemand met een even sterk karakter (Willi, 1975). Het is zoals in een tenniswedstrijd: je benut je eigen mogelijkheden optimaal als de tegenstander van eenzelfde niveau is. Wanneer er bij het tennissen een groot niveauverschil is, wordt van de ene te veel geëist en van de andere te weinig. Dat leidt tot een onbevredigend spel. Degene van wie te weinig wordt geëist begint zich te vervelen en denigrerende opmerkingen te maken. Degene van wie te veel wordt geëist voelt zich minderwaardig en koestert woede en wrok tegenover de betere. Dat die zich deemoedig aandient als leraar en helper verbetert de zaak er niet op.

Tussen partners moeten macht en invloed in balans zijn en dit vanaf het begin van de relatie tot de dood of onenigheid de geliefden scheidt. Er is een machtsevenwicht wanneer het eigen potentieel in en door de relatie gelijkwaardig met dat van de partner kan worden ontplooid, niettegenstaande dat op andere gebieden gebeurt. Het eigen potentieel kan worden gerealiseerd in het beroep, in het huishouden of in de opvoeding van de kinderen, door een raadgevende, ondersteunende of stimulerende houding tegenover de partner. Van doorslaggevend belang is enkel of de som van de eigen verwezenlijkingen evenwaardig is aan die van de partner.

Wanneer dat niet het geval is kan het evenwicht op een destructieve manier worden nagestreefd. Je kunt de aandacht van de partner opeisen door ziekte, alcoholisme, overdreven toewijding voor de kinderen of voor een dier of door vreemd te gaan. Anderzijds kun je de ontwikkeling van je partners potentieel belemmeren door hem te vernederen, te hinderen of zijn succes in de weg te staan.

Het omslaan van liefde in haat

Het noodzakelijke evenwicht tussen macht en invloed, de juiste balans voor de erkenning van de verdiensten voor de gemeenschap, de vereiste dat beide partners evenveel ruimte moeten hebben om zichzelf te ontplooien, dat alles vergt een grote inspanning. Hoe langer men samenleeft en hoe zekerder men zich van zijn partner voelt, des te sterker wordt de behoefte om zich in de relatie te kunnen laten gaan en zich eens regressief, kinderlijk en ongecontroleerd te gedragen. Je wilt ook weleens lui en gemakzuchtig zijn. Het gevaar bestaat dat de partner dat gedrag op een even regressieve wijze beantwoordt. Zo ontwikkelt zich een respons met destructieve effecten, gepaard gaande met een escalatie van kwetsende, denigrerende verwijten, betweterigheid, verdediging, rechtvaardigingen en tegenaanvallen.

Liefde slaat om in haat wanneer de blijvende indruk ontstaat dat de partner de andere moedwillig de ontplooiing van het eigen potentieel ontzegt. Hij weigert uit persoonlijke minachting, nalatigheid of afgunst een positieve respons te geven of buit de afhankelijke situatie, waarin de partner is verzeild, gemeen uit. Bepalend is niet het gebrek aan aanspreekbaarheid of het onvermogen om de potentieelontplooiing te beantwoorden. Doorslaggevend is de insinuatie dat de partner zou kunnen indien hij wou, maar niet wil omdat hij wil kleineren, kwetsen, onderwerpen en vernietigen.

Haat is ontgoochelde liefde. Je zult nooit iemand haten wanneer er op de achtergrond niet ergens een gekwetst liefdesvuur smeult. Wanneer het liefdesvuur ten slotte is gedoofd, slaat haat om in onverschilligheid. Pathologische en neurotische vormen van haat worden besproken in hoofdstuk 9.

Hoofdstuk 3

Relatiedilemma's bij de zelfontplooiing van geliefden

In hoofdstuk 2 werd een gedragsecologisch model beschreven. Op basis van dat model worden enkele dilemma's besproken waarmee geliefden worden geconfronteerd wanneer ze de egoïstische aanspraak maken om hun persoonlijk potentieel in de onderlinge relatie optimaal te kunnen ontplooien. Geliefden zullen vaak lang verkeerde tactieken hanteren voor ze de doeltreffendste manier hebben gevonden om in de liefde tot zelfontplooiing te komen. Ze moeten leren dat ze er niet mee zijn gebaat om hun wil nietsontziend door te drukken bij hun partner wanneer ze daardoor riskeren dat hij zich afkeert en niet langer genuanceerd en geëngageerd antwoordt op hun appel. Ze moeten leren dat samenwerking weliswaar lovenswaardig is, maar dat een rechtvaardige balans van de verdiensten noodzakelijk is. Ze moeten leren dat verbondenheid en continuïteit de mogelijkheid behelzen om samen iets duurzaams op te bouwen, maar dat tegelijkertijd ook het verbonden-zijn ten koste gaat van bepaalde eigen ontplooiingsmogelijkheden.

In hoofdstuk 2 heb ik beschreven hoe elkeen in een liefdesrelatie zijn potentieel via de beantwoording door zijn partner in zijn eigen belang wil verwezenlijken en op die manier reëel tastbaar wil maken. Wanneer beide partners hun persoonlijk potentieel optimaal in en door de relatie willen verwezenlijken, ontstaan er onvermijdelijk conflicten tussen hen. Inherent aan zelfontplooiing in de liefde is een reeks dilemma's die tot conflicten leiden. Het zijn conflicten die in het wezen der dingen zelf schuilen en niet te wijten zijn aan een gebrek aan liefde, aan een neurotische partner of aan een getraumatiseerde levensloop, hoewel deze factoren de dilemma's kunnen doen uitgroeien tot onoverkomelijke problemen.

Het dilemma van egoïsme en altruïsme in de liefde

Idealistische benaderingen gaan ervan uit dat in de liefde geluk en welzijn van de ander belangrijker dienen te zijn dan het eigen geluk en welzijn, dat de eigen wensen moeten samenvallen met die van de partner. Een van de oudere Duitse opvattingen over liefde stelt dat liefde enkel samenbrengt wat van nature al is verenigd (Meister Eckhart). Wanneer twee geliefden ruziën is een van de meest gebruikte zinnetjes dan ook 'als je echt van me houdt, dan moet je toch, zou je toch...'. Wie niet op een dergelijke eis ingaat, krijgt de naam liefdeloos en egoïstisch te zijn. Is liefde altruïstisch of egoïstisch?

Uit de uiteenzetting over het gedragsecologisch model betreffende zelfontplooiing in hoofdstuk 2 blijkt dat de en/of-vraag over egoïsme en altruïsme een foutief uitgangspunt is. Egoïsme betekent dat men zijn eigen existentie wil verdedigen zonder acht te slaan op de rechten van de omringende medemensen (Lersch, 1962). Dat is niet wat wordt bedoeld met het principe van eigenbelang, omdat het individu voor zijn persoonlijke verwezenlijking in de liefde is aangewezen op beantwoording door de partner. Deze respons zal des te geëngageerder, competenter en stimulerender zijn naarmate die beantwoording de partner zelf een meerwaarde oplevert bij zijn eigen zelfrealisatie. Cru uitgedrukt: men gedraagt zich uit eigenbelang altruïstisch of zoals Hofstadter zei: 'De echte egoïst werkt samen.'

Zelfontplooiing in de liefde is gebaseerd op het principe van eigenbelang. De partners zijn tegenwoordig niet meer bereid samen te leven als 'het hun niets extra oplevert' of wanneer ze de indruk hebben dat ze zich beter kunnen ontplooien en ontwikkelen zonder hun partner. De liefde tussen geliefden is niet onvoorwaardelijk. Maar ze is evenmin meedogenloos en egoïstisch.

Het principe van eigenbelang in de zelfontplooiing in de liefde:

1. **Men hoopt in de liefdesrelatie het meest intieme persoonlijke potentieel te kunnen ontplooien en verwezenlijken.**

2. Om dat te bereiken is men aangewezen op de welwillende, competente maar tevens kritische respons van de geliefde.
3. Om een geëngageerde, specifieke en genuanceerde respons te krijgen, moet men evenzeer zorg dragen voor de zelfontplooiing van de partner als voor die van zichzelf.

Wie de andere onderdrukt, frustreert en kwetst, zal in het beste geval blijven zitten met een gelaten, depressieve en volgzame partner. Als die er tenminste niet de voorkeur aan geeft een punt te zetten achter de relatie.

Het dilemma in de liefde tussen eigengereid doorzetten en rekening houden met de aanspraken van de partner luidt:

- **wanneer ik me tegenover mijn partner eigengereid doorzet, dan win ik aan zelfbevestiging maar riskeer ik demotivatie bij mijn partner;**
- **houd ik rekening met de aanspraken van mijn partner, dan win ik aan differentiatie bij onze gedachtewisselingen, maar moet ik de aanspraken van mijn partner met de mijne gelijkschakelen.**

Niets resulteert in een zo groot verlies als een overwinning op de partner. Wanneer de ene zich tegenover de ander eenzijdig doorzet, dan kan de ander de neiging voelen om hem met gelijke munt te betalen. Als het niet meer gaat om de inhoud, maar om de smaak van de overwinning, respectievelijk om het voorkomen van een nederlaag, ontstaat er een machtsstrijd die elke samenwerking in de weg staat.

Het kan echter zijn dat de partner het een hopeloze zaak vindt om in discussie te treden en zich innerlijk afsluit. Hij verliest zijn belangstelling voor de moeizame zoektocht naar een gezamenlijke oplossing en geeft toe. Als de partner afhaakt, kan men zich weliswaar tegenover hem doorzetten, maar worden de gedachtewisselingen uitgehold. Er ontstaat gemakkelijk een vicieuze cirkel: hoe eenzamer de ene beslist, hoe gedesinteresseerder en passiever de ander wordt en hoe eenzamer de eerste moet beslissen. Verveling in het huwelijk is grotendeels te wijten aan het feit dat er steeds meer domeinen zijn waarover men vermijdt te discussiëren, aangezien de partners menen dat de discussies toch nergens toe leiden.

Echt altruïstisch gedrag, waarbij de persoonlijke ontwikkeling vrijwillig ondergeschikt wordt gemaakt aan het welzijn van de partner en waarbij dat primeert op het eigen welzijn, tref je aan wanneer er een sterke identificatie met het lot van de partner bestaat. Bij langdurige relaties is de geschiedenis van de relatie vaak uitgegroeid tot het eigen verleden, het lot van de partner tot het eigen lot. Een leven buiten de door de relatie geschapen, vertrouwde omgeving is moeilijker te verdragen dan het terugschroeven van de eigen aanspraken ten voordele van de partner. Op die manier kan een jarenlange, belastende zorg voor de partner uitgroeien tot een intensief en bevredigend deel van het gezamenlijke leven. De crisis manifesteert zich pas na de dood van de partner, omdat het vertrouwde beantwoorde appel verdwijnt. Chronische ziekten, vooral geestesziekten, of een fysieke handicap na een zwaar ongeval kunnen leiden tot een zware gewetenscrisis bij de partner: kan hij zich ook nu nog met de relatie identificeren en is hij bereid de verwezenlijking van zijn eigen potentieel af te zwakken zodat het is afgestemd op de mogelijkheden van zijn partner, of wil hij zich vrij kunnen ontplooien?

Het dilemma van coöperatie en zelfafbakening

In de geïdealiseerde liefde is er geen sprake van rivaliteit, concurrentie en competitie tussen de geliefden. Liefde is immers niet berekend of afgemeten, maar grootmoedig en onverdeeld. Dat de praktijk er al te vaak anders uitziet, wordt verdrongen en ontkend.

Het dilemma in de liefde tussen coöperatie en zelfafgrenzing luidt:

- **kan ik mijn potentieel beter verwezenlijken zonder mijn partner of**
- **kan ik mijn potentieel beter verwezenlijken samen met mijn partner?**

Geliefden gaan meestal van de veronderstelling uit dat ze er meer baat bij hebben om samen te werken. Aangezien ze veel taken samen moeten uitvoeren, becijferen ze de eigen verdiensten niet en meten ze de voor- en nadelen van hun bijdrage niet af. Ze vinden het vanzelfsprekend dat ze door samen te werken meer bereiken dan wanneer het ieder voor zich zou zijn. Ook volgens de ethologie (Wickler en Seibt, 1991) heeft samenwerking voor levende wezens meer voor- dan nadelen. Dat geldt echter alleen wanneer geen van beiden de andere bewust bedot. Aanvankelijk zal het bedrog succesvol zijn, maar op langere termijn brengt het beiden schade toe omdat de voor coöperatie noodzakelijke, subtiele vertrouwensbasis wordt vernietigd. Wat op het eerste gezicht een vreedzame en harmonieuze samenwerking tussen partners lijkt, is vaak een labiel arrangement dat slechts functioneert indien beiden zich strikt aan de spelregels houden. Wanneer er een barst komt in het vertrouwen en een van beiden zich beduveld en misbruikt voelt, zal hij de verdiensten misschien wel beginnen vergelijken en afmeten. Dat is uiteindelijk een onmogelijke onderneming. In het gros van de relationele situaties is niet vast te stellen wie de meeste baten ondervindt en wie veeleer wordt uitgebuit. Als een vrouw tijdens het liefdespel merkt dat haar man seksueel opgewonden raakt, kan ze dat zien als een bevestiging van haar sex-appeal. Ze kan echter evenzeer het gevoel hebben dat ze als seksobject wordt misbruikt. Profiteert ze of wordt ze uitgebuit? Buit de hulpeloze de helper uit of de helper de hulpeloze? Bedot de man zijn vrouw wanneer hij zich volledig aan zijn carrière wijdt of buit de vrouw de succesrijke carrière van haar man uit door van zijn hogere inkomen en maatschappelijke status te profiteren? Gebruikt de man de vrouw wanneer hij de opvoeding van de kinderen aan haar overlaat, of wil de vrouw zo de touwtjes van het huishouden stevig in handen houden?

De vergelijking van de verdiensten groeit pas uit tot een echt probleem na een zware teleurstelling of na een diepe belediging, niet zelden nadat een buitenechtelijke relatie werd aangeknoopt of er een heftige echtelijke ruzie is geweest.

Conflicten tussen coöperatie en zelfafgrenzing bij de verwezenlijking van het eigen potentieel zijn te situeren in drie domeinen, namelijk in de verwezenlijking van het persoonlijk potentieel in de relatie met de partner, in de verwezenlijking van het persoonlijk potentieel bij de creatie van een gemeenschappelijke leefwereld, en in de verwezenlijking van het persoonlijk potentieel buiten de relatie.

A) Verwezenlijking van het persoonlijk potentieel in de relatie met de partner

De partners bieden elkaar in de relatie ruimte waarbinnen ze zich kunnen ontplooien. Ze geven elkaar de kans om zichzelf te ontwikkelen door respons te krijgen op het eigen gedrag en door appel te doen op de partner. Beide partners oefenen zo tegenover elkaar een belangrijke invloed uit op de verwezenlijking van het persoonlijk potentieel. Ze kunnen deze verwezenlijking welwillend ondersteunen of efficiënt corrigeren door opbouwende kritiek, aanmoediging en uitdaging. Dat je voelt dat je partner je nodig heeft creëert een grote kans om je eigen potentieel in de relatie te verwezenlijken. Er kan echter wel een ongelijke verdeling van macht en invloed ontstaan.

Pedagogische inmenging en overidentificatie met de taak om de ander te helpen, kunnen leiden tot sterke persoonlijke inmenging. De bemoeienissen zullen door de ander in eerste instantie als hulp worden aanvaard. Het verstoorde evenwicht in de machtsverhouding en invloedssferen binnen de relatie zal de geholpene echter nopen tot zelfafbakening en weerstand. Aangezien elkeen zijn eigen potentieel impliciet zoveel mogelijk aan bod wil laten komen in de relatie, bestaat er een conflictbeladen spanning tussen de partners. Beiden willen hun invloed uitbreiden en daarbij worden gestimuleerd, maar tegelijk bakenen ze hun gebied af. Het is in wezen onmogelijk om zich blindelings over te geven aan de hoede en de leiding van de partner. Je moet kunnen aanvaarden dat de interesses uiteenlopen en de autonomie en individuele verantwoordelijkheid van je partner respecteren. Die problematiek wordt in hoofdstuk 9 gedetailleerder beschreven als collusie.

B) Verwezenlijking van het persoonlijk potentieel door de creatie van een gemeenschappelijke leefwereld

De gezamenlijke verwezenlijking van het persoonlijk potentieel uit zich het duidelijkst in de creatie van een externe gemeenschappelijke leefwereld, in het inrichten van een huis (nestbouw), maar vooral in het stichten van een gezin. De meest intensieve samenwerking tussen partners is nodig bij de ontwikkeling van een gezin. Gelijktijdig daarmee timmert men echter aan zijn carrière. Elkeen moet in dit stadium een persoonlijk compromis vinden tussen de energie die hij spendeert aan de opvoeding van de kinderen en die welke hij investeert in zijn carrière. Dat compromis moeten echter gezamenlijk worden uitgewerkt. Wat ook de oplossing is, conflicten zijn onvermijdelijk. Wie zich sterker engageert voor het huishouden en de opvoeding van de kinderen, zal afgunstig en jaloers reageren op de professionele ontplooiingsmogelijkheden van de partner. Wie zorgt voor het gezinsinkomen en voor maatschappelijk prestige, is misschien jaloers omdat de ander meer tijd met de kinderen kan doorbrengen. Beiden zitten gevangen in die ambivalentie. Nog steeds is het meest voorkomende patroon dat de vrouw zich benadeeld voelt en de man verwijt dat hij zich te weinig inzet voor het huishouden en voor de kinderen, terwijl de man schuldbewust het hoofd buigt en de verwijten zwijgend slikt. Er is veel Ik-sterkte, flexibiliteit en fairness nodig om een constructieve uitweg te vinden in deze discussie. Meestal escaleert het conflict op een destructieve wijze: de vrouw reageert agressief op het defensieve ontwijken en zwijgen van haar man; de man reageert defensief op de agressieve verwijten van zijn vrouw. Om dergelijke conflicten te omzeilen kunnen beiden afzien van een carrière en zich gelijkelijk engageren voor het huishouden en de kinderen. Het niet aangaan van het conflict kan echter een verlammende werking hebben op de persoonlijke ontplooiing van beide partners.

c) Verwezenlijking van het persoonlijk potentieel buiten de relatie met steun van de partner

Eens de kinderen groot zijn, breekt voor de vrouw een periode aan waarin ze de kans krijgt om, ongehinderd door huishoudelijke taken en de aanspraken van haar partner, haar potentieel in het beroepsleven te verwerkelijken. Vooral in de politiek, economie en cultuur verwerven vrouwen steeds vaker hoge functies. De man kon voordien meer tijd en energie spenderen aan zijn carrière. Als hij merkt dat zijn vrouw zich maximaal wil ontplooien in dat domein op een moment dat hij al aan zijn pensioen begint te denken, en dat ze hem op de koop toe, ondanks de initiële handicap, nog dreigt te overschaduwen ook, is de afgunst nooit ver weg. Sommige vrouwen gaan de jaloerse reacties van hun man uit de weg door af te zien van een succesvolle carrière. Anderen maken hun man onomwonden duidelijk dat, nadat ze hem jarenlang op de achtergrond hebben bijgestaan, het nu hun beurt is en dat ze verwachten dat hij hen steunt.

In een langdurige relatie is het niet eenvoudig om de balans van de wederzijdse ontplooiingsdomeinen zodanig in evenwicht te houden dat geen van beiden zich benadeeld voelt tegenover de ander en elkeen de mogelijkheid krijgt om zijn potentieel in en door de liefdesrelatie te verwezenlijken. Daarbij moet men oog hebben voor het *principe van de verdelende rechtvaardigheid* (Willi, 1991, blz. 241) of de rechtvaardigheidsbalans. Ivan Boszormenyi-Nagy heeft (in 1973,1981 samen met Géraldine Spark en in 1986 met Barbara Krasner) basisprincipes uitgewerkt voor relationeel-ethische kwesties. Zowel in het gezin als tussen de partners verwerft elkeen die voor de ander iets doet verdiensten, die zich relationeel vertalen als een schuld die de ander moet inlossen en die recht geeft op aanspraken. Die verdiensten moeten in het samenleven op de een of andere manier met elkaar in evenwicht worden gebracht. Een man die door zijn vrouw wordt ondersteund en gestimuleerd bij de ontwikkeling van zijn carrière, staat bij haar in het krijt. Hij kan zijn schuld vereffenen door de verdienste van zijn vrouw voor zijn beroepsloopbaan te erkennen, hetzij door goede randvoorwaarden te creëren waardoor ze zichzelf professioneel kan ontplooien, hetzij door haar schadeloos te stellen dankzij zijn financiële en maatschappelijke status. In de realiteit verloopt dat proces vaak anders. Een man die zich wegens haar steun erg in de schuld voelt staan tegenover zijn vrouw, kan in de tweede helft van zijn leven geneigd zijn uit het huwelijksbootje te stappen en een andere vrouw te zoeken. Bij haar hoeft hij dan geen schuld in te lossen en de verwachtingen en eisen in hun nieuwe leefgemeenschap zullen minder hooggespannen zijn. Een dergelijke miskenning van de verdiensten van zijn echtgenote zal bij haar leiden tot diepe verbittering.

Een rechtvaardige balans bij de verwezenlijking van het eigen potentieel in de liefde is volgens mij niet zozeer een ethisch-morele plicht, dan wel een ecologisch werkbaarheidsprincipe. De relatie functioneert niet wanneer de rechtvaardigheidsbalans uit evenwicht is (zie ook hoofdstuk

2). De partner die zich benadeeld voelt zal op destructieve manieren ageren, de ander elk succes misgunnen en hem verantwoordelijk stellen voor de eigen mislukkingen.

Het dilemma van verbondenheid en vrijheid, van duurzaamheid en afwisseling

Dit is een bijzonder pijnlijk dilemma. In veel relaties maakt de ene partner aanspraak op verbondenheid, de andere op vrijheid en zijn heftige wederzijdse verwijten het resultaat. Daarbij zien ze over het hoofd dat in beiden, net zoals in bijna alle mensen, een diepe ambivalentie schuilt betreffende vrijheid en verbondenheid. Een typische illustratie van die ambivalentie is de vrijheid waarmee de ene partner een buitenechtelijke relatie aangaat en de jaloerse negatieve reacties en depressieve terugtrekking waarmee de ander onverbiddelijke trouw eist. Het dilemma tussen verbondenheid en vrijheid is tegelijkertijd inherent aan relaties, omdat het een reële vraag is of men zijn persoonlijk potentieel het beste kan verwezenlijken in een vaste relatie dan wel in ongebondenheid.

Het dilemma in de liefde tussen verbondenheid en vrijheid:

- **ofwel bouw ik samen met mijn partner een gemeenschappelijke leefwereld op, die standhoudt en blijft groeien, waarbij mijn potentieel echter is verankerd in het gemeenschappelijk gecreëerde,**
- **ofwel blijf ik vrij en ongebonden en schep ik met mijn potentieel geen bindende, gezamenlijke leefomgeving.**

Wie een duurzame leefgemeenschap aangaat, creëert samen met zijn partner een gemeenschappelijke interne en externe leefwereld. Deze gezamenlijk opgebouwde leefwereld wordt echter begrensd door de overeenstemming tussen de ontwikkelingsbereidheden van beide partners. Deze leefwereld wordt beperkt tot het gebied waarvoor er wederzijds begrip bestaat, en stuit op grenzen van onbegrip en foutieve respons. Wie zich engageert in een liefdesproces kan er niet zonder kleerscheuren meer uitstappen. De speelruimte voor diepgaande veranderingen en ommekeer wordt kleiner, het potentieel is gebonden. Er kan je het gevoel bekruipen dat je in een keurslijf zit en wordt geregeerd door externe verhoudingen, zelfs wanneer je die verhoudingen zelf hebt geschapen en vormgegeven. Wie zich in een liefdesrelatie vrij en ongebonden opstelt, schept geen banden die tot verplichting leiden. Zijn zelfverwezenlijking blijft echter dienovereenkomstig onbeantwoord. De toegevoegde waarde van een gezamenlijk gecreëerde leefwereld ontbreekt. Tijdens de midlifecrisis, die een oriëntatiecrisis is, zal een persoon die zich ergens heeft op toegelegd – bijvoorbeeld de kinderen – verlangen naar vrijheid en een nieuw begin. Wie zich weinig heeft geëngageerd – bijvoorbeeld bewust heeft gekozen voor kinderloosheid – zal het gevoel besluipen het leven van aan de zijlijn te beleven.

Het dilemma van aangetrokken worden door sterkte of door zwakte

Analoog met de dierenwereld zou men er in de evolutiebiologie moeten van uitgaan dat partners die de beste voortplantingskansen bieden het aantrekkelijkste zijn. Met andere woorden de meest zelfbewuste, sterkste, succesvolste en moedigste mannen en de evenwichtigste, mooiste, vrouwelijkste en moederlijkste vrouwen zouden het aantrekkelijkst moeten zijn. De menselijke realiteit is echter complexer. Zo wordt er getrouwd met vrouwen die onaantrekkelijk, onvrouwelijk en onzeker lijken, met mannen die verlegen en onvolwassen zijn en met minderwaardigheidscomplexen opgezadeld zijn. Ook mensen die hun draai niet vinden in het leven, alcoholist, drugsverslaafde of crimineel zijn, vinden attractieve partners die zichzelf ten volle voor hen engageren. Hoe valt dat te verklaren?

Het dilemma van aangetrokken worden door sterkte en zwakte in de liefde luidt:

- **ofwel kies ik een partner die door iedereen wordt bewonderd en begeerd, maar dan loop ik het risico dat ik hem niet voor mezelf kan houden en niet tegen hem ben opgewassen**

– **ofwel kies ik een partner met ogenschijnlijke zwakten en gebreken, waarvan ik me zekerder voel omdat hij me nodig heeft, maar die me maar een beperkte persoonlijkheidsontplooiing kan bieden**

Zoals al aangehaald in hoofdstuk 2 wordt de mens onvolkomen geboren en voert hij een voortdurende innerlijke strijd om meer volkomen te worden. Het zien van een mens die op zoek is, kan de bereidheid stimuleren om hem bij deze zoektocht te steunen, hem de weg te tonen en hem bij dit zoeken zelfvertrouwen bij te brengen. Het kan een belangrijke voedingsbodem zijn voor de ontwikkeling van amoureuze gevoelens wanneer men de kans heeft een mens te helpen en zich dankzij die hulp nodig en bevestigd weet. De bemerking dat een dergelijke helpersrelatie slechts de persoonlijke stabilisering van de helper dient, schiet tekort. Hoe kunnen mensen hun eigen onzekerheid anders overwinnen dan door het verwezenlijken van hun potentieel in relaties? Een helpersrelatie is slechts schadelijk wanneer ze de hulpbehoevende dwingt tot hulpeloosheid om de eigen helpersrol in stand te houden. Vaak zijn het persoonlijke moeilijkheden die men zelf aan den lijve heeft ondervonden die een partner zo aantrekkelijk maken. Men kan geneigd zijn om zich door projectie overmatig te identificeren met diens lot en zichzelf de verantwoordelijkheid toe te dichten in zijn plaats de strijd met de boze buitenwereld te moeten aangaan. Toewijding in milde dosis is heilzaam, in overdosis kan het vergif zijn. Men moet zich houden aan de gepaste dosis toewijding, zonder het willen gebruikt worden door de partner te ontwaarden door te veel verantwoordelijkheid over te nemen.

Vrouwen worden aangetrokken door mannen die sterk zijn, er goed uitzien, intelligent, interessant en succesvol zijn, maar tegelijk kinderlijk en onrijp lijken, jongensachtig overkomen of vol ondoordachte tegenstellingen zitten. Mannen dus die de indruk wekken dat men nog veel voor ze kan doen. Mannen vinden dan weer vrouwen aantrekkelijk die mooi, vrolijk en gevoelig zijn, maar tegelijk een angstig en hulpzoekend gedrag tentoonspreiden dat het beschermingsinstinct van de man stimuleert. Wie een 'weinig zorg behoevende', evenwichtige en praktische partner kiest, heeft nog energie over voor de verwezenlijking van zijn eigen potentieel buiten de relatie. Wie een partner met een moeilijk karakter kiest, zal zijn energie voornamelijk moeten steken in de eigen partnerrelatie. In een gezonde samenleving is het van wezenlijk belang dat zwakte en psychisch onevenwicht niet noodzakelijk tot individuele uitsluiting leiden, maar tevens bijzonder aantrekkelijk kunnen zijn.

De dilemma's kunnen worden geaccentueerd door vroegkinderlijke traumatiserende ervaringen

Naast de vermelde dilemma's zijn er nog andere. Ik wil ermee aantonen dat ze in ons ecologisch model te interpreteren zijn als normale psychologische fenomenen, hoewel ze vaak aanleiding geven tot mislukte liefdes, ruzies en beledigingen. Vaak zal de ene partner handelen vanuit de ene pool van het dilemma, de ander vanuit de andere pool. Elk van beiden kan de andere dan verwijten de liefde te verraden. Het omgaan met deze dilemma's is gedeeltelijk geslachtsgebonden, zoals zal worden aangetoond in hoofdstuk 5.

Deze normale psychologische dilemma's kunnen nog worden versterkt door traumatiserende ervaringen in vroegkinderlijke relaties. Wie zich in de relatie met een van zijn ouders uitgebuit en bedrogen voelde, zal alerter zijn voor elk teken dat duidt op een mogelijke herhaling. Een persoon op wie diens moeder beslag legde, zal zijn vrijheid en ongebondenheid heviger verdedigen. Wie zich als kind eenzaam voelde, zal veeleer alle bindende en gemeenschappelijke elementen willen versterken. Die aspecten worden verder uitgediept in hoofdstuk 9.

Hoofdstuk 4

Hoe liefdesrelaties zijn veranderd na de maatschappelijke omwentelingen sinds 1968

Aan het eind van de jaren zestig en in het begin van de jaren zeventig werden in de westerse landen de repressieve normen en structuren in verband met seksualiteit, echtelijke trouw, monogamie en rollenpatronen radicaal overboord gegooid. Sommige van die ideologisch geïnspireerde veranderingen resulteerden in de loop van de jaren negentig in een nieuwe volledige ommekeer. Toch was de emotionele inzet in die revolutionaire tijden niet vergeefs. Trouw is weliswaar opnieuw een conditio sine qua non voor een duurzame, volwaardige liefdesrelatie, maar nu bepalen de partners en niet de Kerk of de maatschappij wat trouw precies inhoudt. Monogamie wordt opnieuw als waardevol beschouwd, maar binnen een veel grotere verscheidenheid van geaccepteerde relatievormen. Blijvend zijn alleen die gedragsvormen en relatieveranderingen die een voordeel opleveren voor de persoonlijkheidsontplooiing en voor de maatschappelijke ontwikkeling. Vandaag is de keuzevrijheid veel groter, maar draagt men tevens zelf meer verantwoordelijkheid om de eigen liefdesrelatie vorm te geven. Door het maatschappelijke emancipatieproces dient het individu zijn relatie zelf autonomer vorm te geven.

Anders dan bij dieren verloopt bij de mens de culturele evolutie sneller dan de genetische en bepaalt die het menselijk gedrag veel duidelijker dan de biologische. Daarbij stelt zich de vraag of de culturele en de biologische evolutie zich volgens gelijkaardige wetmatigheden voltrekken. Blijven bij culturele selectie alleen die gewijzigde gedragingen bestaan die een aanpassingsvoordeel opleveren, met andere woorden waardoor het culturele milieu beter kan worden aangewend om tot zelfontplooiing te komen? Dit is een vraag die we onderzoeken in het licht van de gewijzigde liefdesrelaties sinds 1968.

Seksuele betrekkingen, echtelijke relaties en gezinsverbanden zijn in de afgelopen dertig tot veertig jaar meer veranderd dan in de voorgaande drie eeuwen. Ze vormen de kern van de revolutionaire, maatschappelijke veranderingen na 1968. Die veranderingen wil ik beschrijven aan de hand van drie verschillende tendensen die elkaar weliswaar wederzijds beïnvloeden, maar toch duidelijk te onderscheiden zijn: de evolutie in seksuele relaties, de structuur van de partnerrelatie en de rollenpatronen.

Verandering in het omgaan met seksualiteit

Dankzij de pil kon aan het einde van de jaren zestig totaal anders met anticonceptie worden omgesprongen. De pil maakte een tot dan toe ongekende seksuele vrijheid mogelijk en deed het risico op een ongewenste zwangerschap drastisch dalen. Maar de bevrijding sloeg snel om in een nieuwe vorm van dwang om zich op seksueel gebied aan iedereen te geven en zich te allen tijde seksueel beschikbaar te stellen. Men diende te leven volgens deze tegennorm als men tenminste niet als neurotisch wou worden betiteld. Vrouwen kampten met het schrikbeeld bij de coïtus verplicht een vaginaal orgasme te moeten beleven. Mannen hielden de psychofysiologische reacties van hun partner in het oog om een geveinsd orgasme te ontmaskeren en om bij het uitblijven van een orgasme hun partner als seksueel verkrampt te bestempelen. Seksuele remmingen werden toegeschreven aan de repressieve opvoeding door de ouders en aan de tegennatuurlijke kerkelijke moraal. Belangrijke vragen om patiënten te kunnen doorgronden waren: 'Hebt u uw ouders geregeld naakt gezien?'; 'Heeft je vader je als klein kind teder gestreeld?'; 'Ben je in je kindertijd samen met hem in bad geweest?'; 'Heeft hij je als kind liefdevol tegen zich aangedrukt?'. Als op deze vragen ontkennend werd geantwoord, was meteen de oorzaak van de seksuele geremdheid gedetecteerd. Bij seksuele voorlichting voor kinderen werd in veel boeken een schaamteloze, zelfs brutale openheid gehanteerd. Onverbloemde illustraties werden samen met begrippen als 'vogelen' en 'lul' geïntroduceerd. Het duurde even voor men doorhad dat een dergelijke voorlichting bij de kinderen veeleer resulteerde in seksuele afkeer dan in een bevrijding.

In het teken van de seksuele bevrijding werd abortus gelegaliseerd. De vrouwen wilden baas zijn in eigen buik. Bij de beslissing al dan niet een abortus te laten uitvoeren was de mening van de partner van geen tel en vervaagde tegelijkertijd de inhoud van de gestemde wet.

Sinds 1968 werd de seksuele moraal steeds liberaler en werden alle grenzen en beperkingen opgeheven. Seksuele trouw werd zelfs in theologische geschriften (bijvoorbeeld Gondonneau, 1972) in vraag gesteld. Echte liefde betekende immers vrijheid en de vrijheid om trouw te zijn impliceerde de vrijheid om ontrouw te zijn. Er werd gesteld dat de mens niet monogaam was van aanleg, dat men niet innerlijk trouw was omdat men dat uiterlijk was en dat het dus eerlijker was om te leven volgens de authentieke seksualiteit. Uiterlijke trouw zonder innerlijke gold als huichelarij. Buitenechtelijke verhoudingen waren schering en inslag en werden door de media gepropageerd, ook in de vorm van partnerruil, groepsseks of open huwelijken. Jaloezie was een uiting van een onrijpe bezitsdrang. Ware liefde mocht geen gevangenis zijn. Het motto was 'leven zonder leugens'.

De hedonistische seksuele ontremming van de jaren zeventig is in de jaren tachtig in stilte weggeëbd. Onder invloed van het feminisme leerden de vrouwen neen te zeggen zonder dat ze zich daardoor bekrompen hoefden te voelen. Seksuele ontrouw werd opnieuw vaker onverenigbaar verklaard met het voortbestaan van de vaste relatie. Vooral de vrouwen waren niet langer bereid te aanvaarden dat hun partner voortdurend een scheve schaats reed. Ze gingen nog liever uit elkaar. De herinvoering van de seksuele trouw was niet ideologisch maar pragmatisch, 'een noodzakelijk kwaad' (Burkhart, 1997). Zeker bij de jeugd kwam een verbazingwekkende herwaardering tot stand. Uit een onderzoek van Wydler (1997) blijkt dat jongeren hun seksualiteit opnieuw toenemend in een vaste relatie beleven, tegen een achtergrond van intimiteit, tederheid, steun en duurzaamheid. Het hedonistische ideaal van de jaren tachtig werd in de jaren negentig vervangen door het romantische liefdesideaal. De gewijzigde opvattingen over seksualiteit droegen ertoe bij dat de leeftijd waarop jonge mannen voor het eerst seksuele betrekkingen hebben opnieuw steeg. Zowel jonge mannen als vrouwen stellen gevoelens, tederheid en emotionele banden weer op de eerste plaats bij het beleven van seksualiteit. Natuurlijk speelt bij deze evolutie de angst voor aids mee. Maar de ommekeer is te ingrijpend om alleen daardoor verklaard te kunnen worden. Hij houdt verband met twee andere evolutietrends.

Verandering in de structuur van de partnerrelatie

Tengevolge van de culturele omwentelingen sinds 1968 moesten de burgerlijke, repressieve structuren worden gesloopt. Men voorspelde het einde van het huwelijk en meer bepaald van de monogamie, van het gezin als hoeksteen van de maatschappij (Cooper, 1962). Men experimenteerde met nieuwe vormen van partnerrelaties en met nieuwe samenlevingsvormen, zoals communes en alternatieve scholen. Wat pas echt grote opschudding teweegbracht was het model van het open huwelijk, waarin buitenechtelijke relaties gelegitimeerd waren. Het kleinburgerlijke huwelijk en gezin werden met de vinger gewezen als oorzaak van psychosomatische ziektes omdat deze een wederzijdse emotionele onderdrukking van partners tegenover elkaar zouden aanmoedigen. Kerk noch staat mocht bepalen hoe er werd samengeleefd. De partners dienden vrij te kunnen beslissen hoe ze hun relatie invulden.

In overeenstemming met het huwelijksideaal was tot aan het einde van de jaren zestig scheiden onderworpen aan discriminatie. Wie zich liet scheiden was een mislukkeling. Scheidingen werden gerelateerd aan psychische stoornissen zoals zelfmoordneigingen, alcoholisme, depressies en zelfmoord.

Na 1968 nam het aantal echtscheidingen drastisch toe en het aantal huwelijken nam even drastisch af. Scheiden kreeg een andere betekenis. Zeker voor vrouwen was het een teken van emancipatie. Het duurzame huwelijk verloor aan maatschappelijke appreciatie. Als enige redenen waarom mensen samenleefden haalde men angst om alleen te zijn, afhankelijkheid, comfort, gewoonte, financiële voordelen of maatschappelijk aanzien aan. Wie scheidde toonde aan dat hij in staat was alleen te leven en de moed had autonoom te functioneren.

In de loop van de jaren tachtig verloor ook die trend aan overtuigingskracht. De maatschappij erkende een veelvoud van samenlevingsvormen in gezins- en relatieverband. Talloze paren gingen samenwonen vooraleer in het huwelijksbootje te stappen. Toch was een verbazingwekkend hoog percentage mensen uit de leeftijdscategorie tussen 35-55 jaar gehuwd (in Duitsland in 1994: 79,1%). Sinds 1990 is scheiden niet langer een topic van de emancipatiebeweging. Hoewel het aantal echtscheidingen nog steeds toeneemt, stijgt het aantal mensen dat hertrouwt eveneens, zeker bij de mannen. Een duurzame partnerrelatie is steeds vaker een liefdesrelatie.

De partners gaan uit elkaar wanneer de liefde hen niet meer bindt. Scheiden is niet langer een teken van een mislukte levensloop. Soms meet men een echtscheiding niet meer belang toe dan een jobwissel. Men gaat met onderlinge toestemming uit elkaar en wil na de scheiding nog vrienden blijven. Er kan een aantal redenen worden aangehaald waarom het voortbestaan en de duurzaamheid van een relatie opnieuw belangrijker worden in een wereld die continu verandert. Als de dreiging van ontslag en werkloosheid als het zwaard van Damocles boven ieders hoofd hangt, dan heeft een stel tweeverdieners betere overlevingskansen dan een individu. Steeds luider klinken de stemmen van kinderen uit op de klippen gelopen huwelijken die zich, eens volwassen, beklagen over het nietsontziende egocentrisme van hun ouders. Aan de andere kant grijpen steeds meer mensen de kans om gedurende een behoorlijk aantal jaren de wereld rond te reizen en van hun vrijheid te genieten zonder vaste verbintenissen aan te gaan. Een echtscheiding is en blijft een ongewenst en pijnlijk einde van het huwelijk. Aangezien er geen maatschappelijke, religieuze of economische noodzaak meer bestaat om de relatie in stand te houden, blijven partners niet meer samen wanneer ze ongelukkig zijn en er zich alternatieven aandienen. Ongelukkig zijn is tijdverlies, waaraan snel een einde moet worden gesteld. Partners stellen met soms ongelooflijke nuchterheid vast dat het huwelijk hun geen enkele meerwaarde meer oplevert. Men gaat uit elkaar om vrij te zijn voor een nieuwe vaste relatie. Het patroon van seriële monogamie wordt steeds frequenter: men huwt, is monogaam in het huwelijk, gaat uit elkaar en knoopt na een kort vrijgezellenbestaan een nieuwe relatie aan.

Verandering in het rollenpatroon

Gezinnen bestaande uit ouders en kinderen zijn een product van de industriële samenleving en zijn in de westerse wereld amper een eeuw oud. Dergelijke gezinnen stelden de partners in staat om hun geluk te beproeven onafhankelijk van hun ouderlijke thuis. Die zelfstandigheid en afbakening tegenover de buitenwereld werd gerealiseerd door een taakverdeling tussen man en vrouw. De man was kostwinner en zorgde voor de externe zekerheid, de vrouw zorgde voor het huishouden en de kinderen. Door de toenemende mechanisatie in het huishouden, zoals vaatwassers, wasmachines, stofzuigers, microgolfovens, kant-en-klaarmaaltijden enzovoort, gingen vrouwen het huishouden steeds minder als een zinvolle bezigheid beschouwen. Ze voelden zich benadeeld tegenover de man en streden voor gelijke rechten. Na 1968 kregen vrouwen betere opleidings- en scholingskansen en gingen ze in toenemende mate deel uitmaken van de beroepsbevolking. Aanvankelijk weliswaar vooral in parttime jobs en in lagere functies. Op die manier werden ze echter wel minder financieel afhankelijk van hun man.

In de jaren na 1990 begon het rollenpatroon van mannen en vrouwen almaar meer gelijk te lopen. Vooral in het beroepsleven werden de verschillen tussen mannen en vrouwen uitgevlakt. Nieuw was de positieve discriminatie van vrouwen in topfuncties in de politiek, economie en academische wereld. Stellen met twee carrièremakers vormden een uitzondering, maar toch werden net de structurele veranderingen in dergelijke huwelijken veel besproken in de media. Zowel bij carrièrevrouwen als carrièremannen bepalen de professionele vereisten de vorm van samenleven. Aangezien een succesvolle carrière vaak gepaard gaat met wisselende jobs en woonplaatsen, komt het in dergelijke relaties vaak tot *living apart together*. Een dergelijke lat-relatie betekent niet automatisch een hoger scheidingsrisico. De dagelijkse telefoongesprekken tussen de partners vormen een intensievere persoonlijke gedachtewisseling dan elke avond samen voor de tv zitten. De betere transportmogelijkheden bieden hun de kans om het weekend samen door te brengen, zodat ook de seksuele betrekkingen niet echt te lijden hebben onder het tijdelijk apart leven. De man kan een zucht van verlichting slaken wanneer zijn vrouw haar carrière niet opoffert omwille van hem maar zelf verantwoordelijk is voor haar professioneel geluk en levensvreugde. Het probleem dat het moeilijkst op te lossen is betreft de opvoeding van de kinderen. Vooral carrièrevrouwen met een universitair diploma hebben vaak geen of ten hoogste één kind. Als er meer dan één kind is, is er in de praktijk geen sprake meer van gelijke rechten tussen man en vrouw. Vrouwen engageren zich nog altijd veel meer voor de opvoeding van de kinderen dan mannen. De maatschappij reikt weliswaar oplossingen aan in de vorm van crèches, voor- en naschoolse opvang en financiële compensaties. Niettemin heerst de opvatting dat deze betere opvangmogelijkheden de kinderen van hun moeder vervreemden. Feit is dat het geboortecijfer het laagste is in die Europese landen waar vrouwen het minst in de beroepsbevolking vertegenwoordigd zijn (Italië, Duitsland, Oostenrijk). Het geboortecijfer is het hoogste in landen waar ook het percentage vrouwen dat deel uitmaakt van de beroepsbevolking hoog is en waar de opvangmogelijkheden het beste zijn (IJsland, Noorwegen, Denemarken). Vrouwen krijgen nog liever geen kinderen dan dat ze noodgedwongen bij de haard moeten blijven wegens gebrek aan opvangmogelijkheden. Het motto van de vrouw is niet langer 'thuisblijven als er kinderen komen' maar 'blijven werken als er kinderen komen'. Niettemin verbreiden vrouwelijke topmanagers in talkshows de boodschap dat alles kan met een beetje organisatietalent en een goede regeling. Niet zelden werven ze een babysitter aan die voor de kinderen zorgt. Het is echter de vraag of vrouwen wel willen dat iemand anders de moederrol volledig op zich neemt. Vrezen ze niet op die manier het moeder-zijn te mislopen? De tijd zal uitwijzen in hoeverre de verhoogde carrièrekansen voor de vrouw een echte bevrijding betekenen en hoe ver vrouwen willen gaan om die kansen te benutten. Om dat te weten moeten echter eerst een aantal maatschappelijke randvoorwaarden – zoals kinderopvang en soepele arbeidsregelingen – worden gecreëerd en geaccepteerd die aan vrouwen een echte keuzemogelijkheid bieden.

De drie tendensen in verband met het omgaan met seksualiteit, met de structuur van de partnerrelatie en met de verandering in het rollenpatroon houden met elkaar verband en bepalen elkaar.

Wijzigingen in de partnerrelaties sinds 1968

	omgaan met seksualiteit	**structuur van de partnerrelatie**	**gedefinieerde rollenpatronen**
voor 1968	angst voor ongewenste zwangerschap, restrictieve seksuele moraal	monogamie,gesteund door de kerkelijke moraal en wetgeving, scheiding is een persoonlijke mislukking	complementaire rol voor man en vrouw
na 1968	**bevrijding van de gevoelens**	**anti-autoritaire beweging**	**feminisme**
	de pil, liberalisering van abortus, de vrouw beslist over het aantal kinderen, geliberaliseerde seksuele moraal, hedonistisch levensbeeld, geliberaliseerde seksuele trouw	consensuele koppels, stijgend aantal echtscheidingen en aantal mensen dat hertrouwt, scheiding als emancipatie	betere opleiding en scholing voor vrouwen vrouwen in het beroepsleven, financiële onafhankelijkheid vande partner
na 1985	seksualiteitsbeleving verbonden met tederheid, intimiteit en duurzaamheid van de relatie, de nieuwe trouw	liefde als voorwaarde voor het samenblijven, scheidingen met onderlinge toestemming	afvlakking van de geslachtsgebonden rollenpatronen, vrouwen maken carrière, kinderopvang buitenshuis, living apart together

De gewijzigde partnerrelaties als stimulans voor de persoonlijke ontwikkeling

De veranderingsprocessen werden niet opgelegd door 'de maatschappij' maar bewerkstelligd door individuele mannen en vrouwen in hun onderlinge relatie. Elk afzonderlijk paar vormt een laboratorium waarin de trends worden getest op hun realiseerbaarheid en levensvatbaarheid. Een collectief rijpingsproces vereist dat elke man en elke vrouw individueel dat rijpingsproces tot een goed einde brengen. Waar het gedrag voordien werd bepaald door maatschappelijke normen en waarden, moet nu elk paar zelf de voor hen geschiktste samenlevingsvorm vinden. Konden vrouwen vroeger klagen over hun ondergeschikte positie, dan moeten ze nu zelf het heft in handen nemen om hun leven vorm te geven. Ze kunnen er niet langer van uitgaan dat de man verantwoordelijk is voor hun levensgeluk. Vrouwen hebben de mogelijkheid hun kinderen zonder man groot te brengen en loopbaan en opvoeding te combineren. Daardoor is de positie van de mannen verzwakt. Mannen hebben in toenemende mate vrouwelijke waarden geïncorporeerd in hun mentaliteit. Ze kunnen niet meer schermen met professionele verplichtingen om zich te onttrekken aan de taken in het gezin. Om niet overbodig te zijn moeten ze hun nutswaarde voor het gezin bewijzen. De vrouwen eisen dat de man zich attent gedraagt. Daardoor heeft de man soms het gevoel dat er vooral op het gebied van seksuele betrekkingen te veel van hem wordt gevergd en neemt hij meer zijn toevlucht tot masturbatie, waarbij geen relationele verplichtingen komen kijken. Postmoderne partners kunnen zich in hun onderlinge relatie niet meer beroepen op rollenpatronen, maar moeten continu met elkaar onderhandelen. Ze moeten conflicten en meningsverschillen beter de baas kunnen. Machtsstrijd en betweterij worden maatschappelijk niet aanvaard.

Jonge paren zijn met die gewijzigde relationele idealen opgegroeid. Het zijn vooral paren die hun relatie onder een heel ander gesternte zijn begonnen die met problemen kampen. 'Ik ben niet meer de vrouw waarmee je lang geleden bent getrouwd' is uitgegroeid tot de slogan van veel geëmancipeerde vrouwen. Heel wat paren die ik de afgelopen decennia in mijn praktijk heb ontmoet, kunnen binnen dezelfde vaste relatie de persoonlijke verandering, de verandering van de partner en van de relatie zelf niet bolwerken.

De culturele selectie van veranderingen

Gedragen door het christendom en de Grieks-Romeinse beschaving heerst in westerse landen sinds de verlichting een tendens waarbij het zelfbeschikkingsrecht van het individu steeds groter wordt en extern opgelegde normen en verplichtingen toenemend worden afgebouwd. In 1968 en de daaropvolgende jaren dook een nieuwe reeks motieven op om autoritaire structuren op te heffen. Toch hielden alleen die revolutionaire idealen stand die een 'overlevingsvoordeel' opleverden. Sommige stellingen kunnen alleen in praktijk worden gebracht als de reële maatschappelijke randvoorwaarden wijzigen. Sommige zaken zijn niet te verwezenlijken omdat ze in hun radicale vorm niet stroken met de aard van de mens.

Wat mij persoonlijk opvalt, is hoe subtiel en genuanceerd de wijzingen zijn die zich de afgelopen decennia in liefdesrelaties hebben voltrokken. Voor onze op het principe van eigenbelang gestoelde theorie is belangrijk: *het zijn niet in de eerste plaats de ideologie en de nieuwe ethische waarden die de veranderingen hebben teweeggebracht. Alleen wat binnen de algemeen gewijzigde levensomstandigheden een individueel overlevingsvoordeel is gebleken, is blijvend veranderd.* Wat men als voordeel of nadeel ervaart, is uiteraard wel gebonden aan culturele waardeoordelen. Een fundamentele verandering is dat partners veel meer dan vroeger zelf beslissen hoe hun vaste relatie er dient uit te zien. Als gevolg daarvan kennen we nu veel meer relatievormen. De kerkelijke moraal heeft aan belang ingeboet zonder dat het tot een verval van de zeden, wijd verbreid egoïsme en seksuele losbandigheid is gekomen. Seksuele trouw is opnieuw een vereiste voor een partnerrelatie. Abortus is voor de meeste vrouwen een ingrijpende ervaring die ze liever vermijden. De kerkelijke voorschriften en overheidsreglementering zijn vervangen door een relatie-ethiek die zich aan de basis heeft ontwikkeld. Tussen geliefden rijpt een onderhandelingscultuur waarbij ieder actief meewerkt aan de vormgeving van het liefdesleven. Een dergelijk gedrag volgt het principe van eigenbelang. Dit betekent dat alleen die regels blijven bestaan die de binnen de liefde en het gezin nagestreefde zelfontplooiing mogelijk maken. Het eigenbelang wordt echter niet nietsontziend doorgedrukt. Een echt adaptatievoordeel levert alleen dat gedrag op, dat tevens een voordeel met zich brengt voor de partner en de kinderen (als die er zijn). De egoïstische tendensen reguleren zich op die manier wederzijds. Het samenleven ontwikkelt zich volgens het proces van gissen en missen. Een foutieve evolutie wordt bijgestuurd en men bewandelt het pad van de optimale compromissen tussen de verschillende aanspraken van de partners. Wat niet deugdelijk blijkt in de praktijk verdwijnt zonder dat er veel woorden worden aan vuil gemaakt. Dit staat dan vaak haaks op de hoeveelheid energie die men voordien in de theoretische discussie heeft geïnvesteerd. Weg is de ideologische geestdrift voor echtscheiding als uiting van emancipatie, voor de seksuele bevrijding, voor het open huwelijk met recht op seksuele ontrouw, voor de afschaffing van monogamie en tweeoudergezinnen.

In tegenstelling tot wat werd gevreesd zijn chaos en zedelijk verval uitgebleven. Seksuele betrekkingen gaan opnieuw samen met verantwoordelijkheid. Liefde en tederheid zijn in een relatie belangrijker dan ooit tevoren. Relaties zijn opnieuw verbintenissen. De liberalisering van abortus gaat hand in hand met een dalend aantal abortussen. Wie uit elkaar gaat of zich laat echtscheiden doet dat met meer respect en fairplay. De vuile was wordt nog zelden buitengehangen.

Omdat men zijn liefdesleven nu kan invullen op een manier die het beste bij de persoon zelf past, heeft zich een breed scala van relatievormen ontwikkeld. Die relatievormen zijn niet allemaal in dezelfde mate geschikt voor elke man of vrouw om tot zelfontplooiing in de liefde te komen. Er zijn mensen die niets moeten weten van een vaste partnerrelatie of van een huwelijk. Anderen voelen zich in hun vrijheid beknot door de stichting van een gezin. De gewijzigde maatschappelijke verhoudingen bieden een overlevingsvoordeel zonder weerga. Daarbij is er geen verplichting meer om te huwen, om een gezin te stichten of om zijn homoseksuele geaardheid te verbergen. De ontplooiing van het eigen potentieel wordt gestimuleerd indien een huwelijk niet tot elke prijs moet worden in stand gehouden en niets een volgend huwelijk in de weg staat.

Daarbij ontstaat tegelijkertijd een steeds grotere nood aan oriëntering. Sommigen willen weten wat goed en wat fout is. Op kerkelijke, wettelijke of morele normen kunnen ze daarvoor niet terugvallen. De media spelen daarbij een centrale rol en hanteren twee methoden. De eerste is oriëntering volgens de statistische norm: men wil weten wat de meerderheid doet en welke trend ze volgt. De tweede is de identificatie met de levensloop van sterren in de showbusiness of in de sport. Statistieken worden echter vaak zeer tendentieus en oppervlakkig geïnterpreteerd en het leven van sterren strekt zelden tot voorbeeld. Bovendien kan een dergelijke externe oriëntering vaak niet worden geprojecteerd op het eigen leven. In plaats van nieuwe normen te suggereren, zouden de media er beter aan doen geliefden aan te moedigen om hun relatie volgens hun eigen inzichten te kneden en vorm te geven.

Hoofdstuk 5

Hoe man en vrouw elkaar bij hun ontwikkeling wederzijds stimuleren

Karakteriële verschillen tussen man en vrouw vormden in de jaren na 1968 een taboeonderwerp. Deze verschillen waren immers bepaald door opvoeding en maatschappij en dus tijdsgebonden. Een generatie lang heeft men gepoogd jongens en meisjes op dezelfde manier op te voeden en de ongelijkheid tussen mannen en vrouwen op het gebied van opleiding en carrièrekansen uit de wereld te helpen. Vandaag vertoont het gedrag van mannen en vrouwen nog steeds wezenlijke verschillen. Uit onze enquêteresultaten blijkt een duidelijk geslachtsgebonden onderscheid tussen de verwijten die vrouwen mannen maken en omgekeerd. Die geslachtsspecifieke verwijten zijn niet uitsluitend terug te voeren op de huidige, maatschappijgebonden ongelijkheden. Het gaat veeleer om een verschillende manier van beleven van en omgaan met conflicten, stress en emoties in liefdesrelaties. Wanneer een man en een vrouw tot elkaar worden aangetrokken speelt de verwachting mee dat de ander hem op een seksegebonden manier nodig heeft en zal bevestigen. De geslachtsgebonden verwijten stoelen gedeeltelijk op de angst voor de onbekende en onbewuste aspecten van het andere geslacht en op de vrees dat de zienswijze van het andere geslacht in de relatie de bovenhand zou kunnen halen. Dat de andere sekse een andere aard heeft is zowel fascinerend als bedreigend. Het verschil tussen man en vrouw verrijkt en verlevendigt het menselijk bestaan en verhoogt de competentie om samen moeilijke fases te boven te komen.

Hoe verschillend zijn mannen en vrouwen? Nog steeds een taboethema?

De emancipatiebeweging heeft ervoor gezorgd dat onderzoek naar psychologische verschillen tussen mannen en vrouwen een emotioneel beladen thema is geworden. Bestaande verschillen werden toegeschreven aan de maatschappelijke onderdrukking van de vrouw en aan de opvoeding. Slogans en titels luidden: 'We worden niet als vrouw geboren, we worden tot vrouw gemaakt'; 'De grote gevolgen van het kleine verschil'; 'Ziekte: vrouw'. Niettemin was en is de feministische strijd nodig en heeft die belangrijke veranderingen teweeggebracht, vooral op het gebied van onderwijs en scholing, van gelijk loon voor gelijk werk of van gelijke kansen in het beroepsleven. Na dertig jaar feminisme hebben vrouwen toegang tot alle beroepen, zelfs tot die welke tot voordien golden als typisch mannelijk (piloot, machinist, chirurg, officier), en bereiken ze topposities in de politiek. Zijn er tegenwoordig eigenlijk nog relevante verschillen tussen de geslachten? De feministe Alice Schwarzer (2000) stelt de verschillen tussen de geslachten, inclusief de biologische, in vraag en pleit ervoor om er geen acht meer op te slaan. Haar boodschap luidt: nog steeds bestaat het mensenras uit mannen en vrouwen. Het wordt tijd dat we inzien dat mannen niet het sterke maar het broederlijke geslacht zijn. Waarom de opsplitsing in man en vrouw, waarom niet eenvoudigweg spreken over mensen?

Ook het Duitstalige genderonderzoek (von Braun en Stephan, 2000) dicht gedragsverschillen tussen de geslachten nauwelijks enig belang toe. Zo schrijft Alferman (1996): 'De opmerkelijkste vaststelling betreffende de verschillen tussen geslachten is het feit dat ze in de voorbije twee decennia nog verder zijn afgenomen.' De schaars erkende belevings- en gedragsdomeinen, die verschillen tussen mannen en vrouwen, giet ze vervolgens in een tabel. Het verschil tussen de geslachten is het meest uitgesproken in tests waarbij een beroep wordt gedaan op snelheid, kracht en uithoudingsvermogen. Aan de basis daarvan liggen biologische feiten, die echter door socialisatie worden versterkt. Een volgend onderscheid doet zich voor bij agressief gedrag, in die zin dat mannen vaker fysiek agressief reageren dan vrouwen. Verschillen in persoonlijkheidskenmerken, zoals doorzettingsvermogen en zorgzaamheid, worden daarentegen toegeschreven aan de geslachtsgebonden rolverwachtingen. Vooral inzake cognitieve vaardigheden blijkt uit recenter onderzoek een duidelijke ommekeer: mannen en vrouwen behalen vergelijkbare resultaten wanneer hun verbale en wiskundige vaardigheden en hun ruimtelijk inzicht worden getest. De vroeger vastgestelde verschillen kunnen nu worden verklaard als het gevolg van de geringere opleidings- en socialisatiekansen voor de vrouw. Toch wordt de mannelijke rol nog steeds meer geassocieerd met instrumentele, de vrouwelijke met expressieve vaardigheden.

In de Duitstalige genderliteratuur worden de verschillen tussen de geslachten jammer genoeg nog steeds geminimaliseerd en worden biologische aspecten buiten beschouwing gelaten (een goede inleiding vormt *Genderstudien*, gepubliceerd door Christina von Braun en Inge Stephan, 2000). *Genderstudien* is echter eenzijdig omdat de onderzoeksters ervan uitgaan dat de verschillen tussen de geslachten te wijten zijn aan de maatschappij. Nochtans wordt in de Engelstalige literatuur (Ellis en Ebertz, 1997 en 1998; Geary, 1998) grote aandacht besteed aan biologische aspecten. Biologische verschillen worden er niet beschouwd als een louter feitelijk gegeven van de natuur. Men onderzoekt er de interactie tussen biologische, psychische en sociale factoren. Geslachtsgebonden gedragspatronen zijn niet biologisch *of* maatschappelijk bepaald. Biologische substraten worden veeleer mee bepaald door het milieu (*Sexual development: Nature's substrate for nurture's influence*). Genetische disposities hebben de juiste voedingsbodem nodig om zich te kunnen ontwikkelen; de omgeving kan de genetische dispositie beïnvloeden. In bovengenoemde *Genderstudien* wordt bovendien voorbijgegaan aan de resultaten van hersenonderzoek waaruit blijkt dat mannen en vrouwen een verschillende, geslachtsgebonden strategie hanteren om testen op te lossen (zie Spitzer, 2001). Uit steeds meer onderzoeken blijkt dat er opmerkelijke verschillen bestaan tussen mannen en vrouwen op het gebied van waarneming, cognitie en emoties, evenals in sociale relatievorming. Mannen en vrouwen hechten evenveel belang aan sociale contacten, maar vullen die op een andere manier in. Vier op de vijf vrouwen hechten meer belang aan een wederzijdse vriendschap dan mannen. Drie op de vier mannen geven meer dan vrouwen de voorkeur aan confronterende en competitieve contacten. Vrouwen weten beter dan mannen gelaatsuitdrukkingen te interpreteren. Mannen houden van competitie met andere mannen, hetzij fysiek, hetzij in het verwerven van status of van materiële middelen. Vrouwen concurreren met andere vrouwen op sociaal en seksueel gebied (Geary, 1998). Kunnen die geslachtsgebonden verschillen niet verrijkend zijn? Is het niet mogelijk dat het samenspel van mannen en vrouwen adaptatievoordelen biedt en de competentie verhoogt om gemeenschappelijke problemen op te lossen?

De verwijten die de partners elkaar maken zijn in grote mate gendertypisch

Ik was eigenlijk niet van plan me in dit boek bezig te houden met geslachtsverschillen. Pas nadat een enquête die ik met een totaal ander doel had gehouden, verrassende resultaten bleek op te leveren, zag ik daarvan de noodzaak in. De resultaten waren namelijk geheel in strijd met de genoemde stellingen van het genderonderzoek. Aan de hand van de enquête wou ik nagaan in hoeverre de verwijten van de partner door de proefpersonen als gerechtvaardigd dan wel als een projectie van de eigen problemen worden beschouwd. In hoofdstuk 10 wordt dit thema gedetailleerder besproken. Meer dan 400 proefpersonen, waarvan twee derde vrouwen en één derde mannen, werden ondervraagd. Ze dienden zich een paar voor te stellen waarvan ze zowel de man als de vrouw goed kenden. Daarna moesten ze de verwijten opschrijven die de vrouw de man maakt en omgekeerd, liefst in de bewoordingen van de respectieve persoon. De doelstelling was na te gaan of mannen en vrouwen elkaar andere verwijten maken. Het resultaat was onverwacht geslachtsgebonden. Het merendeel van de geformuleerde verwijten kon in clusters worden geordend.

Mannen verwijten hun vrouw:
1. Cluster huiselijkheid:
Je bent te controlerend, bekrompen, wilt me binden, vasthouden, je bent te afhankelijk, neemt zelf geen initiatieven, maakt niets van je leven, wilt te veel geborgenheid.

Af en toe ook: je bent te vaak weg, besteedt te veel tijd aan je werk, bent te weinig moederlijk, geeft me te weinig troost en liefde, bent te veel met de kinderen bezig.

2. Cluster pedagogische omgangsstijl van de man:
Je bent te betweterig, te eigenwijs, pedant, leidend, wrokkig, bedilzuchtig, wil me aan de leiband houden, bent vitterig, je bent een zeurkous, je aanvaardt me niet zoals ik ben, hebt altijd iets aan te merken, ik kan op eigen houtje in jouw ogen niets goed doen.

3. Cluster emotionele openheid:
Je bent te emotioneel, te impulsief, te ongecontroleerd, te grensoverschrijdend, legt te veel beslag op me, te inmengend, te overstelpend, je bent onverzadigbaar, te veeleisend, ongestructureerd, je praat te veel.

Af en toe ook: je stelt te weinig belang in me, houdt te weinig van me, interesseert je niet voor mijn job.

Vrouwen verwijten hun man:
1. Cluster onafhankelijkheid:
Je keert je van me af, bent niet te benaderen, hebt geen tijd voor me, laat me te veel alleen, engageert je niet, draagt geen verantwoordelijkheid, bent te vaak op kantoor, bent innerlijk afwezig, trekt je niets aan van het huishouden en de kinderen.

2. Cluster gebrek aan erkenning:
Je neemt me niet au sérieux, luistert niet naar me, verbindt je nergens toe, bent niet opmerkzaam, ontwijkend, oneerlijk, waardeert mijn werk niet, betoont me geen belangstelling.

3. Cluster emotionele ontoegankelijkheid:
Je zegt niets, bent een man van weinig woorden, egocentrisch, niet te doorgronden, gedistantieerd, laat me niet dichterbij komen, bent niet teder, hebt geen empathie, wil alleen seks.

Opmerkelijk was dat de verwijten die de vrouwen hun man maakten en omgekeerd door 90% van de proefpersonen als terecht werden bestempeld. In 80% van de gevallen werden de verwijten die men elkaar maakte als vervulbaar beschouwd. Met andere woorden, mannen en vrouwen verwijten elkaar niets waaraan niet kan worden gewerkt, zoals 'je bent dom, lelijk, introvert, zwak, klein van gestalte' enzovoort. Ze verwijten elkaar storend gedrag, waarvan ze aannemen dat de andere het kan wijzigen (een publicatie van de resultaten is in voorbereiding).

Gedragen mannen en vrouwen zich in de partnerrelatie even gendertypisch als in hun job?

Het verschil in de verwijten die we bij de proefpersonen vaststelden sluit aan bij de beschrijving die de Amerikaanse relatietherapeut John Gray in zijn boek *Mannen komen van Mars, vrouwen van Venus* (1992) geeft. Ze stemmen eveneens overeen met de observaties die de Amerikaanse professor linguïstiek Deborah Tannen in haar boek *You just don't Understand. Women and Men in Conversation* (1990,1998) publiceerde.

Volgens Gray zijn hedendaagse mannen trots als ze hun vrouw bewijzen iets alleen te kunnen. Autonomie is een symbool van efficiëntie, macht en competentie. Wanneer ze onder druk staan zoeken ze geen hulp bij hun vrouw maar kruipen ze in hun schelp of zoeken verstrooiing in de sport, de krant of in sportuitzendingen op tv. Wanneer ze met emotionele problemen worden geconfronteerd zoeken ze een pragmatische oplossing en gaan oeverloze discussies liever uit de weg. De man vreest dat zijn vrouw hem op dat vlak niet als goed en voldoende bekwaam zal aanzien. Hij is bang om te falen en fouten te maken. Hij doet liever niets dan iets verkeerd te doen.

Het vrouwelijke zelfbewustzijn wordt volgens Gray bepaald door gevoelens te delen en door de kwaliteit van de intermenselijke relaties. Vrouwen beleven voldoening door te delen en mee te delen. Relaties zijn voor hen belangrijker dan werk en techniek. Ze willen betrokkenheid tonen en begrip voor anderen opbrengen. Ze proberen bij anderen hun wensen van het gezicht af te lezen. Voor hen is het geen teken van zwakte om hulp van anderen te aanvaarden, integendeel. Ze voelen zich door die geboden hulp geliefd. Ze willen de man waarvan ze houden verbeteren. Het geven van raad en kritiek is voor hen een bewijs van hun liefde. Wanneer ze onder druk staat reageert een vrouw emotioneel en spraakzaam. Ze wil over de dagelijkse problemen praten. Ze is daarbij niet zozeer op zoek naar praktische oplossingen, wel naar betrokkenheid. Vrouwen hebben er moeite mee om anderen beperkingen op te leggen. Ze zijn volgens Gray bang om afgewezen en in de steek gelaten te worden.

Volgens Deborah Tannen zijn gesprekken onderhandelingen over nabijheid, waarbij men bevestiging en steun wil geven en krijgen en men overeenstemming wil bereiken. Men wil zich ertegen beschermen, door de andere te worden afgestoten. Het leven is een strijd om de intimiteit te bestendigen en om isolatie te vermijden.

John Gray en Deborah Tannen beschrijven de verschillen tussen man en vrouw als een feitelijk gegeven, zonder ze te interpreteren of te duiden. Volgens mij kunnen die verschillen een positieve bijdrage leveren tot de vormgeving van de liefdesrelatie en bij de opvoeding van de kinderen.

Volgens de gedragsbiologie is tweeslachtigheid nuttig omwille van de grotere variabiliteit en biedt aldus grotere kansen om met gewijzigde omgevingsfactoren om te kunnen gaan. Het mannelijke en vrouwelijke geslacht zijn gespecialiseerd ten behoeve van een efficiënte reproductie. Logischerwijze zullen sommige taken voor de ene spotgemakkelijk zijn, terwijl ze voor de ander een zware opgave betekenen. Beide geslachten hebben een verschillende strategie om optimale reproductie te bereiken. Het gaat echter niet alleen om voortplanting. Samenwerking tussen levende wezens met een verschillende specialisatie kan in de meest diverse aspecten van het leven een voordeel bieden, dat resulteert in betere prestaties (Wickler en Seibt, 1983).

Wat de mens betreft schenkt men vandaag op professioneel vlak zo weinig mogelijk aandacht aan de psychologische verschillen tussen man en vrouw. Vrouwen bewijzen hun kunde in elk beroep en in elke functie. Toch hebben mannen en vrouwen een verschillende voorliefde voor bepaalde jobs. Zo trekken de richtingen economie en ingenieur nog altijd meer mannelijke dan vrouwelijke studenten aan, terwijl richtingen als psychologie, letteren en recent ook geneeskunde vooral meisjes weten te bekoren. Misschien gedragen mannen en vrouwen zich in hun samenleven gendertypischer dan in hun beroep. Die veronderstelling is in tegenspraak met de uitgangspunten van *Genderstudien*, waarin wordt geponeerd dat mannen en vrouwen vooral in het huishoudelijke domein veel dichter tot elkaar zijn gekomen.

Waarom laten mannen en vrouwen zich met elkaar in als er dan toch zoveel communicatieproblemen zijn?

Als mannen en vrouwen elkaar toch niet echt begrijpen en op andere planeten leven, wat brengt mensen ertoe om vrijwillig een dergelijk frustrerend en vermoeiend relatieavontuur aan te gaan? Vrouwen onder elkaar zouden in een harmonieuze sfeer kunnen praten, hun emoties uitwisselen en elkaar betrokkenheid en medeleven betonen. Mannen zouden onder elkaar kunnen discussiëren over de oplossing van concrete problemen, weddenschappen aangaan en krachtig met de vuist op tafel slaan. Maar neen, de mens laat niet af tot hij de zware last van een partnerrelatie op zijn schouders heeft geladen.

Naar mijn idee ontstaat een liefdesrelatie niet in de eerste plaats op basis van seksuele aantrekkingskracht of als zoektocht naar wederzijdse behoeftebevrediging. Het is een proces waarbij twee mensen die op zich onvolkomen en ontoereikend zijn, op elkaar botsen en elkaar bij het uitzoeken van hun levensweg kunnen begeleiden, steunen en stimuleren. Tijdens de verliefdheidsfase ontstaat de indruk dat ze voor elkaar zijn gemaakt, dat ze elkaar nodig hebben en kunnen helpen. Man en vrouw voelen zich nodig als ze de ander iets kunnen bieden dat voor hem kostbaar is. Hoe meer ze van elkaar verschillen hoe gemakkelijker het zal zijn voor elkaar iets bijzonders te betekenen of bij de ander iets te vinden wat je liefhebt en hem daarvoor bewondering, vreugde en erkenning te betonen. Uiteraard kan dat ook bij mensen van hetzelfde geslacht. Hoe meer de partners echter elkaars tegenpool zijn, hoe gemakkelijker erotische aantrekkingskracht door tegengesteldheid tot stand zal komen. Mannen worden in een liefdesrelatie vaak mannelijker en vrouwen vrouwelijker dan buiten de vaste relatie. Mannen en vrouwen evolueren tot specialisten die voor bepaalde aspecten van het leven bijzondere vaardigheden ontwikkelen en in het gezamenlijke leven onderscheiden functies vervullen. Specialisatie leidt tot differentiatie, maar heeft als nadeel eenzijdigheid en het feit dat men van elkaar afhankelijk is. Vandaar dat specialisatie in veel partnerrelaties wordt vermeden, zeker zolang er nog geen kinderen zijn. Uit ons onderzoek blijkt echter dat de taak- en rolverdeling vooral verdwijnt op het gebied van winkelen, koken en huishouden en niet in het relatiegedrag. Het verschaft de partners voldoening dat de ander zich ontwikkelt in een domein dat deze tot nog toe angstvallig heeft vermeden en waar deze zich niet aan waagde. Zo schept de verliefdheid een groeiklimaat waarin nieuwe ontwikkelingen mogelijk worden. Op een archaïsche en weinig bewuste manier kan elkeen het geslachtsgebonden gedrag en de specifieke wijze van handelen van de partner liefhebben.

In Grays beschrijving van hoe man en vrouw elkaar bij die ontwikkeling wederzijds stimuleren zal menige vrouw zich vandaag de dag niet kunnen vinden. Volgen Gray hebben mannen vrouwen nodig om hun sterkte en behendigheid te kunnen aantonen en hun competentie te kunnen bewijzen. Ze zijn bereid het beste van zichzelf te geven en willen daarvoor zelfs worden uitgebuit wanneer ze zo kunnen rekenen op de bewondering en erkenning van hun vrouw. Ze betonen zich dapper, volhardend en ridderlijk en zijn bereid de eigen behoeften op de achtergrond te schuiven. Als volwassene heeft de man de bewonderende liefde nodig als drijfkracht voor zijn leven. Hij vindt het erg als hij de indruk heeft niet langer nodig te zijn. De verworven competentie is niets waard als er niet iemand is die hij daarmee kan dienen.

Vrouwen willen er volgens Gray op kunnen vertrouwen dat er iemand achter hen staat, die hun energie geeft en hen steunt wanneer ze uitgeput en boos zijn en die de draagkracht heeft om hun soms ongecontroleerde emotionele uitbarstingen op te vangen. Aan de andere kant willen vrouwen iets maken van hun man. Ze zien in hem een jongen die ze nog moeten opvoeden, in de hand houden en wiens energie dient te worden gekanaliseerd. Ze beschouwen een man als iemand die van nature onbeteugeld is, geen maat weet te houden en moet worden afgeremd. Vrouwen proberen vanaf de achtergrond hun man te sturen en hem houvast te bieden. Voor heteroseksuele mannen en vrouwen is vriendschap met iemand van hetzelfde geslacht vertrouwder, vanzelfsprekender en begripsvoller, maar minder opwindend, minder stimulerend en minder spannend dan een heteroseksuele relatie waarbij ze zich door het andere geslacht bevestigd willen voelen.

De ambivalentie tussen aantrekking door en angst voor het andere geslacht

Werd je oorspronkelijk aangetrokken door wat je nu stoort? Op die vraag antwoordde één derde van de ondervraagde proefpersonen positief. Op basis van mijn praktijkervaring vermoed ik dat de huidige verwijten in een partnerrelatie vaak voortvloeien uit een oorspronkelijke positieve aantrekkingskracht. Wat zo begerenswaardig leek heeft ongewenste bijwerkingen. Wat de man nu als een beknotting en als onverdraaglijke controle ervaart, kwam tegemoet aan zijn *oorspronkelijk verlangen naar huiselijke geborgenheid* bij zijn vrouw, aan de wens een plaats te hebben waar hij thuishoort en bij hoort. Wanneer de man zich nu verzet tegen de pedagogische ijver van zijn vrouw, weet hij vaak tezelfdertijd dat hij deze bijsturing en indijkende invloed van zijn vrouw nodig heeft. Hij beseft dat wanneer hij aan zijn lot zou worden overgelaten, hij zou verloederen, zich niet zou verzorgen, zich niet zou weten te kleden en te gedragen. Hij heeft iemand nodig die naar hem omziet.

Wanneer veel mannen huiveren voor de sterke emoties van hun vrouw, dan weten ze dat net *die emotionele openheid* hen oorspronkelijk zo fascineerde en de deur opende naar hun eigen gevoelswereld.

Wanneer de vrouw nu lijdt onder de vrijheidsdrang van de man en de indruk heeft dat ze hem niet aan zich kan binden, dan is het net dat wat haar in het begin vaak heeft aangetrokken. Ze werd uitgedaagd om *de man die zo sterk verlangde naar vrijheid en avontuur te temmen*, gesterkt door de zekerheid dat hij, zelfs wanneer hij zich van haar afkeerde, uiteindelijk toch zou terugkomen. Als vrouw door een man te worden bewonderd, begeerd en erkend was oorspronkelijk een van de meest intense motivaties en hoopvolle verwachtingen om de partnerrelatie aan te gaan. Als de vrouw nog weinig erkenning en complimentjes van haar man krijgt, weet ze weliswaar vaak dat hij positiever over haar denkt dan hij laat uitschijnen, maar is ze gefrustreerd dat ze zo weinig waardering van hem te horen krijgt.

Dat de man emotioneel zo moeilijk toegankelijk is, een man is van daden en niet van woorden, wekte bij haar aanvankelijk de indruk van standvastigheid en onkreukbaarheid. Ze dacht een man gevonden te hebben die door niets van zijn stuk te brengen is, waarop men kan vertrouwen, die de problemen des levens competent oplost en bij wie ze zich zeker en geborgen kan voelen. Zijn terughoudendheid om zijn emoties te uiten, zijn schuchterheid en zijn kwetsbaarheid maakten hem zeer aantrekkelijk, vooral omdat ze merkte dat ze hem kon helpen om zijn gevoelens voor hemzelf toegankelijk te maken.

Men kan aannemen dat archaïsche verlangens en verwachtingen die men koesterde over het andere geslacht nog steeds doorwerken in hedendaagse relaties, evenals archaïsche angsten. Het is het verlangen van de man door de vrouw te worden verzorgd en gevoed en het verlangen van de vrouw door de kracht en ridderlijke dapperheid van de man te worden beschermd. Het is de angst van de man om gevangen te zitten, vernietigd te worden en verslonden te worden door de vrouw. Het is de angst van de vrouw in de steek te worden gelaten, dat de man aan zijn plichten zal verzaken, de angst voor zijn macht en gezag. Het is de angst van beiden voor de verslindende moeder en voor de afwezige vader.

Het onheilspellende, latente en bedreigende van het andere geslacht wordt door C.G. Jung voorgesteld door de archetypen animus en anima. Volgens Jung heeft iedereen in het andere geslacht zijn archetypische tegenhanger. De anima is de vrouwelijkheid in het onbewuste van de man. Ze ontwikkelt zich door de omgang met de moeder, met vrouwelijke voorouders en met vrouwelijke personificaties in dromen, fantasieën, mythen en sprookjes. Mannen beleven de onbewuste vrouwelijkheid via hun projecties op vrouwen, maar ook via mythen in de gedaante van elfen, feeën, koninginnen, godinnen, Onze-Lieve-Vrouw, heiligen of heksen. De in mythen opgevoerde animus/animafiguren zijn ambivalent. Naast de liefdevolle moeder en de zogende voedster zijn er de heksen die kinderen opeten, gevangennemen en vergiftigen. In de Indiase mythologie zie je de mensenetende, destructieve godin Kali. De lieftallige maagd, die zacht en mooi is, ontpopt zich als een betoverende engel des doods waaraan de man ten prooi valt. In de sages ontmoeten de vissers watergeesten, die hen vervolgens meesleuren naar de diepte. Odysseus ontmoet de sirenen. De 'femme fatale' stort de man die haar wil verlossen in het verderf.

Hetzelfde geldt voor de animus in het onbewuste van de vrouw. De animus figureert in de mythen als de held, de heilige, de wijze, de vader of als God. Ook hij is ambivalent. Naast de sterke koning en krijger is er ook de listige duivel waaraan men zijn ziel verkoopt, de onterende demon, de intelligente verleider en de geile sater.

Wanneer men verliefd is projecteert men animus en anima op het andere geslacht. Wanneer de ontgoocheling volgt ziet men dat het geprojecteerde beeld niet overeenstemt met de werkelijkheid. De projectie moet worden gecorrigeerd. De echte ervaring met de vrouw stelt de man in staat zijn animabeeld te differentiëren en ermee in dialoog te treden. Dankzij de concrete ervaring met een vrouw wordt de man zich bewust van zijn eigen anima. Hetzelfde geldt voor de animus van de vrouw.

C.G. Jung heeft de dynamiek van animus en anima vanuit de invalshoek van het individu beschreven als een projectie en de terugname ervan is een belangrijke doelstelling van heelwording. Animus en anima zijn een deel van het onbewuste en moeten worden bewust gemaakt en in het individu worden geïntegreerd. Vanuit ons collusioneel perspectief (zie hoofdstuk 9) worden animus en anima niet alleen geprojecteerd maar ook nog gedelegeerd. Ze worden op de partner overgedragen en die wordt met de realisatie ervan belast. Er worden eisen gesteld aan de partner om animus en anima daadwerkelijk tot uiting te brengen. Door de overdracht van animus en anima aan de ander wordt elk der partners ertoe aangespoord om de hem geattribueerde trekken intenser te beleven en te ervaren en eveneens in daadwerkelijk gedrag te realiseren en vorm te geven.

De animus-animacollusie

De man beoogt de verwezenlijking van de animus		**de vrouw beoogt** de verwezenlijking van de anima
	interactiecirkel	
Ik kan zo mannelijk zijn omdat	⇄	ik kan zo vrouwelijk zijn omdat
verdringt en delegeert verwezenlijking van de anima		**verdringt en delegeert** verwezenlijking van de animus

Animus-eigenschappen: sterk, dapper, vitaal, hard, strijdlustig, agressief, bedreigend, intelligent, leidinggevend, beschermend, verantwoordelijk.
Anima-eigenschappen: gevoelig, zacht, liefdevol, innemend, verleidend, verzwelgend, betoverend, omringend, barend, voedend, moederlijk, beschermend, zorgzaam.

De man beoogt de realisatie van de animus en verdringt en delegeert zijn vrouwelijke kant, de anima, aan de vrouw. De vrouw beoogt de realisatie van haar anima en verdringt en delegeert haar animus aan de man. Dat leidt tot een als positief ervaren complementariteit, waarbij de man kan stellen: 'Ik kan zo mannelijk zijn omdat jij zo vrouwelijk bent', terwijl de vrouw stelt: ' Ik kan zo vrouwelijk zijn omdat jij zo mannelijk bent'. Wat men door te delegeren in de andere stimuleert kan echter tevens angst inboezemen, als bedreigend worden ervaren en tot afhankelijkheid leiden. De ontplooiing van de op de partner overgedragen trekken moet onder controle worden gehouden. Er dreigen machtsverschillen te ontstaan waaraan men zich onverwachts voelt overgeleverd. Men begint te vechten tegen de gedelegeerde anima of animus. De verdrongen-gedelegeerde anima/animus zal als minder bedreigend worden ervaren wanneer man en vrouw hun eigen verdrongen animus/anima-aspecten leren vorm te geven.

Hieronder volgt praktijkvoorbeeld 1 rond het thema: 'Wat iemand nu stoort, heeft hem oorspronkelijk gefascineerd':

Praktijkvoorbeeld 1:

Marlies en Frederik zijn allebei ongeveer 40 jaar. Ze werden doorverwezen door de dokter van wacht, die was geconsulteerd na een hevige ruzie. Marlies slingert Frederik heftige verwijten naar het hoofd. Hij is emotioneel onbereikbaar. Zelfs wanneer hij thuis is, is hij afwezig. Ze krijgt geen respons. Hij toont geen betrokkenheid, heeft geen inlevingsvermogen en toont helemaal geen gevoelens. Ze voelt zich uitgebuit in haar engagement voor het gezin en in de steek gelaten. Ze reageert steeds agressiever tegenover Frederik.

Marlies en Frederik traden tien jaar geleden in het huwelijk en hebben drie zonen. Ze wonen afgelegen en hebben nauwelijks vrienden of kennissen. De kinderen nemen Marlies totaal in beslag en vergen het uiterste van haar krachten.

Frederik heeft een drukke baan maar staat tijdens het weekend volledig ter beschikking van het gezin.

De crisis escaleerde een jaar geleden. Op de vraag wat er net voor de crisis in hun relatie was veranderd, antwoordden ze het volgende: Marlies wilde een vierde kind omdat ze ervan overtuigd was dat kinderen meer emotionaliteit in het huwelijk brengen. Frederik wilde echter niet nog een kind omdat hij de indruk had dat de kinderen nu al te veel vergden van Marlies' krachten. Op zijn aandringen onderging Marlies tegen haar zin een abortus. Ze beklaagt het zich nu en verwijt het Frederik.

Marlies pakt Frederik wegens zijn gevoelloosheid met bittere passieve gelatenheid aan. Hij pareert haar kritiek met een onvermoeibaar lachje, dat Marlies provoceert. Toch merk je dat Marlies van de ietwat onhandige en naïeve man houdt. Wat is er aan de hand? Tenslotte wist Marlies toen ze Frederik leerde kennen dat hij zijn gevoelens moeilijk kon tonen. Waarom is ze met een man getrouwd die eigenschappen bezit die haar nu mateloos ergeren? Om dat te begrijpen moeten we de relatiegeschiedenis van naderbij bekijken. Frederik merkte terloops laconiek op: 'Men trouwt altijd met zijn probleem.'

Tien jaar geleden leerden ze elkaar kennen. Marlies kon goed met Frederik praten. Ze was verrast door zijn openheid en tolerantie, die in tegenspraak stonden met zijn uiterlijke verschijning. 'In zijn hoofd was hij zeer ruimdenkend, opener dan dat ik ooit bij iemand had gezien. Dat heeft een grote indruk op me gemaakt.' Waarom was die openheid zo belangrijk? Marlies had geleden onder haar moeder, die haar het gevoel gaf dat ze steeds moest denken wat haar moeder wilde dat ze dacht. Aan het huwelijk van haar ouders bewaarde ze slechte herinneringen. Het was de reden waarom ze vroeg het ouderlijke dak verliet. Bij Frederik had ze niet het gevoel dat haar denken geweld werd aangedaan. Marlies had daarvoor al een langere relatie met een man gehad, maar ze was na verloop van tijd steeds meer afhankelijk van hem geworden. Ze had gepoogd om zijn leven in elk opzicht te ordenen. Daardoor net was ze zo afhankelijk van hem geworden. Ze ging in therapie omdat het met haar van kwaad naar erger ging. 'Ik deed alles voor hem, ik deed veel wat ik nooit had willen doen en ik kon me niet meer van hem losmaken. Ik wilde van hem weg, maar kon zonder hem niet meer leven.' Dankzij de therapie leerde ze dat ze moest ophouden met hem te willen veranderen. Ze mocht niet langer blijven denken dat ze iets diende te presteren om genegenheid te verdienen. Na die pijnlijke ervaring wilde ze een man die geen beslag op haar zou leggen. Dat was bij Frederik het geval. Hij wilde helemaal niet dat ze iets voor hem deed. Als ze hem uitnodigde en iets lekkers voor hem klaarmaakte, zei hij: 'Heb je niks beters te doen dan voor mij te koken?' 'Frederik was iemand die weerstand bood aan mijn drang om me volledig aan een man te wijden. Ik voelde me tegenover hem zo vrij. Toen werd ik zwanger en merkte ik hoe blij hij was.'

Toen Frederik Marlies voor het eerst ontmoette gingen bij hem onmiddellijk waarschuwingslampjes flikkeren. Zijn indruk was: 'Dat is een zeer geëngageerde vrouw. Die gaat een stapje verder met je. We zijn tegenpolen. Ik kan haar stabiliteit bieden maar ik moet afwegen of ik haar emotionaliteit de baas kan.' Hij had voordien nooit een echte relatie met een vrouw gehad, hoewel hij over de dertig was. Het was een bewuste keuze geweest. Hij wilde eerst carrière maken voor hij aan trouwen dacht. Flirten of flikflooien met vrouwen was niet aan hem besteed. Hij ging niet naar disco's en beschouwde zichzelf als rijp en bedachtzaam. Hij had slechte herinneringen aan het huwelijk van zijn ouders. Zijn vader was aanzienlijk ouder dan zijn moeder, een mooi poppetje dat ontevreden was over haar echtgenoot. Frederik wilde een rijpere vrouw, indien mogelijk even oud als hij. Hij wilde een vrouw die zich zou inzetten voor de relatie en met wie hij kon praten. Zijn moeder had geen band met haar kinderen en zag er niet naar om. Nu hij dertig was dacht Frederik: Ik wil een vrouw zoeken waarmee ik een gezin kan stichten. 'Marlies gaf een nieuwe wending aan mijn leven.' Hij beschouwde haar als extravert, zichzelf als introvert, haar als sportief en actief, zichzelf als onsportief en contemplatief. Hij las graag en luisterde vaak naar muziek. 'Ze is moeilijk af te remmen, zet zich te zeer in, wordt dan prikkelbaar en overbelast.' Voor de kinderen gaf ze zich totaal, maar klaagde dan dat ze geen tijd meer overhield voor zichzelf.

Frederik had geen vrienden. Hij voelde zich aangetrokken door de emotionaliteit van Marlies maar voelde zich tegelijkertijd te zeer overvraagd door diezelfde emotionaliteit. Hij moet zich tegen die emotionaliteit beschermen. Toch hield hij van Marlies en wou hij niet van haar scheiden.

Marlies bespeurde in Frederik het verlangen naar moederliefde. Ze voelde zich in toenemende mate verantwoordelijk voor zijn emotionele ontwikkeling en dreef hem in het nauw. Zijn weerstand maakte dat ze nog meer ging aandringen. Hoe meer zij hem emotioneel pushte, hoe meer hij zich van haar afsloot; hoe meer hij zich afsloot, hoe meer zij aandrong. Ook Frederik verlangde naar een gevoelige interactie. Hij kon zijn gevoelens het beste schriftelijk uiten, maar die communicatievorm maakte Marlies woedend.

Hij is nu gefrustreerd door het gedrag van zijn vrouw omdat hij eigenlijk heel graag met haar wil praten. In zijn ouderlijke thuis werd een zeer wankel even-

wicht bewaard tussen vader en moeder. Dat evenwicht kon slechts worden gehandhaafd wanneer emoties onder controle werden gehouden. Frederik leeft voortdurend in angst om de controle over zijn gevoelens te zullen verliezen. Daarom wil hij op elk terrein het heft in handen hebben. Voor zijn carrière heeft dat positieve gevolgen gehad. Maar wanneer hij niets wou veranderen, had hij niet gekozen voor een gevoelige vrouw. Eigenlijk hoopt hij dat die vrouw hem zal helpen om zijn gevoelens tot uiting te kunnen brengen. Nu is hij echter teleurgesteld dat het verhoopte positieve effect is uitgebleven. Toch weet hij dat het voor hem van existentieel belang is dat hij leert zijn gevoelens adequater uit te drukken.

Dat wat oorspronkelijk zo aantrekkelijk was, is nu de storende factor.

De verrijking door de verscheidenheid van man en vrouw

De stimulering van de persoonlijkheidsontwikkeling door het andere geslacht verloopt in verschillende fases:

- Tijdens het stadium van de **verliefdheid** (zie hoofdstuk 8) verruimen de partners elkaars horizon. De vrouw stelt de man in staat zich mannelijk te ontplooien en te bewijzen, de vrouw wordt in haar vrouwelijkheid gestimuleerd door haar man en is in haar vrouwelijkheid nodig voor hem. Beide bewonderen en erkennen elkaar in hun anderszijn.
- Het **tweede stadium** is vaak de fase van ontgoocheling (zie eveneens hoofdstuk 8). Dat wat aanvankelijk zo aantrekkelijk was is uitgegroeid tot een bedreiging en tot last. Man en vrouw vrezen dat de invloed van het andere geslacht de bovenhand zal halen. De man wil zich afsluiten van de invloedssferen van de vrouw en gedraagt zich defensief en afwijzend. De vrouw probeert de band nauwer aan te halen en de samenhorigheid te verstevigen, en voelt zich door de afwijzende houding van de man bedreigd. Omdat ze niet in staat zijn naar de gendertypische verwijten van hun partner te luisteren, missen man en vrouw vaak de kans om zich door het andere geslacht te laten corrigeren en van elkaar iets op te steken.
- Tijdens het **derde stadium**, dat zich vaak voordoet in de tweede helft van het leven, stelt men zich open voor de eigen verdrongen aspecten van het andere geslacht. Op die manier wil men een oplossing vinden voor de ambivalentie tussen aantrekking door en angst voor

het gedelegeerde deel van het andere geslacht. Volgens C.G. Jung moet het vaak onbewuste persoonlijke potentieel van het andere geslacht (anima of animus) bewust worden gemaakt en geïntegreerd als een vorm van individuatie. Volgens mij schuilt de oplossing van de ambivalentie veeleer in een constructieve dialoog tussen man en vrouw. Ze zijn ondertussen met elkaar vertrouwd, zodat ze de tegenpartij niet meer moeten demoniseren, maar zonder vrees kunnen erkennen en respecteren. Ieder kan achter zijn eigen sekse staan, die tegenover de partner verdedigen en op een manier leven die de partner respect inboezemt. De uitdaging en spanning blijft, maar in de geschiedenis van de relatie en vooral in de opvoeding van de kinderen zijn er veel situaties waarin men dankbaar is voor de complementaire zienswijze en de andere gendertypische oplossingen van de partner. In situaties waar de eigen oplossingen niet baten, kan het verschil tussen de geslachten toch nog leiden tot winst.

Hoofdstuk 6

Seksualiteit – de bindende en destructieve energie van de liefde

Hoe verhouden liefde en seksualiteit zich? Soms vinden ze in elkaar de hoogste bevrediging, soms hinderen ze elkaar en soms hebben ze een nefast effect op elkaar. Seksualiteit is tweezijdig. We kunnen een onderscheid maken tussen de seksualiteit van de lust en de seksualiteit van de verbondenheid. De seksualiteit van de lust wil de lust intensief aanscherpen door verleiding, verovering, uitdaging en verrassing, tot strijd, haat en vernedering toe. De seksualiteit van de verbondenheid streeft naar harmonie, vertrouwdheid en eenwording. Die twee relatiemodi in een liefdesrelatie integreren is geen eenvoudige opgave. Een mogelijke oplossing zou zijn er naast de seksuele betrekkingen binnen het huwelijk ook buitenechtelijke betrekkingen op na te houden. Dat is echter niet te verzoenen met de hedendaagse opvattingen over een huwelijk uit liefde. Een compromis is het beleven van buitenechtelijke avonturen in de fantasie. Hoewel de seksualiteit van de lust een bedreiging kan vormen voor een duurzame relatie, is ze tevens een stimulans. Ze versterkt de zelfafbakening en creëert een vernieuwende seksuele spanning in de relatie omdat de partners vreemd en geheimzinnig voor elkaar blijven. Op die manier moeten ze steeds opnieuw op zoek gaan naar elkaar.

Hoe verhouden liefde en seksualiteit zich?

Scherpt liefde de seksuele lust aan of drukt ze die de kop in? Neemt liefde toe dankzij seksualiteit of maakt seksualiteit liefde gecompliceerd en ongelukkig? Het liefdesleven en het seksleven zijn twee draden van het leven van een volwassene die gedeeltelijk met elkaar zijn verweven en elkaar gedeeltelijk uitsluiten. Ze zijn niet uit elkaar af te leiden of wederzijds te verklaren. Ze geven aanleiding tot het opperste geluk en het ergste verdriet. Toch heeft men in de meeste gevallen geen seksualiteit zonder liefde en geen liefde zonder duurzame seksuele betrekkingen.

Omstreden is de vraag of het vermogen om liefde en seksualiteit in een duurzame relatie te integreren een kenmerk is van psychische rijpheid dan wel een illusie. De psychoanalist Michael Balint (1947) postuleert dat genitale liefde een liefde is zonder de ambivalentie van begeerte en orale onverzadigbaarheid, zonder de neiging het liefdesobject te vernederen en te overheersen, zonder de angst als man of vrouw te zullen falen. Volgens hem houdt men van de partner omdat men elkaar wil bevredigen en samen een orgasme kan beleven (blz. 122). Balint noteert weliswaar dat men dat alles ook kan ervaren zonder dat men van de partner houdt en dus voegt hij aan de genitale bevrediging nog idealisering, tederheid en een bijzondere vorm van identificatie toe om te komen tot een echte liefdesrelatie. Of en hoe deze componenten elkaar beïnvloeden, aanvullen, versterken of in tegenstrijd zijn met elkaar, blijft een open vraag.

Sigmund Freud (1918) was sceptischer wat de verenigbaarheid van liefde en seksualiteit betreft. Hij beschouwde de tijdelijke en seksuele stroom van impulsen als weinig coherent met elkaar verbonden. Volgens hem bereikt de man pas zijn volle potentie wanneer hij in zijn relatie tot het seksuele object perverse elementen kan incorporeren waarvan hij denkt dat zijn achtbare echtgenote die niet kan bevredigen. Hij besteedt zijn impulsgerichte seksuele energie het liefste aan een lagere vrouw waar hij geen band mee heeft op andere vlakken. Hij zal dit blijven doen zelfs wanneer zijn tederheid duurzaam gericht wordt naar een vrouw met een hogere opleiding en status.

Freud stelt vast dat de psychische waarde van de liefdeshonger pijlsnel daalt wanneer de bevrediging ervan gemakkelijk te realiseren is. Er is een hindernis nodig om de libido tot ongekende hoogte te drijven. Als de natuurlijke weerstand tegen de bevrediging van de libido onvoldoende is, stellen mensen van oudsher conventies in om van de liefde te kunnen genieten. Volgens Freud staat iets in de natuur van de seksuele drift zelf een totale bevrediging ervan in de weg (*Beiträge zur Psychologie des Liebeslebens*, GW, VIII, blz. 88-89).

Otto F. Kernberg (1995,1998) heeft een optimistischer boodschap over de verenigbaarheid van liefde en seksualiteit. Hij beschouwt seksuele passie als een duurzaam kenmerk van liefdesrelaties en niet als een initieel of kortstondig teken van de 'romantische' idealisering door jongeren of jonge volwassenen. Het is haar taak liefdesrelaties levenslang te energetiseren, te verstevigen en te vernieuwen. Seks blijft een constant, wezenlijk onderdeel van de liefdesrelatie en van echtelijke betrekkingen. In optimale omstandigheden gaat van het seksuele genot een continue, vernieuwende werking uit. Dat effect is te danken aan het intuïtieve vermogen van het paar om veranderende persoonlijke behoeften en nieuwe ervaringen te integreren in de liefdevolle en agressieve aspecten van de relatie (blz. 77-78).

Mijn voorstel is om een onderscheid te maken tussen *seksualiteit van de verbondenheid* en *seksualiteit van de lust.* De eerste is een kracht die sociale banden verstevigt, de tweede een kracht die sociale relaties en systemen sloopt. Volgens de stelling van de egoïstische liefde (zie hoofdstuk 2) zoekt een individu in een liefdesrelatie de ontplooiing en verwezenlijking van zijn potentieel door een beantwoording door de geliefde. Persoonlijke ontplooiing is in de seksualiteit van de lust anders dan in de seksualiteit van de verbondenheid.

In dit hoofdstuk wil ik de verschillende vormen van seksualiteit met elkaar vergelijken en zo verduidelijken in hoeverre die vormen van seksualiteit elkaar nodig hebben maar tevens elkaar kunnen in de weg staan.

Seksualiteit van de lust

De seksualiteit van de spontane, archaïsche en niet-geciviliseerde lust beoogt twee doelstellingen: de seksuele lust aanscherpen en de persoonlijke ontplooiing in het seksuele interactiedomein bevorderen. In de seksualiteit van de lust wordt de begeerte gestimuleerd tot ze bijna pijn doet. De seksuele lust gaat volledig op in het moment, kent geen voor en na, is zonder verbintenis en zonder verplichting, trekt zich niets aan van grenzen en regels en bezit de eigenschappen van spel, dans en strijd. De seksuele lust is tegenstrijdig, pint zich op niets vast en is ambivalent en dubbelzinnig.

Seksuele uitstraling en aantrekkelijkheid spelen niet alleen een rol wanneer men seksueel opgewonden is, maar zijn een aspect van elke menselijke interactie. In elk gesprek of bij elke handeling zal men zich op een andere manier gedragen en elke situatie zal men anders interpreteren naargelang men een man of vrouw tegenover zich heeft. Waarschijnlijk speelt in elke ontmoeting met de medemens de gedachte mee hoe een seksuele relatie met de ander zou kunnen zijn en hoe men door die ander als mogelijke seksuele partner wordt bekeken.

Een 'ongefilterd' gedrag van seksuele verleiding wordt vandaag niet langer als seksueel correct aanvaard. Sommigen eisen dat seksualiteit wordt gezuiverd van agressieve elementen, dat seksualiteit zacht en vreedzaam moet zijn, met gelijkwaardige partners, zonder overmeestering, met wederzijds respect en met expliciete toestemming. Alles wat als een ontoelaatbare inbreuk of als een uitbuiting van een relationele situatie kan worden beschouwd, moet worden vermeden. Ik ben dan ook voorbereid op kritiek wanneer ik beweer dat de seksualiteit van de lust vaak in scène wordt gezet als een agressief spel waarbij man en vrouw duidelijk verschillen in hun spontaan seksueel gedrag. Vrouwen neigen ertoe een spel van verleiding te spelen, met aantrekking en afstoting, een spel waarbij ze vluchten en zich laten vangen, zich aanbieden en terugtrekken. Ze zullen proberen voor de man een raadsel te zijn, ondoorgrondelijk te blijven of hem door naïeve directheid, onnozele brutaliteit of bedeesde schaamteloosheid in de war te brengen of te shockeren. Met verleidelijke kleding en sensuele bewegingen toetsen sommigen welke uitstraling ze voor het mannelijke geslacht hebben.

Mannen daarentegen proberen indruk te maken door lichamelijke kracht, door met hun spierballen te rollen, door hun briljante intelligentie, agressieve humor en waaghalzerij. Ze zoeken bevestiging dat ze in staat zijn die vrouw in te palmen die tevens seksueel aantrekkelijk is voor andere mannen. Ze willen zich – op zijn minst toch in gedachten – potent voelen als de kerel die een vrouw weet te nemen, te onderwerpen, te overheersen, te vernederen, misschien zelfs te verkrachten.

Het genoegen dat men beleeft aan de eigen seksuele begeerte kan worden aangezwengeld door het erotische avontuur op de meest onmogelijke plaatsen te zoeken. Moeilijkheden en weerstanden worden overwonnen, hetzij de preutsheid en onaanspreekbaarheid van de partner, hetzij gevaarlijke omstandigheden die een ontmoeting bemoeilijken. Verrassing, een onbekende partner, jaloezie, het doorbreken van taboes en het overschrijden van grenzen scherpen de seksuele lust en de ontplooiing in het seksuele domein aan.

De seksualiteit van de lust is van nature weinig betrokken op de persoonlijkheid van het lustobject. Seksuele lust kan groeien bij anonimiteit, bij mensen die men niet kent, waarvan men niet houdt en waarvan men ook niet wil houden, die men zelfs veracht en afwijst. Seksuele lust en aantrekking wil men beleven in alle heftigheid en passie, in de brutaliteit van het nemen en genomen worden. De verovering van de ander gaat tot aan de pijngrens, tot aan de vernietiging van de ander. In de Japanse film *Het Rijk der Zinnen* wordt dat thema uitgediept. Een man en een vrouw proberen een steeds grotere seksuele roes te bereiken, wat uiteindelijk zijn climax vindt in de castratie en moord op de man door zijn geliefde. De neiging om tot het uiterste te gaan karakteriseert tevens sadomasochistische relaties: sadisme gevoed door de fantasie om de partner volledig te kunnen overheersen; masochisme gevoed door de fantasie om zich volledig aan de partner te onderwerpen.

De 'ongefilterde' mannelijke modus van seksuele verleiding is van bedreigende aard: de geliefde persoon veroveren, gedwee maken, overmeesteren en onderwerpen. De vrouwelijke modus is captatief: begeerd worden, de geliefde persoon aantrekken, verleiden, tot razernij drijven, uit het lood slaan, tot roekeloosheid aansporen, in de val lokken, vangen en vasthouden. Beide modi kunnen worden opgedreven tot ze het liefdesobject ten onder doen gaan.

Maar is dynamische en wellustige seksualiteit in zijn ongefilterde vorm wel mogelijk? Is verleiding vandaag nog altijd een spel, een dans, een strijd, een verovering waarvan het effect berust op verrassing en dus zondigt tegen basisprincipes en regels? Volgens Schmidt (1998) impliceert verleiding steeds een overtreding. De ander actief tegemoet treden, iets van hem willen, iets in hem bewerkstelligen, hem tot iets bewegen waarvan hij nog geen flauw benul heeft, is de essentie van verleiding. Het binnendringen in het lichaam van de ander bij de geslachtsdaad of bij passioneel zoenen is altijd een overwinnen en laten overwinnen van lichaamsgrenzen (blz. 363). De paradox is dat de seksuele bevrijding tot een alom betreurde seksuele lusteloosheid heeft geleid. Misschien zal het nieuwe seksuele puritanisme van *correctness* en de nieuwe voorhuwelijkse kuisheid de dubbele bodem scheppen die nodig is om seksuele normen te kunnen opstellen die naderhand heimelijk kunnen worden overtreden.

De seksualiteit van de lust wordt gevoed door spanning, opwinding en verrassing. In die zin onderscheidt ze zich wezenlijk van de seksualiteit van de verbondenheid.

De seksualiteit van de verbondenheid

De taal van de lichamelijke liefde vloeit voort uit de stadia van de liefde zoals die in hoofdstuk 8 worden beschreven. Door diep in elkaars ogen te kijken gaan de partners in elkaar op, bij de omarming versmelten ze in elkaar, door de lichamelijke vereniging worden ze een. Ze gaan in elkaar op, ze bestaan niet langer als afzonderlijke wezens. Ze stemmen hun bewegingen op elkaar af in een gezamenlijk vibreren en in de ervaring van totale harmonie. Seksualiteit is in deze vorm een uiting van de totale verbondenheid en samenhorigheid. Ze komt tegemoet aan het verlangen naar onvoorwaardelijke geborgenheid in de liefde en is een aansterkend ritueel van vertrouwdheid, vertrouwen en trouw. In de seksualiteit van de verbondenheid is de partner een uniek iemand. De partners willen van elkaar horen: 'Met niemand anders is het ooit zo goed geweest. Je bent anders dan alle anderen. Aan jou kan ik me in het volste vertrouwen geven. Samen met jou ben ik niet meer bang en voel ik me geborgen.' De seksuele vereniging doet de liefde en idealisering van de partner groeien. De seksuele verbondenheid is volledig en exclusief betrokken op de partner en wil een uiting zijn van eeuwige vereniging.

De twee vormen van seksuele liefde zijn mijns inziens authentiek en niet uit elkaar af te leiden. Ze zijn te vinden in alle culturen en zijn in iedere mens gelijktijdig en samen aanwezig. De ermee gepaard gaande ambivalentie in liefdesrelaties is geen teken van onrijpheid of neurose. De ambivalentie tussen de seksualiteit van de lust en de seksualiteit van de verbondenheid kan echter wel een neurotisch karakter krijgen. Zo kan een neurotische behoefte aan verleiding of verleid worden resulteren in Don Juan-gedrag, respectievelijk nymfomanie. Absolute aanspraken op verbondenheid kunnen tot paranoïde jaloezie leiden. Dit onderwerp wordt hier echter niet behandeld.

Het huwelijk als lustkiller?

Samenleven in een duurzame relatie is niet bevorderlijk voor de seksualiteit. De frequentie van de seksuele daad neemt af met de duur van de relatie. Uit een studie van Schmidt (1998) blijkt dat men na vijf jaar maar half zo vaak betrekkingen meer heeft als in het begin van de relatie. De seksuele verrassing verwordt tot een sleur, een dagelijks ritueelmatig gebeuren met bekende afloop, ritme en structuur. Het bijzondere, de verovering, de spanning schiet erbij in. De dagelijkse hoofdbrekens en beslommeringen winnen veld. Stress in het beroepsleven, de zorg om het dagelijkse bestaan, de huishoudelijke taken, het betalen van de rekeningen, het opknappen van karweitjes, de vermoeidheid en uitputting 's avonds halen de bovenhand. Na een bevalling staat de zin om te vrijen bij vrouwen op een laag pitje. De oorzaken zijn complex: vermoeidheid, een eveneens gedaalde libido bij de man, alleen maar oog meer hebben voor het kind... Verder speelt het een rol of de vrouw door de geboorte haar carrièrekansen ziet afnemen en of ze uit vaak ontkende afgunst de man benijdt om zijn toegenomen engagement voor zijn carrière.

Paren waarbij de vrouw de taakverdeling als rechtvaardig ervaart hebben vaker geslachtsgemeenschap (von Sydow, 1998). De efficiëntste lustkiller zijn de kinderen, die het moeilijk maken om ontspannen met zijn tweetjes alleen te zijn en het paar niet de ruimte of de tijd op intimiteit gunnen. Op het moment waarop het wel kan, zijn beiden vaak al te moe om nog seks te hebben.

In de meeste gevallen beleeft men onder de druk van het dagelijks leven steeds minder plezier aan seks en kan de seksualiteit niet meer tot volle bloei komen. Terwijl in het begin van de relatie mannen en vrouwen even vaak verlangen naar tederheid en seks, treedt na verloop van enkele jaren een polarisering op. Mannen willen vooral seks, vrouwen tederheid. Onder druk van de dagelijkse beslommeringen wil de man het voorspel beperken en snel ter zake komen, met andere woorden tot een orgasme. De vrouw verlangt echter naar voorbereiding, gesprekken, tederheid, een harmonieuze sfeer of verwacht dat verrassing, hofmakerij en verleiding de dagelijkse sleur doorbreken. Omdat ze te zeer in beslag is genomen door het leven van alledag, draagt ze vaak niets wezenlijks tot het voorspel bij. Ze verwacht dat de man dat op zich neemt. Als haar verwachtingen niet worden ingelost vergaat haar de lust. Vroeger lieten vrouwen seks als hun echtelijke plicht over zich heen gaan. Vandaag zal een vrouw seks weigeren als ze er geen zin in heeft. In het gunstigste geval ontwikkelt het seksleven zich volgens het motto: 'Mannen praten met vrouwen om met hen naar bed te kunnen gaan. Vrouwen gaan met mannen naar bed om met hen te kunnen praten.' In het ongunstigste geval zullen de partners lichamelijk van elkaar vervreemden en in een vicieuze cirkel belanden. Hoe hogere eisen de vrouw aan het voorspel stelt, hoe meer de man seks zal reduceren tot geslachtsgemeenschap in de overtuiging dat het toch nooit goed zal zijn. Hoe meer de man zich concentreert op de coïtus, hoe meer de vrouw zal verlangen naar lichamelijke tederheid zonder seks. Hoe kunnen man en vrouw elkaar onder een dergelijk gesternte nog vinden?

Schmidt (1998) schrijft de seksuele lusteloosheid in het huwelijk toe aan seksuele verveling, die de resultante is van de opsplitsing in de respectievelijke verschillende gendertypische rollen. Zolang de vrouw weigert, kan de man veroveren, hindernissen overwinnen, verleiden, zijn verlangen als groot ervaren. 'Hij consumeert de frigiditeit van zijn vrouw, die eigenlijk een gemeenschappelijke frigiditeit is, als een afrodisiacum en verzekert zich zo van zijn seksuele superioriteit en potentie. Zij heeft het gevoel constant begeerd te worden. Potent zijn en begeerd worden – conventionele gendertypische dromen – worden zo door de seksuele lusteloosheid geconserveerd en verdeeld over de beide partners.'

Welk belang heeft seksualiteit binnen het huwelijk?

Welke waarde moeten we hechten aan de daling van het aantal coïtussen in het huwelijk? Gaat het bij seksuele lusteloosheid in het huwelijk om een stoornis of om een natuurlijk fenomeen? Pathologiseren experts de afname van de seksuele lust in langdurige relaties en vinden enkel zij dat het gaat om te behandelen neurotische remmingen of incompatibiliteit tussen de partners? Wordt de frequentie van seksuele betrekkingen niet te snel als graadmeter voor de liefdesrelatie gehanteerd, zelfs nog voor we weten of er hoe dan ook wel een correlatie bestaat tussen tevredenheid over het seksleven en tevredenheid over het huwelijk? Die vraag is tot op heden merkwaardig genoeg onbeantwoord gebleven (Schmidt, 1998; von Sydow, 1998).

Zoals in hoofdstuk 1 vermeld, hield Astrid Riehl-Emde (1998) een representatieve steekproef bij mannen en vrouwen over de vraag wat hen aan de relatie bindt en waardoor het voortbestaan van de relatie in het gedrang komt. Ze stelde vast dat aan de 19 items die betrekking hebben op de kwaliteit van de relatie volgend belang werd gehecht: liefde staat op de eerste plaats, tederheid op 10, erotiek op 12 en het gezamenlijke seksleven pas op 14.

Uit talrijke studies blijkt dat naarmate het huwelijk langer duurt, de tevredenheid over het seksleven afneemt. Toch is de instandhouding van de echtelijke betrekkingen een belangrijk ritueel, waardoor de partners zich met elkaar verbonden voelen en een klimaat van vertrouwdheid en samenhorigheid wordt geschapen. In de tegenwoordige tijd van weekendhuwelijken, buitenshuis werkende mannen én vrouwen, nauwe contacten in beroep en vrije tijd met mensen van hetzelfde en van het andere geslacht, blijft de behoefte bestaan aan iets dat zich enkel tussen geliefden afspeelt, dat hun exclusief recht is en met niemand anders wordt gedeeld. Men legt er zich meestal zonder veel problemen bij neer dat de seksualiteit binnen het huwelijk niet bevredigend is. Pas wanneer er geen seksuele betrekkingen meer zijn of wanneer die buitenechtelijk worden, wordt men ongerust. Dan speelt de vraag door het hoofd: Ben ik dan niet meer aantrekkelijk voor mijn partner? Seksualiteit binnen het huwelijk is belangrijk om de innige samenhorigheid ook lichamelijk tot uitdrukking te brengen en ervan te genieten. Maar waar krijgt de seksualiteit van de lust dan nog speelruimte?

Waarom is echtelijke trouw zo belangrijk?

Wanneer het gehuwd samenleven van nature seks-avers is, zou het logische gevolg zijn dat men seks heeft buiten het huwelijk, desnoods in relaties zonder persoonlijke intimiteit, band en verplichting. Die mening was en is men in veel culturen toegedaan. Vooral de man krijgt de mogelijkheid om seks te hebben met concubines, courtisanes of prostituees. In het huidige model van een huwelijk uit liefde eist men echter dat liefde en seksualiteit worden verenigd in één persoon, wat inhoudt dat de relatie wordt verbroken wanneer dat niet meer kan. In het onderzoek van Astrid Riehl-Emde (1998) staan bij de redenen voor een echtscheiding buitenechtelijke betrekkingen op de eerste plaats, ongeacht geslacht, leeftijd en duur van het huwelijk. Buitenechtelijke betrekkingen worden door de bedrogene ervaren als een schending van het pact van een private liefdesgemeenschap. Vaak hebben de partners jarenlang gewerkt aan de realisering van dat pact. Buitenechtelijke betrekkingen worden in die context ervaren als een verraad. Ze schenden het vertrouwen dat de basis vormt voor de investeringen erin. De bedrogenen zeggen dat hun wereld in elkaar stort. Een dergelijke formulering bevestigt onze stelling dat partners in een duurzame relatie een gezamenlijke interne en externe leefwereld creëren. Vaak zijn de betrokkenen bij een blijvende buitenechtelijke verhouding van de partner zo diep gekwetst, dat ze aan zichzelf twijfelen en ten prooi vallen aan depressies. In heel wat gevallen herwinnen ze hun zelfrespect pas na een scheiding en krijgen ze pas dan opnieuw vaste grond onder de voeten. De buitenechtelijke relatie schept een onevenwicht in het huwelijk (Jellouschek, 1999, blz. 104). De bedrogene wordt in het defensief gedrongen. Alles draait om het gedrag en de situatie waarin de bedrieger zich bevindt. Hij is het die alle aandacht en macht krijgt. Seksuele ontrouw wordt aanzien als een schending van een faire machtsverdeling in de relatie.

Wanneer het niet gaat om een diepgaande buitenechtelijke relatie maar om een slippertje of avontuurtje, beweren de ontrouwen (hoofdzakelijk mannen) dat het 'niets te betekenen' heeft. De buitenechtelijke verhouding doet volgens hen niets af aan hun liefde voor de partner. Mannen verdedigen zich graag met uitspraken van biologen, volgens wie bij veel diersoorten de mannetjes promiscu gedrag vertonen om hun genen optimaal te kunnen verspreiden. De vrouwtjes daarentegen, die meer energie investeren in de geboorte en het grootbrengen van de jongen, zijn exclusief en seksueel terughoudend. Op de vraag of ze dat gedrag van hun vrouw zouden tolereren, antwoorden de meeste mannen dat vrouwen niet in staat zijn een onderscheid te maken tussen occasionele seksuele relaties en een liefdesrelatie.

Waarom is het dan zo erg om nu en dan eens een scheve schaats te rijden, als men met de hand op het hart verzekert dat de liefde voor de partner daardoor niet vermindert, maar dat de lust voor haar zelfs wordt aangewakkerd?

In de jaren zeventig werd seksuele ontrouw gewaardeerd als een teken van eerlijkheid, als een blijk dat men openstond voor polygame fantasieën en wensen en die daadwerkelijk uitleefde. Vandaag zijn die morele en ideologische argumenten niet meer aan de orde. Nuchter stelt men vast dat langdurige seksuele ontrouw in een als eenheid ervaren liefdesrelatie niet kan. Nochtans is een intieme geestelijke band of een persoonlijke vriendschap voor de exclusiviteit van een partnerrelatie veel gevaarlijker dan een buitenechtelijke relatie die puur seksueel is. Er is geen voor de hand liggende verklaring waarom buitenechtelijke seksuele betrekkingen een dergelijke destructieve invloed hebben en waarom alles draait om de vraag 'heeft hij met haar geslapen of niet?', terwijl er vaak veel minder belang wordt gehecht aan de vraag of er buiten de seksuele ook nog een intieme persoonlijke relatie bestaat.

Pogingen om het onverenigbare te verenigen

Hoe verzoent men de seksualiteit van de lust met de seksualiteit van de verbondenheid? Een duidelijke oplossing is er niet. Bij elk paar zorgt het probleem voor een open of onderhuidse spanning. Bij elk paar bestaan er duidelijk afgebakende grenzen van wat mag en een grijze zone van wat wordt getolereerd. De oplossing is vaak cultuurgebonden. Vroeger gold ook in onze contreien passionele liefde als onverenigbaar met het huwelijk. Vandaag huwt men vrij uit liefde en deze liefde moet tevens de seksualiteit insluiten. Dit contract tussen man en vrouw behelst de eis van exclusieve lichamelijke intimiteit en gelijkheid van hun rechten en plichten. Seks is de uitdrukking van een dynamische liefde, een bewijs van creativiteit en erotische competentie, een kunstwerk. Maar dan eentje dat je niet elke dag maakt. Er moeten eerst veel voorwaarden worden vervuld. Nabijheid en intimiteit moeten in de lucht hangen en beide partners moeten zin hebben in de liefdesdaad. Sommigen moeten zoveel hindernissen overwinnen voor het tot geslachtsgemeenschap komt dat het een waar hindernissenparcours lijkt. Schmidt (1998) schrijft daarover: 'We voeren de boekhouding van dynamische seksualiteit nog volgens de gebrekkige maatstaf van de coïtus. Gemeten volgens het huidige liefdesideaal is dat een achterhaalde en atavistische wijze van kwaliteitscontrole. Net alsof drie keer in de week vijf minuten te vergelijken is met de zwoele en passionele nachten en dagen die je eens om de drie maanden meemaakt.'

Hoe kunnen we de incompatibiliteit van de seksualiteit van de lust en de seksualiteit van de verbondenheid verzoenen?

A) De echtelijke seksualiteit nieuw leven inblazen

De echtelijke seksualiteit kan men stimuleren door uit de dagelijkse sleur los te breken (Jellouschek 1999). Breng de kinderen naar een babysit, ga op reis, op vakantie of op hotel. Om het voortbestaan van de relatie te garanderen is het belangrijk dat er eilandjes van geluk worden gecreëerd, die een langere periode van sleur draaglijk en overbrugbaar maken. De relatie dient te worden opgefleurd door episodes die exclusief zijn voor en voorbehouden aan de partners zijn. Dergelijke gebeurtenissen verlenen de relatie een nieuwe inhoud en nieuwe energie. Niettemin blijft het probleem van verenigbaarheid van seksualiteit van de lust en van de verbondenheid bestaan. Sommigen stimuleren de seksuele spanning door jaloezie op te wekken of zorgen voor een kletterende ruzie om het daarna in bed weer te kunnen goedmaken. Andere kijken samen naar een erotische film of lezen erotische verhalen. Je kunt de 64 standjes van de Kamasutra inoefenen, een cursus tantrische seksualiteit volgen, samen een seksclub bezoeken. De vernieuwing blijft hoe dan ook beperkt en alle initiatieven kunnen geforceerd, kunstmatig en gemaakt lijken. Ze bieden geen overtuigende, allesomvattende oplossing voor het probleem.

B) Uitleven in fantasieën

De frequentste oplossing die wordt toegepast is waarschijnlijk dat men zijn seksuele wensen in zijn fantasie beleeft maar gelijktijdig de reële seksuele interacties tot zijn geliefde beperkt. Zelfbevrediging en seks met de partner bestaan vandaag probleemloos naast elkaar. Zeker bij jongeren neemt die tendens toe. In een studie bij studenten stelde Schmidt (1998) vast dat masturbatie ook in een vaste relatie als seksuele praktijk blijft bestaan. Deze tendens valt tevens op te tekenen bij mensen die hun gezamenlijke seksualiteit als bevredigend ervaren en vaker met elkaar naar bed gaan. Ze beschouwen masturbatie blijkbaar niet als compensatie of vervangmiddel voor te weinig geslachtsgemeenschap, maar als een mogelijkheid om ongecompliceerde, autonoom bepaalde seks te beleven met een 'partner' die op elk moment zo beschikbaar is als maar zijn kan. Het is een verademing na de hoge eisen die partners in de geslachtsgemeenschap aan elkaar stellen. Hedendaagse jongeren gedragen zich in hun seksleven pragmatisch en vrij van ideologieën. Om vermoeiende ruzies te vermijden knoopt men geen buitenechtelijke seksuele relaties aan. De seksuele fantasieën worden als een eigen intiem gebied voor de partner afgeschermd. Geheime seksuele fantasieën kunnen door porno worden gestimuleerd. Zo kunnen seksuele fantasieën worden beleefd zonder dat de partner ze censureert en corrigeert. Dat is eveneens zo in andere culturen. In India, waar seksualiteit onderworpen is aan strenge taboes, biedt de Kamasutra de mogelijkheid om zich in zijn fantasie uit te leven en zich over te geven aan een passionele seksualiteit. Bij ons gaan onuitgesproken (niet zelden buitenechtelijke) geheime seksuele fantasieën geregeld gepaard met geslachtsgemeenschap met de partner. Niettegenstaande de uiterlijke schijn zijn bij een intieme omhelzing de seksueel exclusieve handelingen niet uitsluitend voor de partner bedoeld.

Deze oplossing van het conflict tussen de seksualiteit van de lust en de seksualiteit van de verbondenheid is niet opbouwend.

Vooral in de jaren zeventig ging een dergelijk gedrag door voor huichelarij. Men eiste onbeperkte openheid en eerlijkheid tegenover de partner. Veel mensen konden dat niet aan. De openhartige bekentenissen verschaften geen duidelijkheid maar wekten integendeel achterdocht op. Men ging de gangen van de partner na. De 'biecht' was vaak gewoon een persoonlijke verlichting. De bal lag daarna in het kamp van de partner, die zijn jaloezie maar diende te overwinnen. Men vond dat men door zijn gevoelens zonder voorbehoud te openbaren een voldoende inspanning had geleverd. Het ideaal van totale openheid was in de praktijk onleefbaar. Het concept van het open huwelijk diende te worden herzien.

Blijkbaar lukt het niet om totale klaarheid te krijgen in de seksuele fantasieën van de geliefde en hun belang in de juiste proportie te zien. Uiteindelijk blijkt dat ondanks alle pogingen van de partners om zichzelf tegenover elkaar te verduidelijken, er steeds een zweem van onbegrip blijft hangen, een restje van eenzaamheid in de liefde, van onvertrouwdheid. In de liefde is het nodig te aanvaarden dat de ander ook op seksueel gebied steeds een beetje een onbekende blijft.

De seksualiteit van de lust beschermt de seksualiteit van de verbondenheid

Die pijnlijke vaststelling heeft echter ook zijn goede kanten. Dat men bij elke ontmoeting toch nog een beetje een vreemde blijft voor elkaar is een belangrijke vereiste om de liefde dynamisch en levendig te kunnen houden. *Hoe paradoxaal het ook klinkt: de schijnbaar met de liefde onverenigbare destructieve seksuele kracht is de behoedster van de liefde.* De liefdesdynamiek neigt naar te veel vertrouwdheid, nabijheid en harmonie, wat niet alleen alle seksuele spanning tenietdoet maar ook de algemene dynamiek binnen de relatie doet afnemen.

Geliefden moeten zowel op seksueel als op algemeen menselijk vlak leren de geheimen van hun partner te respecteren. Dat houdt in dat ze moeten aanvaarden dat ze hun partner nooit volledig zullen kennen en dat deze hen nooit volledig zal begrijpen. Ieder begrijpt de ander slechts op basis van zijn constructie van de werkelijkheid en die verschilt voor elk der partners. Partners moeten leren te leven met hun eigen ambivalentie en met die van de partner. Leren accepteren dat men de ander in zijn onberekenbaarheid nooit kan beheersen is in een partnerrelatie een permanente opdracht.

Net deze onberekenbaarheid en het vreemd-blijven voor elkaar in de liefde en in de seksualiteit houdt de dynamiek tussen de partners in stand. Het is het besef dat men zichzelf en de partner nooit 100% blind mag vertrouwen en dat men opmerkzaam moet blijven. Het is de uitdaging om elkaar steeds weer te moeten aftasten en te duiden, die de relatie en de seksualiteit spannend houdt.

De seksualiteit van de lust vormt door haar explosieve karakter een bedreiging voor de liefdesrelatie, maar ze genereert en regenereert de relatie tevens steeds opnieuw. Die contradictie wordt in de Indiase mythologie aanschouwelijk gemaakt door de god Shiva. Shiva belichaamt enerzijds de vernietigende krachten en is anderzijds de schepper en vernieuwer van alle dingen. In de talrijke aan hem gewijde Indiase tempels wordt hij voorgesteld door middel van een lingam. Die stenen zuil in de vorm van een fallus symboliseert zijn potentie en staat in de yoni, de vulva van zijn gemalin Shakti. Op die manier is de lingam verenigd met de schoot en met de bron van alles wat geboren en gecreëerd wordt.

Interessant is tevens de analogie met de gedragsbiologie. Seksuele betrekkingen zijn bij veel dieren (onder meer bij bavianen) een middel om het wijfje in de harem onder te brengen en binnen een vaste groep en sociale orde te houden. Analoog is in veel culturen de vrees voor seksuele ontrouw de reden waarom vrouwen aan huis worden gebonden. Men wil hen kunnen controleren en waakt afgunstig over hun doen en laten. Als er geen seksueel gevaar zou dreigen, dan zou de sociale samenhang minder stabiel zijn. De explosieve kracht van de seksualiteit zorgt aldus voor een consolidering van de sociale relaties.

De omgang met seksuele buitenechtelijke relaties in de therapie

Tot nog toe heb ik geen enkel paar ontmoet bij wie een langdurige, openlijk opgebiechte buitenechtelijke verhouding geen zware belasting vormde voor de echtelijke relatie. De poging – meestal van de echtgenote – om zich ernaar te schikken en de pijn en gekrenktheid te verdragen, heeft een vernietigende invloed op de betrokkenen. Dat de bedrogene uit wraak of als truc zelf een buitenechtelijke relatie aangaat, kan het gevoel van eigenwaarde weliswaar kortstondig opkrikken, maar bemoeilijkt de noodzakelijke discussie tussen de partners.

Als buitenechtelijke verhoudingen worden getolereerd, ontbreekt een echtelijk seksleven meestal sinds geruime tijd. Het kan zijn dat de huwelijkspartners genoegen nemen met een onderlinge vriendschappelijke relatie en kunnen aanvaarden of zelfs blij zijn dat het belastende thema van seksualiteit wordt geëxternaliseerd. Toch slaat het feit dat het niet lukt om seksualiteit in lichamelijke verbondenheid met elkaar te beleven een diepe wonde.

Als er nog sprake is van liefde tussen beide partners, zal men de buitenechtelijke seksuele relatie in de relatietherapie vanuit een functioneel standpunt bekijken. Men zal nagaan welke ontwikkelingen de aanleiding vormden voor het aanknopen van een buitenechtelijke relatie en wat er in de echtelijke relatie moet veranderen om de buitenechtelijke overbodig te maken. Vaak gaat het om paren die grote problemen hebben om met elkaar in discussie te treden en ruzie te maken. Ze hebben hun relatie geïdealiseerd en zo harmonieus mogelijk tot bloei gebracht. Ze waren ervan overtuigd dat hun grote liefde geen enkele smet vertoonde. Tot plots aan het licht komt dat de partner een buitenechtelijke verhouding heeft. Volgens mij is het belangrijk dat men inziet dat de bedrogen partner ontzettend gekwetst is. Hij dient te worden aangemoedigd om zijn pijn te uiten en mag worden gesteund in zijn weigering om zich bij een langdurige buitenechtelijke relatie neer te leggen. Ontrouw mag echter niet moreel worden veroordeeld. Men dient na te gaan wat de 'ontrouwe' ertoe heeft aangezet om een andere relatie aan te gaan, welke mogelijkheden die andere relatie hem biedt in de verwezenlijking van zijn potentieel en waaraan het in de echtelijke relatie ontbrak. Daarna moet men bekijken welke ontbrekende elementen toch alsnog binnen het huwelijk kunnen worden gerealiseerd. Men moet aandacht besteden aan de ontwikkelingen die daarvoor in de echtelijke relatie en bij de 'bedrogen' partner noodzakelijk zijn. Het is namelijk niet zozeer de duur waardoor een echtelijke relatie vervelend en futloos wordt, wel de vermijding van discussie tussen de partners. Therapeutisch is het vaak een opluchting wanneer men een moratorium voor de buitenechtelijke relatie instelt. De 'ontrouwe' ziet dan bijvoorbeeld gedurende drie maanden af van contact met zijn buitenechtelijke partner, de 'bedrogene' van controle en druk. Een dergelijk moratorium is enkel zinvol wanneer het niet-naleven ervan onmiddellijk wordt besproken in de therapie. Wanneer er geen moratorium is, is het veel moeilijker om te onderzoeken welk belang de buitenechtelijke relatie voor de echtelijke relatie heeft. De gemoederen zullen door nieuwe gebeurtenissen worden verhit en op stang gejaagd, wat elk diepgaand gesprek onmogelijk maakt. Niet zelden verwerft de partner dankzij de buitenechtelijke verhouding meer macht. Hij onttrekt zich aan de controle van de ander en schermt zich duidelijk af. De vraag kan hierbij gesteld worden of dergelijke belangrijke functies en structuren ook tot stand zouden worden gebracht zonder de buitenechtelijke relatie. Seksuele betrekkingen die jarenlang op een laag pitje stonden krijgen vaak zo een nieuwe impuls. Dit gebeurt niet alleen met het doel de ontrouwe opnieuw aan zich te binden, maar ook dankzij de afbakening, vreemdheid en agressiviteit die tussen de partners heerst. Wanneer een relatie een buitenechtelijke verhouding overleeft, dan komt ze daar meestal gesterkt en dynamischer uit. Het verlies aan vertrouwen en de sfeer van gekrenktheid zullen echter nog lange tijd nawerken. Als therapeut mag men de buitenechtelijke relatie nochtans niet enkel bekijken op basis van aspecten die louter functioneel zijn voor het echtpaar. Het zou best kunnen dat de nieuwe relatie een waardevol alternatief vormt voor het bestaande huwelijk. Soms kan in de buitenechtelijke relatie het persoonlijk potentieel worden verwezenlijkt op een manier die binnen het huwelijk onmogelijk is. De partner die de buitenechtelijke relatie heeft aangeknoopt heeft tijd nodig om klaar te zien in de situatie en om de voor- en nadelen van een echtscheiding af te wegen. Hij dient echter te kiezen tussen beide relaties.

De seksualiteit van de lust is vaak een ernstige destructieve kracht, maar paradoxaal genoeg versterkt en stimuleert deze de seksualiteit van de verbondenheid in veel gevallen.

Praktijkvoorbeeld van wederzijdse seksuele ontrouw bij een rivaliserende 'emancipatie':

Praktijkvoorbeeld 2:

Margriet en Herbert zijn beiden ongeveer 45 jaar. Ze kennen elkaar al meer dan 20 jaar, maar zijn nog maar 8 jaar gehuwd. Ze maken een afspraak omdat ze sinds twee jaar een toenemende vervreemding en leegte in hun relatie bespeuren. Het zijn beiden geëmancipeerde en moderne mensen. Ze zien er goed uit en zijn sportief. Ze geven elkaar veel vrijheid en proberen bewust zich niet te sterk aan elkaar te binden. Beiden vertoeven vaak alleen in het buitenland en beleven er altijd een avontuurtje. Ze zijn samen overeengekomen dat Herbert thuis voor het huishouden en het eten zorgt.

Wat was er veranderd in hun relatie voorafgaand aan de crisis, dus wat is er twee tot drie jaar geleden gewijzigd? Ze waren toen tot het besef gekomen dat hun relatie kinderloos zou blijven. Beiden gaven elkaar daarvan de schuld. Hij stamde uit een kroostrijk gezin en kon zich een leven zonder kinderen niet voorstellen. Hij dacht echter dat zijn vrouw de moederrol verwierp. Zij had verwacht dat hij haar veel meer zou steunen in haar kinderwens. Ze had er weinig vertrouwen in dat hij ondubbelzinnig voor haar en het kind zou kiezen. De vast-

stelling dat ze kinderloos zouden blijven had zware gevolgen. Margriet voelde zich plots oud. Ze beeldde zich in dat hij haar nu niet meer aantrekkelijk zou vinden en zou gaan uitkijken naar een jongere vrouw waarmee hij wel kinderen zou kunnen krijgen. Als ze dan toch uit elkaar zouden gaan, dan deed ze dat liever nu en op haar initiatief. De gesprekken verliepen zeer moeizaam. Geen van beiden wou zich blootgeven. Ze hielden voor elkaar de schijn op. Vandaar dat ik enkele sessies opsplitste in parallelle, individuele gesprekken. Margriet bekende tijdens een afzonderlijke gesprek huilend dat ze zich door Herbert niet begrepen voelde en ze door de 20 jaar durende emancipatiestrijd, waarbij het er steeds om ging wie zich kon doorzetten, harder was geworden. In wezen was ze helemaal niet tolerant als het ging om seksuele ontrouw, wel diep gekwetst. Eigenlijk wilde ze merken dat Herbert ondubbelzinnig voor haar zou kiezen en trouw zou zijn aan haar. Ze wilde niet de nummer één zijn van zijn relaties met vrouwen. Ze durfde die eis echter niet uit te spreken omdat ze bang was afgewezen te worden. Haar levensmotto was: 'Ik moet alles in het leven zelf de baas kunnen.' Voor haar was het een overlevingsstrategie om Herbert haar onafhankelijkheid te bewijzen en een vluchtweg open te houden. Margriet toonde zich in deze gesprekken zeer rationeel. Geleidelijk aan werd duidelijk dat ze haar behoefte om spontaan te reageren als gevaarlijk beschouwde en dus als iets wat ze onder controle diende te houden. Door dit afweermechanisme leek ze koel en afstandelijk. Als ze haar echte behoeften had getoond, zou ze echter zwak en verlangend naar een hechte verbintenis blijken. Dat wilde ze vermijden.

Herberts levensmotto was: 'Zorg dat je nooit afhankelijk wordt van een vrouw.' Eigenlijk was ook hij diep gekwetst door Margriets ontrouw, vooral omdat zij als eerste een buitenechtelijk avontuur had gehad. Herbert leed onder Margriets gebrek aan emotionele warmte en had gehoopt dat kinderen die warmte hadden kunnen tot leven wekken bij haar. Aangezien ze rivalen zijn op het gebied van 'emancipatie' kan geen van beiden zijn regressieve en emotionele behoeften aan de ander tonen. Dat kon wel in zijn relaties met andere vrouwen.

Hoewel ik aanvankelijk de indruk had dat ze beiden weinig bereid waren mee te werken, kwam er door het thema van de wederzijdse seksuele ontrouw beweging in de therapie. Het bleek namelijk dat ze allebei weinig voordelen zagen in seksuele ontrouw en dat ze beiden gekwetst waren door de ontrouw van de ander. Ze geloofden beiden dat ze de ander moesten tonen hoeveel succes ze hadden bij andere partners. Ik vroeg wat ze ervan zouden denken om allebei gedurende een bepaalde tijd af te zien van buitenechtelijke betrekkingen, zodat we konden nagaan welk effect dat had op de relatie. Ze gingen akkoord. Ze stelden daarop vast dat seksuele trouw een vereiste was om een vertrouwensrelatie met elkaar te kunnen opbouwen. Seksuele trouw bracht echter ook gevaren met zich. Geen van beiden wilde aan het kortste eind trekken en als bedrogene achterblijven. Beiden wilden de ander voortdurend tonen dat ze aantrekkelijk waren voor het andere geslacht. Seksuele trouw deed bij Margriet de vrees toenemen dat de relatie te verstikkend zou worden en dat Herbert te veeleisend zou worden wanneer ze alles voor hem moest betekenen. Herbert verlangde ernaar zijn vrouw te vragen om niet langer deel te nemen aan buitenlandse congressen waar ze andere mannen ontmoette. Hij voelde de neiging om Margriet overmatig te controleren, samen met de angst door haar gecontroleerd te worden. Het akkoord om voorlopig geen buitenechtelijke seksuele betrekkingen meer te hebben en om de partner die dat akkoord zou schenden binnen de partnerrelatietherapie in de spotlights te zetten, had een ontspannend effect. De onderlinge relatie werd beduidend liefdevoller. Dat beiden afzagen van buitenechtelijke betrekkingen effende het pad voor een al lang noodzakelijke ontwikkeling binnen hun relatie.

Andere voorbeelden in verband met de therapie van buitenechtelijke relaties zie praktijkvoorbeeld 3, praktijkvoorbeeld 12, en praktijkvoorbeeld 13.

Hoofdstuk 7

Religieuze verdieping van de liefde

Dit hoofdstuk is bedoeld voor wie zich in dit thema wil verdiepen en kan een wezenlijke bijdrage leveren tot een beter begrip van liefde. Je hoeft het echter niet gelezen te hebben om de volgende hoofdstukken te kunnen begrijpen. Ik beperk me hoofdzakelijk tot het christendom, omdat het me lijkt dat een aantal westerlingen dat vandaag minder goed kennen dan de oosterse godsdiensten. Monotheïstische godsdiensten incorporeren bijzondere ervaringen in de Ik-Jij-relatie tot een persoonlijke god. De belangrijkste stelling van dit hoofdstuk is dat de relatie tot God in de persoon van Jezus Christus heel wat overeenkomsten vertoont met de relatie tot onze geliefde (onze naaste). Ervaringen in de ene dan wel in de andere relatie vullen elkaar aan en verdiepen elkaar. Beide soorten relaties hebben onder meer gemeenschappelijk dat de beminde de ene keer dichtbij, de andere keer veraf lijkt, dat de relatie ons de ene keer helemaal bevredigt, de andere keer inhoudsloos lijkt, dat we over geen van beide gesprekspartners volledig kunnen beschikken en dat we lijden onder de beperktheid van onze toegankelijkheid. Als we dat echter kunnen accepteren, zal de beminde zijn aard om lief te hebben openbaren. Het hoofdstuk wordt afgesloten met een beschrijving van het kerkelijke huwelijk, waarbij de partners hun relatie kaderen in een groter geheel van tijd en ruimte en Gods zegen vragen, zodat hun liefde in tijden van problemen, teleurstelling en eenzaamheid kracht en vertrouwen mag vinden.

Soms werd me bij lezingen gevraagd naar de spirituele dimensie van liefdesrelaties. In de relatietherapie, zowel in mijn praktijk als in de therapieën die ik als supervisor heb meegemaakt, werd het thema religie zelden of nooit aangesneden. Ik wijd er een hoofdstuk aan omdat ik de indruk heb dat in de bestaande publicaties over psychotherapie en religie, respectievelijk spiritualiteit, heel wat aspecten die een wezenlijk onderdeel vormen van de christelijke godsdienst, nauwelijks aandacht krijgen of vertekend worden voorgesteld. Aangezien het christendom het geestelijke fundament is van onze cultuur, lijkt het me aangewezen om dieper in te gaan op het thema verdieping van de liefde binnen de christelijke religie.

Spiritualiteit van de seksuele vereniging

Als we het hebben over de christelijke verdieping van de liefde verwachten veel mensen een opsomming van morele normen voor een onbaatzuchtige liefde, tot zelfopoffering toe, en een codex van seksuele beperkingen. Wie een traditionele christelijke opvoeding heeft genoten en als volwassene onder het juk van een achterhaalde seksuele moraal vandaan is gekropen, zal nu misschien onverkrampt kunnen omgaan met seks. Toch zal hij maar zelden in staat zijn seksualiteit en christelijke religie met elkaar te verbinden. Religie en seksualiteit worden ervaren als afzonderlijke domeinen. De kennis over andere godsdiensten heeft ons doen inzien dat dit niet noodzakelijk zo hoeft te zijn. Ooit was het zelfs bij vrome christenen anders, zoals ik zal aantonen aan de hand van de middeleeuwse vrouwenmystiek.

Erotische liefde kan spirituele kwaliteiten bezitten en spiritualiteit kan worden ervaren tijdens de extase van de seksuele vereniging. Michael Coellen (1997) legt de spirituele betekenis uit van liefde en seksualiteit in het boedhistisch tantrisme. In het tantrisme staat zinnelijkheid centraal en geldt seksualiteit als het toppunt van levensenergie en levensaanvaarding. Wie zich overgeeft aan zijn seksuele passie en die beleeft, verlost zichzelf van de beperktheid van het Ik en wordt deel van een hogere wereldorde. Seksualiteit is een middel om tegenstellingen tot een absolute eenheid te laten versmelten. 'De heilige vereniging van man en vrouw is als een venster op de definitieve verlossing.' 'De seksualiteit maakt een ontsnapping uit de dualiteit mogelijk, uit het intersubjectieve ego naar een kosmische vereniging.'

Als de mannelijke en de vrouwelijke pool met elkaar versmelten, zoals de Frans-Amerikaanse tantra-experte Margot Anand (1995, blz. 41) stelt, overstijgt het bewustzijn het lichamelijke niveau tot op een energie- en krachtenveld dat het persoonlijke overstijgt. De betrokkenen voelen zich via hun partner verbonden met alles wat leeft. Ze maken deel uit van de *circle of life*. Seksuele liefde verwerft op deze wijze een heilige dimensie. Ze begrijpen dat hun ware potentieel oneindig en onbeperkt is. Ze zijn in staat het goddelijke in zichzelf en in de partner te herkennen.

In het tantrisme staat bij de geslachtsgemeenschap de uitwisseling van energie centraal. Energie is de motor van het leven. De geliefden leren hoe ze hun energie harmonieus op elkaar moeten afstemmen, zodat ze op dezelfde golflengte afgesteld raken en er resonantie tussen hun energievelden tot stand komt. Volgens Anand zouden enkele van de vroegste oosterse mystici hun eerste spirituele openbaring hebben ervaren tijdens het orgasme. Op dergelijke topmomenten spoken er geen gedachten door het hoofd, verdwijnt de egocentrische kijk op het leven en treedt men uit de tijd in het tijdloze nu van de gelukzaligheid. In de schilder- en beeldhouwkunst van het boedhistische tantrisme omhelzen paren tijdens de liefdesdaad elkaar in extase. Dat is geen erotische maar religieuze kunst. Het gaat daarbij om de seksuele vereniging van bodhisatva's, van twee mystici of van de vereniging van boeddha met leerlingen als een veraanschouwelijking van de volmaakte totaliteit. De seksuele vereniging staat gelijk met de religieuze – een idee die ons op basis van onze christelijke opvoeding zwaar valt. Tijdens de geslachtsgemeenschap wordt zowel lichamelijk als geestelijk – en derhalve in zijn totaliteit – ervaren hoe de enge grenzen van ons eigen Ik wegvallen en de versmelting met het Jij mogelijk wordt. Is dat geen 'kosmische versmelting in het klein' (W.Schubart)? Hans Jellouschek schrijft: 'Wanneer die overgave bij de geslachtsgemeenschap tot stand komt, als twee geliefden dankzij hun passie de zelfcontrole van de wil en het verstand uitschakelen en zich in de roes der zinnen verenigen, kan het gebeuren dat ze zichzelf tijdens deze roes overstijgen en deel worden van een groter geheel. Op dezelfde manier beschrijven de grote religieuze mystici de eenwording met God' (1998, blz. 157).

Bij seksueel genot kan iemand tegenover het goddelijke een gevoel van dankbaarheid en levensvreugde overvallen. Dergelijke ervaringen zijn volgens mij belangrijk op zichzelf, maar deze eilandjes van geluk zijn vooral kostbaar omdat ze zo bijzonder zijn in vergelijking met de dagelijkse beslommeringen. Net zo is het gesteld met de extatische eenwording met God. Indien deze wordt aangevuld met religieuze ervaringen in het dagelijks leven, kan dit gebeuren uitgroeien tot een fundamentele verankerde religieuze ervaring.

Op dit punt onderscheiden de oosterse religies, de spiritualiteit van de new age en de moderne esoterie zich van het christendom en van andere monotheïstische godsdiensten.

De christelijke godsdienst komt in de new age, in de esoterie en in de transpersoonlijke psychologie in het bijzonder vooral aan bod door de selectieve aandacht voor de christelijke mystici, die erop gericht waren om in een toestand van extase één te worden met God, om volledig leeg te worden en zo vervuld te kunnen zijn van God (Meister Eckhart). De eenwording met God wordt door heel wat christelijke theologen echter niet als de essentie van de christelijke religiositeit beschouwd. Volgens de christelijke theoloog Medard Kehl (1990) blijft God voor de christenen zelfs in al zijn nabijheid het zich verbergende, verscholen geheim der liefde. 'En slechts bij het bereiken van een deemoedige, eerbiedige openheid die het unieke, onbeschikbare anderszijn van God erkent, is de weg naar christelijke zelfbewustwording volledig afgelegd. De christelijke zelfbewustwording overstijgt elke zelfbeleving en wordt zo een relatie van liefde, die ondanks alle versmelting toch het onderscheid tussen Zelf en God in acht neemt' (blz. 21).

De relatie tussen de mens en God als ontmoeting

Geloven in een persoonlijke God kost veel mensen – waaronder mezelf – in deze tijd flink wat moeite. Er zijn een massa redenen waarom men eraan kan twijfelen dat een zachtaardige God de mens persoonlijk liefheeft en de wereldgeschiedenis bepaalt. De argumenten zijn bekend. Wat overblijft is het geloof. Het gaat daarbij niet om het geloof van de waarheid, maar van het vertrouwen, zoals dat verscholen zit in de dubbele betekenis van het Engelse *faith*, het Franse *le foi* of het Latijnse *fides*. Zelfs wie twijfelt kan inzien dat vertrouwen in God een totaal andere dimensie aan het leven geeft dan de spirituele eenwording met een universeel bewustzijn of een vervuld worden door kosmische energie. In de relatie tot God gaat het om een niet op rationele gronden gebaseerd gevoel van aantrekking tot een persoonlijke gesprekspartner, wiens bestaan niet te bewijzen is, maar wiens gepostuleerde openbaring in dank als een geschenk wordt aanvaard.

God is en blijft ongrijpbaar, een groot geheim, de Naamloze, de slechts intuïtief Waarneembare. Religie beschouw ik als een manier om dit ongrijpbare te benaderen. De relatie tot een persoonlijke God is een manier om persoonlijk het goddelijke te benaderen, om zich persoonlijk op het goddelijke te betrekken en zich persoonlijk door het goddelijke te laten aanspreken. God gebruikt in zijn relatie tot de mens menselijk-persoonlijke relatiemogelijkheden. De ontmoeting tussen medemensen en de ontmoeting van de mens met God hebben derhalve gelijkaardige kenmerken. We kunnen zelfs stellen dat we God in de mensen ontmoeten en we door God voor onze medemensen aanspreekbaar worden.

De parallellen van de ontmoeting tussen medemensen en met God werden door de joodse godsdienstfilosoof Martin Buber (1878-1965) gedetailleerd besproken, vooral als dialoogprincipe, in zijn essay *Ich und Du* (1923). De hiernavolgende citaten geven zijn gedachtegang zo gebald weer, dat ze uit de toon vallen bij de overige formuleringen in mijn uiteenzetting. Niettemin wil ik ze de lezer niet onthouden.

Toen ik zijn werk in 1979 las, werd ik er ten zeerste door getroffen. Het schonk me namelijk een filosofische basis die overeenstemde met mijn eigen persoonlijke ervaringen en met ervaringen in mijn therapeutische praktijk. Het gedachtegoed van Buber stond evenwel haaks op de toenmalige trend tot zelfverwezenlijking door middel van onafhankelijkheid en afgrenzing tegenover de medemens. Mijn ideeën over de ontmoetingsfilosofie heb ik in 1985 neergeschreven in mijn boek *Ko-Evolution: Die Kunst gemeinsamen Wachsens*. Bubers *Ich und Du* vormt het filosofische fundament van de door mij en mijn medewerkers ontwikkelde ecologische psychotherapie. Eigenlijk zit alles vervat in Bubers korte formule *Das Ich wird am Du: de mens wordt Ik doorheen zijn ontmoeting met de Ander.* Al het echte leven is ontmoeting (blz.15). Volgens Buber komt de relatie eerst, voor elke waarneming van het object. De relationele ingesteldheid is er eerst als een woordeloze voorloper van het Jij-zeggen. De basis van het menselijk bestaan is de relationele gerichtheid, als een zielsmodel van het aangeboren Jij. *De mens wordt Ik via het Jij.* De ontmoeting doet zich voor en gaat voorbij, en tijdens die overgang ontstaat het Ik-bewustzijn. Het Ik-bewustzijn treedt enkel aan in het web van relaties, in relatie met het Jij, waarnaar het verlangt maar dat het toch niet is, tot de band wordt verbroken en tegenover het Jij een Ik staat dat voortaan in volle bewustzijn aan relaties deelneemt.

Volgens Buber schept het bewustzijn van het Zelf nog geen werkelijkheid. Een werkelijkheid is een werkzaam-zijn waarbij iemand betrokken is zonder dat hij zich deze werkelijkheid eigen kan maken. Waar er sprake is van zelftoe-eigening, is er geen werkelijkheid. Waar er geen deelname is, is er geen werkelijkheid. Wie tot iemand in relatie staat, neemt deel aan een werkelijkheid, namelijk aan een Zijn dat niet louter in hem zit (blz. 65). Het individu wordt zich bewust van zijn Zelf als een participant van het Zijn, als een mede-zijn. Er ontstaat een verlangen naar een steeds meer onvoorwaardelijke relatie, naar een volkomen deelname aan het Zijn. Als het Jij wordt aangesproken, ervaren we een zweem van het eeuwige leven.

Hoe meer het Ik van de mens beantwoordt aan het grondwoord Ik-Jij, hoe persoonlijker de relatie wordt. Als het Ik zich bewust wordt van zijn Zelf, neemt het niet minder deel aan de werkelijkheid. Het Ik is zowel verbonden als los-van. Aldus Buber is er sprake van een echt huwelijk als twee mensen het Jij aan elkaar openbaren. Daaruit bouwt het Jij, dat voor geen van beiden Ik is, het huwelijk op (blz. 48). *De liefhebbende houdt rekening met het anders-zijn van de andere*, met zijn zelfstandigheid en met zijn individuele werkelijkheid. Wie lief heeft beschouwt de Ander als iemand die er voor mij is en voor wie ik er ben. Alleen wie betrokkenheid toont voor de Ander, stelt zich via hem open voor de wereld.

Buber trekt de Ik-Jij-relatie tussen geliefden door naar de Ik-Jij-relatie tussen de mens en God. De lijnen van de relaties kruisen elkaar in het eeuwige Jij. Wie het woord van God spreekt en ernaar leeft, spreekt het echte Jij van zijn leven aan. *God is echter niet het Zijn, het Zelf of het Bewustzijn waarmee ik versmelt. God is voor Buber het totaal Andere, maar ook het totaal Tegenwoordige*. God is de ons direct tegenoverstaande Tegenwoordigheid, die rechtmatig kan worden aangesproken maar niet kan worden verklaard (blz. 82). De Ik-Jij-relatie tussen de mens en God is volgens Buber een relatie van echte wederkerigheid.

'Dat je God nodig hebt, weet je diep in je hart de hele tijd. Maar weet je ook dat God jou nodig heeft? Waarom zou de mens er zijn, als God hem niet nodig had? Jij hebt God nodig om te zijn, en God heeft jou nodig, om je leven zin te geven als een wezen van de zijnde God. De wereld is geen goddelijk spel, ze is een goddelijk lot. Dat jij er bent heeft een goddelijke betekenis' (blz. 83).

In zijn latere werk trekt Buber van leer tegen het streven van de mystici om één te worden met God. Als men religieuze meditatie, het zich losmaken van alle Ik-betrokken gebondenheid, als het wezenlijkste element van de godsdienst beschouwt, in de overtuiging dat God in het wezen zonder Ik intreedt of dat dit in God opgaat, dan stopt de Jij-betrokkenheid omdat er geen dualiteit meer is. Daardoor gaat de relatie verloren. God is dan geen Jij meer, maar staat alleen. Volgens Buber (blz. 85 e.v.) zijn God en de mens twee onlosmakelijke dragers van de oerrelatie. Buber uit kritiek op het streven naar eenwording, dat hij beschouwt als een vlucht uit de realiteit, omdat de realiteit de mensen voortdurend met het verscheurde leven confronteert. In de echte wereld bestaat geen eenwording zoals men die op het toppunt van mystieke extase of tijdens de liefdesdaad als een moment van geluk ervaart, en waarbij het besef van Ik en Jij wordt opgelost in het gevoel van eenheid. Dit éénzijn heeft niets gemeen met de beleefde werkelijkheid. Meditatie toont niet de weg naar de beleefde realiteit. In de echte werkelijkheid is er geen eenheid van het Zijn.

Buber (blz. 103 e.v.) ziet een nauw verband tussen de relatie tot God en de relatie tot de medemens. In elk Jij spreken we het eeuwige aan, in elk domein op een andere manier. In het medemenselijke Jij ontmoeten we God, openbaart God zich. De ontmoeting van mens tot mens is de wezenlijke voorafspiegeling van de relatie tot God. In relatie met de Ander ontstaan woord en wederwoord. Hier krijg ik een antwoord. Hier alleen staat er iets tegenover het tot volle werkelijkheid ontloken Jij. Hier is er liefde en geliefd worden. *De relatie tot de medemens is de wezenlijke voorafspiegeling van de relatie tot God*, waarbij werkelijke aanspraak een werkelijk antwoord krijgt. Er is verbondenheid met de medemens nodig om open te staan voor de verbondenheid met God. Want hij alleen schenkt aan de werkelijkheid van God een menselijke werkelijkheid. Steeds opnieuw wil de mens zich als vlucht in plaats van met de wereld met God bezighouden.

Op de vraag of God een persoonlijk Jij kan zijn komt Buber tot een positief antwoord. Volgens Buber is God geen principe of idee, evenmin het Zijn of het Bewustzijn. Met God wordt diegene bedoeld die door scheppende en openbarende daden in een directe relatie treedt tot de mens en daardoor de mens in staat stelt om in directe relatie tot hem te treden. Dit argument houdt een wederzijdsheid in die alleen tussen personen kan bestaan. Het begrip 'persoonlijke God' verklaart het wezen van God niet, maar het laat ons toe om te zeggen dat God ook een persoon is. Uit dit wezenlijk kenmerk van 'persoonlijk' zijn van God vloeit het persoon-zijn van de mens (blz. 134) voort.

Het positieve aan de spiritualiteit van de new age is volgens mij dat ze de mens uit zijn beslotenheid haalt en zijn individualiteit toont vanuit een perspectief dat de persoon overstijgt en het menselijk bestaan relativeert. Wat erin ontbreekt is een persoonsgerichte visie over God en over erotische liefde.

De erotische liefde voor God in de christelijke liefdesmystiek tijdens de Middeleeuwen

De seksuele extase in het tantrisme kan resulteren in een kosmische vereniging. De mensen kunnen op dat ogenblik het goddelijke in zichzelf en in hun partner ervaren. Als de mannelijke en vrouwelijke pool met elkaar versmelten, kan deze symbiotische versmelting het bewustzijn boven het lichamelijke verheffen tot een niveau van energie en potentie dat de persoonlijke grenzen overstijgt. Ze voelen zich via hun partner verbonden met alles wat leeft en liefheeft, ze zijn een deel van de *circle of life*.

De christelijke liefde voor God heeft veeleer het karakter van een individuele liefdesrelatie, een Ik-Jij-relatie, die vroeger vaak duidelijk erotische kenmerken vertoonde. De relatie tussen de mens en God overstijgt de extase van de verliefdheid. Het is een liefdesgeschiedenis, een unieke historische gebeurtenis vol vreugde en leed, vervulling en ontgoocheling. Aan de basis van die geschiedenis ligt het verlangen om God, respectievelijk Jezus Christus, te ontmoeten. In de geschiedenis van het christendom zijn religieuze en seksueel-erotische ervaringen veel nauwer met elkaar verbonden geweest dan we ons vandaag kunnen inbeelden. Wie toetreedt tot een geestelijke orde kiest ervoor om zich volledig aan God te wijden. Daarvoor moet men afzien van een huwelijk en een gelofte van kuisheid afleggen. Maar deze gelofte werd niet altijd geïnterpreteerd als een onderdrukking van het seksuele driftleven. Jezus nam de plaats in van de aardse bruidegom. Een leven zonder huwelijk heeft weinig kans op slagen indien de seksualiteit niet wordt omgevormd tot een bron van spiritualiteit en eros en mystiek niet met elkaar worden verbonden. Het doel was immers de volledige toewijding aan God, niet de onderdrukking van eros en seksualiteit. Volledige toewijding betekende dan dat er behalve Jezus geen andere minnaars mogen zijn. De relatie tot die Minnaar diende echter niet te zijn ontdaan van zinnelijke kenmerken.

Een bijzonder indrukwekkende voorstelling van deze zinnelijk-erotische liefdeshunkering is te vinden in de christelijke liefdesmystiek van de Middeleeuwen. Het gaat bijna uitsluitend om vrouwenmystiek, een mystiek van begijnen en kloosterzusters. Het verlangen richt zich concreet op de hemelse bruidegom. Het gaat daarbij om de stralende bruidegom in de middeleeuwse huwelijksmystiek, de aanbeden Jezus, de gekruisigde, de zoon van God. De mystieke teksten vertonen onmiskenbaar erotische kenmerken. Een voorbeeld vinden we bij de begijn Mechthild von Magdeburg (omstreeks 1210-1294).

O du gießender Gott in deiner Gabe!
O du fließender Gott in deiner Liebe!
O du brennender Gott in deiner Begier!
O du schmelzender Gott in der Einigung mit deiner Geliebten!
O du ruhender Gott an meinen Brüsten,
ohne den ich nicht sein kann!

O jij schenkende God in je gave!
O jij overstromende God in je liefde!
O jij brandende God in je begeerte!
O jij smeltende God in eenwording met je geliefde!
O jij rustende God aan mijn boezem,
zonder wie ik niet kan zijn!
(vrije vertaling)

Deze liefdesmystiek is niet alleen spiritueel, maar is tevens een vorm van zinnelijke erotiek, zoals man en vrouw die lijfelijk ondervinden. Bij de spirituele liefdesroes en extase ervaart men lichamelijk hetzelfde als bij een seksuele liefde. Alleen beleeft men die intense erotiek niet in een relatie met een man of vrouw, maar overeenkomstig de kuisheidsgelofte alleen met Jezus, de Heer.

O Herr, minne mich gewaltig und minne mich oft und lang
je öfter du mich minnest, um so reicher werde ich;
je gewaltiger du mich minnest, um so schöner werde ich,
je länger du mich minnest, um so heiliger werde ich auf Erden.

O Heer, bemin me vurig en bemin me vaak en lang
hoe vaker je me bemint, des te rijker ik word;
hoe vuriger je me bemint, des te mooier ik word
hoe langduriger je me bemint, hoe heiliger ik word op aarde.
(vrije vertaling)

De goddelijke Geliefde antwoordt niet minder vurig:

Daß ich dich oft minne, das habe ich von meiner Natur, denn ich bin selbst die Liebe
Daß ich dich gewaltig minne, das habe ich von meiner Begier,
denn auch ich begehre, daß man mich gewaltig minne
daß ich dich lange minne, das ist von meiner Ewigkeit, denn ich bin ohne Ende.
(Mechthild von Magdeburg, cit. naar Buber)
(*Ekstatische Konfessionen*, blz. 127-129)

Dat ik je vaak bemin, dat schuilt in mijn aard, want ik ben zelf de Liefde
Dat ik je vurig bemin, dat schuilt in mijn verlangen,
want ook ik verlang, dat men me vurig zou beminnen
dat ik je langdurig bemin, dat schuilt in mijn eeuwigheid, want ik ben zonder einde.
(vrije vertaling)

Die seksuele sublimatie in de liefdesmystiek roept vandaag vanwege de concrete zinnelijkheid ervan tweeslachtige gevoelens op. We hebben er moeite mee om ons de liefde voor en van God zo erotisch voor te stellen. Niettemin treden kloosterzusters nog steeds in het huwelijk met de goddelijke bruidegom.

Typerend voor een persoonlijke liefdesrelatie is dat men ze steeds opnieuw moet zoeken en aanknopen. Zo schrijft Augustinus over de liefde voor God: 'God wordt steeds gezocht, eindeloos gezocht omdat hij zonder einde liefheeft. Wie geliefd wordt, wordt gezocht, omdat hij aanwezig is zolang de liefde zo op hem inwerkt dat hij niet afwezig is. Dat indringende zoeken waardoor de liefde zich kenmerkt, eindigt nooit maar het zoekende indringen groeit met groeiende liefde.' (blz. 190)

De christelijke vrouwenmystiek uit de Middeleeuwen bewijst dat de concrete liefde voor Jezus niet moet afsterven door de seksuele driften te onderdrukken, maar dat die liefde voor Jezus ook een zinnelijke vervulling kan brengen. Tegenwoordig zullen we de analogie van de liefde voor Jezus veeleer zoeken in de zinnelijke liefde voor een minnaar. Ook de concrete liefde voor God is niet alleen vol liefdesgeluk, maar evenzeer vol met de pijn der eenzaamheid van elke liefdesrelatie.

Analogie tussen de liefde voor een partner en de liefde voor God

In de christelijke mystiek verlangt men er niet alleen naar om de liefde voor God te beleven door de eenwording met Christus, maar wint deze liefde voor Christus aan spanning en diepgang door het lijden dat de liefde voor God met zich brengt. De eenwording met God is het verlangen, dat in de realiteit van het menselijk bestaan wordt aangevuld door haar tegenhanger, de eenzaamheid in de liefde. Het gaat daarbij om de hartenpijn van het onvervulde verlangen.

De lijdensweg van de liefde maakt in de relatie met God liefdeservaringen mogelijk die gelijkenissen vertonen met liefdeservaringen tussen partners. Ik verwijs daarbij vooral naar de Spaanse mysticus Johannes van het Kruis (gestorven in 1591). Net zoals in de bijbel is voor hem liefde het wezen van God. Liefde streeft steeds naar wederkerigheid. Ze is de enige manier waarop de mens God kan benaderen. God gaat weliswaar het menselijke bevattingsvermogen te boven, maar verbergt zich tevens in de wezenskern van de mens en dus ook in die van de medemens. De kracht die de mens naar God drijft is de brandende liefdeshonger. De mens zit echter gevangen in het spanningsveld, waarbij hij enerzijds verlangt naar de volkomen vereniging in de liefde en anderzijds smartelijk gescheiden blijft van God. De mens moet bij zijn zoektocht naar de liefde van God een pijnlijk louteringsproces doormaken. Hij moet de donkere nacht door (*noche obscura*), waarin hij God niet meer ziet. De liefde voor God verdort en hij voelt zich door God in de steek gelaten. Met deze blijvende en brandende liefdeshonger blijft hij verweesd en leeg achter in de wereld. De donkere nacht is de geestelijke werkelijkheid die zich manifesteert wanneer God de mensen leidt naar diepe vereniging met God. God leert hun de pijn van de donkere nacht kennen opdat ze zouden leren te verwerpen en los te laten wat in hun denken en voelen tegenover God en de wereld te beperkt en te ontoereikend is. Er moet een liefde voor God rijpen waarin men durft te zeggen: God, je mag zijn wie je wilt, de nabije God als je nabij wilt zijn en de verre God als je ver wilt zijn, de steeds grotere die het waard is omwille van zichzelf en als diegene die is, gezocht en geliefd wordt. (1999, blz. 15)

Het gebed is een bewust contact nemen van de mens met God als uitdrukking van een groeiende liefdesrelatie tussen beiden. De prestatie van de mens treedt daarbij steeds meer op de achtergrond ten voordele van Gods invloed in hem. Volgens Johannes van het Kruis is het God zelf die dit veranderingsproces stuurt. God blijft de mens trouw als voltooier. Toch blijft de liefdesvereniging met God slechts het doel van het geestelijke leven en deze kan tijdens dit leven nooit in totaliteit worden bereikt. Een belangrijke voorwaarde voor de aanspreekbaarheid van de liefde van God is het geloof. Geloof betekent vertrouwen dat God zelf je leidt waar jij geen weg meer ziet.

De weg naar God is voor de ongelouterde mens de nacht, omdat God de volkomen andere blijft, wiens grote licht de mens slechts fragmentarisch en nooit in zijn geheel kan aanschouwen. Indien de mens de passieve, door God opgeroepen nacht mee vormgeeft door zijn religieuze opvattingen los te laten, kan de mens een worden met God.

Het louteringsproces dat de mens bij zijn liefde voor God doorloopt, stemt overeen met het louteringsproces dat men ervaart bij de liefde voor een partner. Bij partnerliefde komt het er eveneens op aan, het verlangen naar eenwording in de liefde als onvervulbaar te accepteren. Je moet het anders-zijn van de partner onderkennen en hem de vrijheid laten op zijn manier lief te hebben. Ook hier zal men menige donkere nacht beleven waarbij twijfels over de zin van de relatie opduiken en men de andere niet meer kan begrijpen. Ook hier zal de eenwording nooit volledig zijn. De onvervuldheid van het brandende verlangen is een vereiste om de liefde levendig te houden.

Wie de verschillende fases in de liefde (hunkering naar liefde, verliefdheid, liefdesontgoocheling en eenzaamheid in de liefde, zie hoofdstuk 8) op een positieve manier heeft verwerkt, zal veel parallellen zien in de liefde voor God. Het belangrijkste in de partnerliefde is dat men nooit over de liefde van de partner beschikt, maar er slechts op kan hopen. In elk geval is het de partner die beslist, hoe, wanneer en waarmee hij iemand zijn liefde zal bekendmaken. Vaak ligt in de aard van de partner om lief te hebben een diepere wijsheid verborgen die men pas ontdekt als men zich van de eigen verwachtingen heeft ontdaan.

De liefde voor God bewijzen door liefde voor de medemens

Wie zich bevrijdt van de aardse voetangels en een wordt met God, riskeert zichzelf te verliezen in het bovenaardse, in het uitstijgen boven de concrete, dagelijkse domeinen met hun menselijke frustraties en conflicten. Sommigen beschouwen de spirituele relatie als een vervangmiddel voor de moeilijke, moeizame en vermoeiende discussies met de partner. Voor die neiging wordt in de christelijke religie een stokje gestoken. God ontmoet de mensen op diverse wijzen, maar de liefde voor zijn naaste is onontkoombaar. Christelijke liefde is geen innerlijk proces van vergeestelijking. Het moet zich uiten in daden. Naastenliefde, vooral de liefde voor de partner, stelt de concrete liefde voor God op de proef. 'Nooit heeft iemand God aanschouwd. Als wij elkander liefhebben, blijft God in ons en is zijn liefde in ons volkomen. Als iemand zegt: Ik heb God lief, maar zijn broeder haat, is hij een leugenaar. Want wie zijn broeder die hij ziet, niet liefheeft, kan God niet liefhebben die hij niet heeft gezien' (Iste brief van Johannes, 3, 18).

Naastenliefde wordt op die manier gelijkgesteld met de liefde voor

God, als een toetssteen waaraan de echte liefde voor God wordt gemeten.

Zoals in het Oude Testament roept Jezus op om God van ganser harte, met volle verstand en met alle kracht lief te hebben. In dezelfde zin vraagt hij om zijn naaste lief te hebben als zichzelf (Marcus, 12,32; Lucas 10,25). De christelijke mysticus Meister Eckhart (Mieth, blz. 337) wijst erop dat eigenliefde op die manier niet alleen wordt gelijkgeschakeld met naastenliefde, maar dat de liefde voor God op dezelfde manier in eigenliefde en naastenliefde vervat zit als haar reden, oorzaak en mate. God is in de ander niet anders dan in mij. Op die manier ontvangt elkeen de goddelijke gaven in zichzelf of via een ander. Wat iemand niet in zichzelf ontvangt, bezorgt hem vreugde omdat hij het ontvangt via een ander die hij liefheeft als zichzelf.

God kan spreken via de geliefde

De liefde voor de partner kan door de individuele relatie tot God worden verdiept. Religieuze ervaringen zijn een geschenk, geen verplichting. Christus treedt de gelovigen tegemoet in hun naasten en vooral in de liefdespartner, die men bemint zoals zichzelf. Men zal de oren spitsen voor wat de geliefde wil meedelen. Men zal bereid zijn God via de liefde van de partner tot zich te laten spreken. De liefde van de partner wordt niet alleen in goedkeurende en steunende zin vormgegeven. Ook kritische, confronterende en uitdagende tegenkracht is belangrijk. De partner zegt vaak wat we niet willen horen, maar wat hij niet kan verzwijgen.

Dat vereist meer dan een liefde van woorden. De echte liefde uit zich in daden. Daaraan zien we volgens het christelijk geloof dat God ons leven bepaalt. In hoofdstuk 10 bespreek ik de verborgen boodschap in de verwijten die partners elkaar maken. Die verwijten hebben vaak een diepere betekenis, die weliswaar tevens met gewone psychologische argumenten te verklaren valt en geen religieuze interpretatie noodzakelijk maakt. Wie echter bereid is zich open te stellen voor een religieuze dagelijkse openbaring, kan de liefde van de partner tegen een diepere achtergrond situeren. De hand van God bespeurt men het meest in het onverwachte. Wanneer men het niet meer verwacht, doen zich omstandigheden, situaties of veranderingen voor waarin men een beschermende hand, een geleid worden of een teder bemind worden opmerkt.

Als je verschillende levenslopen bekijkt, valt het op dat veel mensen op een bepaald moment in hun leven op een onverwacht keerpunt komen, een breekpunt. Meestal doet de ommekeer zich voor door een ontmoeting met een persoon, vaak met een liefdespartner. Aan de ommekeer gaat een lange periode van leegte en ontevredenheid met het huidige bestaan vooraf. Er ontstaat een diep verlangen naar een verandering die men op eigen kracht niet kan realiseren. Maar plots wordt die verandering mogelijk gemaakt door de ontmoeting met een medemens. Soms wordt de ontmoeting met die persoon zo onbewust vormgegeven dat de ommekeer zich al voltrekt bij de ontmoeting. Je kunt dit proces tevens psychologisch verklaren, maar je kunt in de persoon die je ontmoet ook de stem van God horen, die ons de weg wijst als we daarvoor openstaan.

Het huwelijk als sacrament

Hernieuwde interesse voor religieuze rituelen

In de jaren zeventig stelde men het huwelijk, en vooral de belofte elkaar trouw te blijven tot aan de dood, in vraag. In de late jaren negentig herontdekten steeds meer mensen de waarde van het huwelijk, ook van het kerkelijk huwelijk. Tot enkele jaren geleden zou het ondenkbaar zijn geweest in een psychologisch werk over het huwelijk als sacrament te schrijven. Ik doe het omdat ik de indruk heb dat veel tijdgenoten de religieuze rituelen niet meer kennen. Sommige mensen hebben bij een dergelijke belangrijke stap in het leven nood aan rituelen. Sommigen willen die zelf creëren, anderen willen teruggrijpen naar eeuwenoude religieuze tradities. In de jaren na 1968 streed men tegen de kerkelijke voorschriften op het gebied van seksualiteit, voorbehoedsmiddelen, scheiding en hertrouwen. Vandaag is de invloed van de Kerk in de Europese landen sterk ingeperkt. De onbegrijpelijkheid van de kerkelijke moraal had een paradoxaal effect. In plaats van de gelovigen aan zich te binden, zorgde die ervoor dat steeds meer mensen zich van de Kerk afkeerden. Vaak bleef men echter wel openstaan voor authentiek religieuze ervaringen. Het is het verlangen om het leven in een dimensie te kaderen die het eigen ego overstijgt. Het is het verlangen om een transcendente macht ter beschikking te hebben. Er is de wens om een zo risicovol iets als het huwelijk onder de bescherming van God te stellen en in te bedden in een geheel dat groter is dan de relatie tussen twee mensen. Het gaat om de behoefte om het huwelijk een zin te geven die verder gaat dan de wens om een breekbaar liefdesgeluk veilig te stellen. Ook de zelfontplooiing in de liefde wil men op een breder perspectief enten. Het sterkt iemand in zijn vermogen om voor de liefde te lijden en ontberingen te verdragen. Het sacrament van het huwelijk kan een bevrijding zijn van te veel idealisering. Veel huwelijken lopen spaak omdat de partners iets absoluuts verwachten, een absoluut begrip, een absolute liefde, een absolute trouw. Wie van de ander iets absoluuts verwacht, wordt teleurgesteld. Als de echtelijke liefde openstaat voor de liefde van God, loopt ze geen gevaar door de onvolkomenheid van de liefde van de partner, maar wordt ze vervuld. De liefde van God verleent aan de onvolkomenheid van de partnerliefde een andere dimensie.

Over de theologie van het huwelijk als sacrament

Sacrare (Lat.) betekent heiligen, wijden, onschendbaar maken, heilig maken, vereeuwigen, onsterfelijk maken. Door het sacrament verwerft het huwelijk de zegen van God. De kerkelijke opvatting over het huwelijk is gebaseerd op Ef. 5, 21-33, waarin het huwelijk wordt vergeleken met de liefde tussen Christus en zijn Kerk. Man en vrouw moeten elkaar liefhebben zoals Christus zijn Kerk bemint. Men gaat daarbij wel voorbij aan de onvolkomenheid van de liefde van de Kerk voor Christus, wat me nochtans even belangrijk lijkt. Christus heeft de Kerk, zijn bruid, ondanks alles lief. De Kerk wordt tijdens al haar misstappen door de liefde voor Christus bijeengehouden, geleid op een vaak moeilijk te begrijpen manier en steeds opnieuw tot leven gewekt. De echtelijke liefde weerspiegelt de liefde van Christus voor zijn Kerk.

God is in wezen relatie. God is niet in zichzelf gekeerd maar bestaat uit een liefhebbend spanningsveld van de drievuldigheid God de Vader, de Zoon en de Heilige Geest. God is niet tijdloos maar uit zich in de geschiedenis van zijn verlossingswerk in Jezus en in zijn Kerk. 'God, die relatie is, wordt in deze wereld het duidelijkste gereflecteerd in de relatie tussen man en vrouw' (Anselm Grün, 2000, blz. 16).

Het ritueel van het huwelijk

In alle culturen en godsdiensten bestaan er bijzondere rituelen voor het sluiten van een huwelijk. De overgangsriten moeten bij de mens de angst voor het nieuwe wegnemen en hem de kracht geven om dit nieuwe hoofdstuk in het leven aan te kunnen.

Het katholieke huwelijksritueel is ingebed in een mis. De bruid en bruidegom hebben daarin een vrij grote inbreng. De mis begint met de verwelkoming van het bruidspaar. Bruid en bruidegom kunnen de parochianen iets vertellen over hun gemeenschappelijke levensweg, over wat zij belangrijk vinden in het huwelijk, waarom ze voor de Kerk trouwen en wat ze met hun huwelijk tot uiting willen brengen. Daarna kan men de getuigen voorstellen en uitleggen waarom net zij werden gekozen en wat er van hen wordt verwacht.

Bij het kerkelijk huwelijk van bijvoorbeeld Erik en Kristel gaat het er als volgt toe.

Bij het openingsgebed vraagt de priester: 'God onze Vader, doe Erik en Kristel groeien in wederzijdse liefde voor elkaar, zegen hen met vrede en geluk, vervul met vreugde alle dagen van hun leven. Door Christus, onze Heer.' Na de dienst van het woord volgt de huwelijksinzegening. De priester vraagt bruid en bruidegom of ze uit vrije wil en met volle instemming zijn gekomen om te huwen, en bereid zijn kinderen als geschenk uit Gods hand te aanvaarden, hen in hun liefde te laten delen en hen in de geest van Christus en zijn Kerk op te voeden. Daarna vraagt de priester hun elkaar de rechterhand te geven en de huwelijksbelofte uit te spreken. De bruidegom zegt: 'Kristel, ik wil je man zijn. Ik beloof je trouw te blijven in goede en kwade dagen, in armoede en in rijkdom, in ziekte en gezondheid, je lief te hebben en te waarderen, al de dagen van mijn leven.' De bruid spreekt daarna haar huwelijksbelofte uit. De priester legt de stola, een stuk stof dat deel uitmaakt van het misgewaad, op de verstrengelde handen en zegt: 'Voortaan zal de kerkgemeenschap jullie als gehuwden beschouwen. U allen, die hier tegenwoordig zijt, neem ik tot getuige van deze heilige verbintenis voor God en Kerk: wat God verbonden heeft, zal de mens nooit scheiden.' De priester wikkelt met de stola de liefde van het bruidspaar in de onverwoestbare liefde van God. Door zijn hand zegenend op hun handen te leggen, verkondigt hij dat ze in Gods handen geborgen zijn. Daarop volgt de zegening en de overhandiging van de ringen. De ring is een eeuwenoud symbool van eenheid, volledigheid en volkomenheid, een beschermingssymbool tegen kwade machten en een uiting van verbondenheid, gemeenschap en trouw. Door de zegen wil men Gods liefde en trouw op de ring overdragen. De ringen symboliseren dat bruid en bruidegom voor altijd bij elkaar horen. De priester zegt: 'Moge de liefde en trouw van de eeuwige God deze ringen zegenen tot een teken en onderpand van jullie wederzijdse liefde en trouw.' Bruid en bruidegom steken dan de ring aan elkaars vinger. Eerst neemt de bruidegom de ring van de bruid en steekt die aan haar vinger met de woorden: 'Kristel, neem deze ring als teken van mijn liefde en trouw.' De bruid neemt de ring van de bruidegom en schuift die op dezelfde manier en met dezelfde bewoordingen aan de vinger van de bruidegom.

Daarna volgt de huwelijkszegen, waarbij de priester de armen uitstrekt over het bruidspaar. Door dit gebaar moeten ze voelen hoe Gods liefde in hun liefde stroomt. De priester vraagt: 'God, onze Vader, zegen Kristel en Erik. Zegen hun handen, opdat zij niets voor elkaar verbergen, maar alles delen wat het leven biedt. Zegen hun ogen, opdat ze elkaar in de ogen kijken en stilzwijgend begrijpen wat er in de ander omgaat. Zegen hun mond, opdat zij goede woorden spreken en elkaar bevestigen in waarheid. Zegen hun oren, om de verborgen vragen van de ander te begrijpen en reeds te vervullen voor zij zijn uitgesproken.' De huwelijksplechtigheid wordt afgesloten met de voorbede, de parochianen bidden dat bruid en bruidegom elkaar zullen liefhebben en trouw blijven, dat ze met geduld en begrip steeds meer naar elkaar toe groeien, in elkaar blijven geloven, dat ze elkaar helpen, dat ieder zijn talenten kan ontplooien en zo het gemeenschappelijke leven verrijkt.

Daarna gaat de eucharistieviering verder.

Als ik deze gebeden en heilige handelingen op me laat inwerken, ben ik vervuld met vreugde en dankbaarheid dat dit heilige ritueel nog bestaat, niettegenstaande ook ik soms twijfel. Ik kan me moeilijk inbeelden dat iemand er vrijwillig van afziet. Maar religie heeft voor iedereen een andere betekenis. Niet alle mensen kunnen zich vinden in een dergelijke plechtige gelofte tot trouw. Sommigen menen dat je niemand eeuwige trouw kunt beloven. Voor anderen is het verplichtende karakter van de huwelijksplechtigheid magisch onheilspellend. Nog anderen beschouwen de plechtigheid enkel als een folkloristische show, die niet meer waarde heeft dan het geld dat deze kost. Voor wie openstaat voor het christelijke ritueel kan het huwelijkssacrament een belangrijke hulp zijn om een spiritueel gefundeerde liefde vorm te geven. Tijdens belastende crisissituaties in het samenleven zal men gemakkelijker de weg vinden die God ons toont, men zal de onvolkomenheid van de eigen liefde en die van de partner gemakkelijker verdragen en gemakkelijker aanspreekbaar zijn wanneer God via de liefdespartner of de kinderen wil spreken.

B. De liefdesrelatie als proces

In hoofdstuk 2 en 3 werd geschetst hoe zelfontplooiing tot stand komt als de verwezenlijking van het eigen potentieel in een liefdesrelatie. In het tweede deel wordt de liefdesrelatie beschreven als een proces van opeenvolgende fases. Elk van deze stadia brengt specifieke opdrachten met zich mee voor de vormgeving van de partnerrelatie en derhalve ook voor de persoonlijkheidsontwikkeling.

Deze opdrachten vervullen is een uitdaging die tevens nieuwe angsten opwekt. Deze angsten zullen des te groter zijn als er door voorafgaande traumatiserende ervaringen een immense hunkering naar liefde en tegelijkertijd een overweldigende angst voor een herhaling van die traumatische ervaringen bestaat. De betrokken partners kunnen met elkaar in een collusie verwikkeld raken, waarbij ze zowel proberen zich te beschermen tegen de overmatige aanspraken van hun partner als proberen hun verlangen toch te bevredigen. Zijn de verwijten van de partners louter projecties van de eigen psychologische complexen, of hoort men via zijn partner een stem uit zijn eigen onbewuste? Kunnen partners elkaar de weg wijzen als ze bereid zijn naar elkaar te luisteren? Waarom vinden ze het zo moeilijk om creatief op elkaar in te haken? Waaruit spruit een crisis en de ommekeer in een partnerrelatie voort?

Hoofdstuk 8

Zelfverwezenlijking in het proces van een liefdesrelatie

De liefdesrelatie doorloopt een proces met diverse stadia, ideaal gezien gaande van hunkering naar liefde naar concrete liefde via een partnerkeuze, met als stadia: verliefdheid, ontgoocheling in de liefde, compensatiemogelijkheden voor de onvervulde verlangens bij de opbouw van een gezamenlijke leefwereld, de stichting van een gezin tot een huwelijk op oudere leeftijd. Dat proces kan steeds worden stopgezet door uit elkaar te gaan of uit de echt te scheiden. Het accent bij een procesmatige voorstellingswijze ligt op de vraag welke uitdagingen elk van deze stadia door bepaalde ontwikkelingsopdrachten stelt aan de zelfontplooiing en rijpheid van het individu, welke angsten de uitdaging teweegbrengt en met welke afweermechanismen men deze angsten kan in de hand houden of vermijden.

De manier waarop het samenleven in een duurzame relatie evolueert heb ik in 1991 gedetailleerd besproken in mijn boek *Duurzame Liefde*. Ik wil hier vanuit een andere vraagstelling de fasen van de liefde onder de loep nemen. Het proces van een liefdesrelatie speelt zich af in diverse stadia, waarbij elke fase uitdagingen stelt aan de zelfverwezenlijking in en door de liefde. Die uitdagingen vormen niet zelden een te grote belasting, die resulteert in angst en afweermechanismen. Het individu wordt onvermijdelijk geconfronteerd met de uitdagingen die aan elk van deze fasen verbonden zijn. Weliswaar knoopt niet iedereen een liefdesrelatie aan. Toch zal ook wie ongebonden blijft tegenover zichzelf en anderen willen verklaren waarom hij geen relatie wenst, geen verbintenissen wil aangaan of kinderloos wil blijven. Het omgekeerde is zelden het geval. Bijna niemand voelt de behoefte om uit te leggen waarom hij op zoek is naar een partner, een verbintenis aangaat of een gezin sticht. Een van de belangrijkste maatschappelijke verwezenlijkingen van de voorbije decennia is de vrijheid om een liefdesrelatie te kunnen beleven in de vorm die je zelf verkiest. Onze samenleving bestaat uit individuen met een uiteenlopend temperament. Niet iedereen kan zich vinden in de idee van een huwelijk tot aan de dood. Sommigen voelen zich beter in hun vel bij minder hechte en meer kortstondige relaties. Men dient mensen aan te moedigen om te durven erkennen dat een huwelijk of gezin hen niet kan bekoren. Het zou een verlies voor de maatschappelijke dynamiek zijn als er slechts één gestandaardiseerde leefvorm van liefde zou bestaan. Het is echter evenzeer een miskenning van de menselijke realiteit om te beweren dat de liefdesvorm totaal vrij wordt gekozen en losstaat van persoonlijke en maatschappelijke waardebeoordeling. Ondanks alle liberalisering hecht de mens er nog steeds belang aan of hij erin slaagt met zijn partner een duurzame relatie op te bouwen en een gezin te stichten. Iedere mens wordt geconfronteerd met de uitdagingen van de diverse stadia in de liefde en het verlangen om deze uitdagingen aan te kunnen schuilt in elke mens. De uitdagingen boezemen angst in, maar kunnen op een bijzondere manier ook de ontwikkeling van het persoonlijk potentieel ten goede komen.

De relatiegeschiedenis staat in onze partnerrelatietherapie centraal en dan meer bepaald het verband tussen de partnerkeuze en het actuele conflict tussen de partners. Kennis over het 'normale' relatieproces is van primordiaal belang om liefdesrelaties te kunnen begrijpen. We bekijken de relatiegeschiedenis vanuit de invalshoek van de co-evolutie, met name de wederzijdse beïnvloeding van de zelfverwezenlijking binnen de partnerrelatie.

Uit heel wat boektitels over liefde blijkt dat liefde bang maakt. Vooral tijdens de emancipatiegolf in de jaren zeventig werd een liefdesrelatie gezien als een bedreiging voor de autonomie, als een keurslijf, als repressie en als een gevaar om zichzelf te verloochenen en zich in de liefde te verliezen. In talrijke werken waarschuwde men voor liefde. Het emancipatorische ideaal was onafhankelijk te zijn, genoeg te hebben aan zichzelf, niemand nodig te hebben, geconcentreerd te zijn op zichzelf en te kunnen loslaten. Vandaag erkent iedereen opnieuw dat een liefdesrelatie een van de hoogste waarden is die zin en inhoud geeft aan het leven. De angst dat de relatie met de partner zal mislukken, is groot. Men heeft tegenwoordig te weinig aandacht *voor de mate waarin elke liefdesrelatie de persoonlijke ontwikkeling en groei van een mens positief kan beïnvloeden.*

Een volwassene wordt in zijn persoonlijkheidsontwikkeling door niets zo gestimuleerd als door een constructieve liefdesrelatie. Daar staat tegenover dat niets zijn ontwikkeling zo kan belemmeren en aan het wankelen brengen als een destructieve liefdesrelatie. Zelfrealisatie in het proces van de liefdesrelatie wordt hier voorgesteld als een persoonlijke ontwikkelingsopdracht. Men dient tot het besef te komen dat men andere mensen en in het bijzonder een geliefde nodig heeft om zijn persoonlijk potentieel te kunnen ontplooien. Een geliefde maakt persoonlijkheidsontwikkelingen mogelijk in nieuwe, tot nog toe onaangeroerde domeinen. Als men kiest voor een liefdesrelatie is men niet langer vrij en onafhankelijk, maar verloopt de eigen ontwikkeling in co-evolutie met de ontwikkeling van de partner en omgekeerd. Samen creëert men een gezamenlijke leefwereld, waarop men als individu is geënt en waarvan men zich niet zonder pijn en smart kan losscheuren. Het potentieel wordt in de meest letterlijke zin vruchtbaar gemaakt en verwerkelijkt bij de stichting van een gezin. Soms investeert men dermate veel eigen potentieel in de kinderen, dat de ontwikkeling van het potentieel op andere domeinen wordt belemmerd, dat de verwerkelijking ervan moet worden uitgesteld en pas later kan worden ingehaald.

Hunkering naar liefde

Waarschijnlijk hunkert men al lange tijd naar liefde voor er een diepgaande liefdesrelatie tot stand komt. Het is een verlangen om als persoon erkend te worden, een verlangen om beantwoord te worden, om omsloten te worden door een liefde waarin men zich als persoon kan ontwikkelen, waarin men wordt bekeken als degene die men altijd al is geweest en die men naar waarheid wil worden. Het is de hoop om door de liefde van de partner zin aan het leven te geven. Het potentieel wordt verrijkt door deze lange periode van hunkering en klaargemaakt voor de dag waarop het zich kan ontwikkelen. Door de hunkering spitst het leven zich toe op de toekomst. Men bereidt zich voor op de rol van partner, vader of moeder en test die uit in zijn fantasie. Het is het hunkerend verlangen om onvoorwaardelijk bemind te worden, om opgenomen te worden in de liefde, om onbegrensd begrepen te worden. Het is de hoop op een relatie die alle oude wonden heelt en waardoor men zich kan bevrijden uit de beknelling van het gezin van herkomst en van vorige relaties. Hunkeren wijst op 'een gebrek aan'. Wie hunkerend verlangt naar liefde, heeft niet genoeg aan zichzelf, berust niet in zichzelf, heeft een ander nodig, voelt zich niet voldaan op zijn eentje.

De hunkering naar liefde confronteert iemand met de *ontwikkelingsopdracht* om voor zichzelf toe te geven dat hij behoefte heeft aan liefde en een partner nodig heeft om zijn leven zin te geven. Men wordt zich ervan bewust dat het eigen potentieel zich zonder partner in belangrijke domeinen niet ten volle kan ontplooien en heeft het gevoel het leven niet ten volle te beleven. De persoon heeft daarbij de opdracht om te blijven beseffen dat naarmate de verwachtingen onrealistisch hoog gespannen worden en de hunkering te intens wordt, de kans op vervulling ervan afneemt. Niettemin is het belangrijk dat men de hunkering in volle omvang ernstig neemt, zodat men ze niet ontwaardt of terzijde schuift door een partner te kiezen waarbij alle illusies de kop worden ingedrukt.

Angst voor de hunkering naar liefde en afweermechanismen

De honger naar liefde kan een bedreiging vormen voor de persoon, zeker indien men in voorgaande relaties werd gekwetst en gefrustreerd is geraakt. Wie in zijn kindertijd te weinig liefde ondervond en dat gemis in zijn latere leven niet heeft kunnen rechtzetten, wie is getraumatiseerd omdat hij werd uitgebuit en misbruikt, zal zichzelf willen beschermen tegen de eigen behoefte aan liefde. Hij zal pogen geen illusies te koesteren en in liefdesontgoochelingen van anderen een rechtvaardiging voor die houding zien. Eventueel zal men zelfs concrete liefdesperikelen opzoeken en uitlokken om zo de verwachte teleurstellingen te bevestigen. Die ontwaarding van de liefde, de scepsis en het cynisme verminderen de behoefte aan liefde niet, maar ze verhinderen wel dat men er zich bewust aan overlevert. Een ander gevaar is dat men zulke hoge eisen stelt, dat die gewoon niet kunnen worden ingelost, zodat men op zijn liefdeshonger blijft zitten. Men kan dan beweren dat men nooit de juiste partner heeft ontmoet. De partners die men is tegengekomen waren te dom. Dan is men nog liever alleen. Misschien gaat men er na talloze ontgoochelingen van uit opnieuw te zullen worden teleurgesteld, zodat men een illusieloos realisme nastreeft. Een voorbeeld daarvan is de vaak gehoorde redenering dat verliefdheid slechts een paar maanden of hooguit een jaar blijft duren, bepaald wordt door biochemische parameters en niets meer is dan een utopische projectie van de eigen wensen. Op die manier rechtvaardigt men het leven als alleenstaande en idealiseert men het misschien wel. Het vrijgezellenbestaan met zijn vrijheid en onafhankelijkheid kan een bewuste keuze zijn. Sommigen kunnen na een werkdag de batterijen beter opladen wanneer ze 's avonds het huis met niemand moeten delen. Het merendeel van de mensen kiest er echter niet bewust voor om alleen te blijven. Een leven als vrijgezel is meestal slechts tweede keuze.

De hunkering naar liefde kan worden bevredigd op een minder veeleisende manier, bijvoorbeeld door zich te identificeren met personages uit liefdesromans of films. Zo blijft men op veilige afstand en loopt men nooit gevaar. Een al concretere vorm is dwepen met mensen die men niet persoonlijk kent, bijvoorbeeld filmsterren of sprookjesparen. Nog concreter wordt het als men stiekem gaat dromen over onbereikbare personen die men wel kent. Als men dan zijn liefde bekent, riskeert men zich belachelijk te maken, afgewezen te worden of in een relatie te worden meegesleurd die men niet aankan.

Partnerkeuze

Met de keuze van een partner legt men het fundament voor een concreet liefdesproces. Volgens ons ligt die keuze tevens aan de basis van latere partnerconflicten. Indien we ervan uitgaan dat de mens zich ontwikkelt binnen relaties en dat de liefdesrelatie de nodige ruimte creëert voor de ontplooiing van de meest intieme mogelijkheden, is het duidelijk dat de persoonlijkheid van de partner van wezenlijk belang is voor de zelfontplooiing binnen een duurzame relatie. Het is van belang welke ontwikkelingen de partners bij elkaar mogelijk maken, op welke domeinen ze aanspreekbaar zijn en op welke ze zich voor elkaar afsluiten. De partnerkeuze kan het begin zijn van een onomkeerbaar proces dat betrekking heeft op een groot deel van het persoonlijk potentieel.

Partnerkeuze in het licht van de culturele veranderingen

Dat men vrij de partner kiest waartoe men zich aangetrokken voelt, is een relatief nieuw cultureel fenomeen. Slechts enkele decennia terug hadden de ouders een vrij grote vinger in de melk te brokken bij de keuze van een levensgezel. Kaiser (2000) verwijst naar een eigen onderzoek over de invloed die het gezin van herkomst uitoefent op de keuze van de partner. Als we vergelijken met de vooroorlogse generaties, stellen we vandaag een wezenlijk verschil vast. De generatie van voor 1968 koos vaak een partner dankzij wie ze een hechte band met hun gezin van herkomst in stand konden houden. Dat ging echter ten koste van de liefdesrelatie met de partner. De partner werd gekozen op basis van het criterium beschikbaarheid: met andere woorden de sociale en geografische afstand gaf de doorslag. Dat criterium impliceerde gelijkaardige instellingen en attitudes tussen partners. De partners kenden elkaar van op de schoolbanken of woonden bij elkaar in de buurt. Ze waren dus met elkaar vertrouwd. Het nadeel was dat het, veel vaker dan nu, ging om een partner die tweede keuze was of dat er 'moest' worden getrouwd omdat men zwanger was geraakt. De echtgenoten beschermden hun huwelijk door een grotere afstand tegenover elkaar te bewaren. Qua bestaanszekerheid en sociale representatie functioneerden de meeste huwelijken behoorlijk. De relaties binnen het gezin waren echter overwegend verticaal: de band tussen ouders en kinderen was sterker dan tussen de partners. Vandaag is het aanbod van potentiële partners veel ruimer, dankzij de mondiale contactmogelijkheden en de internationalisering van zowel beroepsleven als recreatie. Interculturele relaties zijn vandaag schering en inslag. De culturele verscheidenheid kan bijzonder attractief zijn en de vervulling van veel onbevredigde verlangens in het vooruitzicht stellen. Hoe groter het culturele verschil, hoe groter de aanpassing zal zijn die van de partner wordt gevergd. De noodzakelijke aanpassingen kunnen een grote verrijking betekenen, de horizon verruimen en de ervaringen uitbreiden. Hoe groter het culturele verschil, hoe sneller echter ook de bereidheid om zich aan te passen overvraagd kan worden en derhalve zal verdwijnen.

De uitgangspositie

De hunkering naar een liefdesrelatie die de concrete partnerkeuze beïnvloedt hangt nauw samen met de uitgangspositie. Men hoopt dat men dankzij de partnerkeuze een onbevredigende relationele situatie achter zich kan laten en een nieuw leven kan beginnen. Op jongere leeftijd wil men zich losmaken van het gezin van herkomst. Op latere leeftijd wil men zich bevrijden uit de omknelling van voorgaande relaties en hun gevolgen.

Partnerkeuze op jongere leeftijd en het gezin van herkomst

De keuze van de partner hangt samen met de ervaringen die men in de relatie tot zijn ouders heeft opgedaan. Freud wees al in 1914 op dat aspect en onderscheidde twee hoofdtypen van partnerkeuze (objectkeuze) op volwassen leeftijd. Het ene is de objectkeuze volgens het navolgingsprincipe, waarbij de primaire liefdesobjecten (de ouders) tot voorbeeld worden genomen. Een van de ouders die met voeding, verzorging en bescherming te maken heeft, wordt als voorbeeld voor de volwassen objectkeuze gekozen. Eigenlijk gaat het daarbij om een terugvinden van het ouderlijk object. De andere vorm van partnerkeuze is volgens Freud de narcistische objectkeuze. Men bemint dan bij de ander wat men zelf is, was of wil zijn. Men kiest een partner omdat men zich door hem beschermd en gewaardeerd voelt. De Berlijnse psychoanalist Karl Abraham (1913) beschreef de keuze van een partner als neurotische endogamie of neurotische exogamie. Endogamie betekent dat men een partner kiest die lijkt op de eigen vader of moeder. Bij exogamie kiest men een partner die zoveel mogelijk van de eigen vader of moeder verschilt. De relatie die men met zijn vader en moeder had en het beeld dat men heeft meegekregen over het huwelijk van zijn ouders, beïnvloeden mede welke partner men kiest, maar zijn niet de enige factoren.

Een factor die veel meer zal doorwegen op de keuze van de partner is volgens mij *de huidige relatie met het gezin van herkomst.* Uitgaande van de veronderstelling dat de liefdesrelatie dient om het persoonlijk potentieel te verwezenlijken, rijst bij de partnerkeuze de vraag of dat potentieel zich het beste laat verwerkelijken door de tradities van de ouders en van het gezin van herkomst voort te zetten, dan wel door er afstand van te nemen en te proberen nieuwe manieren voor de verwerkelijking ervan te creëren. De actuele relatie tot de ouders, broers en zusters speelt in de partnerkeuze een grote rol. Men kan een partner kiezen bij wie een scheiding of afgrenzing van de ouders vermeden wordt en niet nodig is. Zelfs vandaag worden huwelijken nog door ouders gearrangeerd of toch op zijn minst gestimuleerd. Zo kan bijvoorbeeld een vluchteling zonder bloedverwanten worden opgenomen in het gezin van herkomst. Hij is dit gezin dan dankbaarheid verschuldigd en brengt daarenboven geen verwantschapsbanden mee in de nieuwe familie. De ouders kunnen een dergelijke partner zelfs als een eigen zoon of dochter gaan beschouwen. Meestal is echter het tegenovergestelde het geval. Men kiest een partner waardoor men een grotere afstand schept tegenover de ouders. De ouders verliezen hun zoon, in mindere mate hun dochter, aan de partner. Sommige ouders doet dat verdriet, anderen worden woedend en willen een stokje steken voor dat verlies. Vaak kiest men een partner waarmee men een verkeerde ontwikkeling binnen het gezin van herkomst poogt te corrigeren (Willi 1985, 1996). Als men niet in staat is om een onbevredigende levenswijze binnen het gezin van herkomst bij te sturen, biedt de partnerrelatie de volwassene de gelegenheid om afstand te scheppen tegenover zijn familie en een nieuwe weg in te slaan. Dat geeft frequent aanleiding tot heftige ruzies met de ouders. De ouders kunnen moeilijk aanvaarden dat hun kind een andere richting wil uitgaan. Het gevaar bestaat dat men zijn partner als wapen tegenover de ouders misbruikt. De partner krijgt maar al te vaak de taak in de schoenen geschoven om de strijd met de ouders te voeren. Soms kiest men een partner waarmee men iets wil goedmaken wat men tegenover zijn ouders heeft verzuimd. Een dergelijke partnerkeuze zie je vaak bij alcoholisten, die een erg zorgzame partner kiezen met een groot verantwoordelijkheidsgevoel. Dit principe van goedmaken is soms ook werkzaam bij huwelijken van kinderen waar een van de ouders na een scheiding een zwaar onrecht werd aangedaan. Vooral indien de betrokken ouder al is overleden, probeert men hem op die manier schadeloos te stellen. Bert Hellinger heeft een methode ontwikkeld waarmee de verlammende en blokkerende werking van de familiale verbanden op de verwezenlijking van het persoonlijk potentieel kan worden blootgelegd en behandeld.

De keuze van de partner kan tevens worden beïnvloed door de onderlinge positie van broers en zusters. Wie een vaste partner heeft, wint in het gezin aan slagkracht in vergelijking met de alleenstaanden. Wie in de schaduw van zijn broers of zusters heeft moeten leven, kan als volwassene zo via een partner zijn sociale erkenning vergroten en de kern van de nieuwe generatie worden. De keuze van de partner kan een wig drijven in de liefdevolle relatie die er tussen de broers en zusters bestond en afstand en afgrenzing scheppen.

De complexe dynamiek tussen de nieuwe partner en het gezin van herkomst uit zich voornamelijk in emotionele reacties. Hoe werd de partner ontvangen in het gezin van herkomst? Wie van dit gezin vindt hem sympathiek en wie niet? Op welke manier is de relatie tot de afzonderlijke gezinsleden veranderd door de partnerrelatie? Welke nieuwe wegen kan men samen met de partner bewandelen?

Partnerkeuze op latere leeftijd

Vandaag kiest men zijn partner vaak op latere leeftijd. Het zich losmaken van de ouders wordt dan ondergeschikt aan het zich losmaken van voorgaande partners. Op dat moment stelt zich vraag welke kwetsuren en krenkingen uit de vorige relaties nog doorwerken, voor welke herhalingen men beducht is en welke motieven derhalve de huidige partnerkeuze beïnvloeden. Wat denkt men geleerd te hebben uit zijn fouten in vorige vaste relaties? Wat dient tot elke prijs vermeden te worden? Welke verwachtingen koestert men tengevolge van de mislukte relaties? Kinderen uit een vorige relatie hebben vaak een grote invloed op de partnerkeuze. Aanvaarden ze de nieuwe partner? Verliezen ze door de nieuwe partner de sterke band met de persoon die voor hen zorgt (in de regel de moeder)? Hebben de kinderen de indruk dat ze door die nieuwe relatie hun vader, bij wie ze toch al niet wonen, helemaal verliezen? Dat onderwerp is vaak de inzet van bittere conflicten. Kinderen kunnen er zich uit alle macht tegen verzetten dat hun moeder een nieuwe relatie aanknoopt. Ze kunnen alle contact weigeren met hun vader omdat die met zijn geliefde samenwoont.

Het verloop van de partnerkeuze

Als beiden er aan toe zijn om een partner te kiezen, komt men bij een ontmoeting in een zeer korte tijdspanne relevante informatie aan de weet. Door directe vragen en door tussen de regels te lezen achterhalen de partners elkaars sociale status, herkomst, verbintenissen en relicten uit voorgaande relaties, relatie tot het gezin van herkomst, of er kinderen zijn, de toekomstplannen en de carrièrevooruitzichten. Heel belangrijk is de intuïtieve inschatting van het gevoel van eigenwaarde van de ander. Ben ik tegen hem opgewassen, of zal er te veel of te weinig van me worden gevergd? Is wat ik te bieden heb gelijkwaardig aan wat hij me te bieden heeft? Het aanbod heeft betrekking op verschillende aspecten van het samenleven: sociale status, vermogen, carrière, zekerheid van baan. Belangrijker zijn echter de karaktertrekken, het uiterlijk en de uitstraling, het gedrag tijdens de eerste ontmoeting en tijdens het gesprek, de levensfilosofie, waardeoordelen en levensdoelstellingen die daarbij naar voren komen. Men is niet alleen geïnteresseerd in de sterke en aantrekkelijke punten van de ander, maar evenzeer in zijn zwakheden en verborgen onzekerheden. Die geven vaak aanleiding tot intensere contacten, laten visioenen opwellen dat men de ander kan helpen om zijn zwakheden en angsten te overwinnen. Een grote aantrekkingskracht, zelfzekerheid en superioriteit mogen dan wel de aanleiding vormen om te flirten, een goed gesprek te voeren of seksueel opgewonden te raken, een blijvende relatie ontstaat veeleer dankzij een corresponderende dynamiek waarbij men het gevoel heeft voor de ander nodig te zijn en in zijn leven een belangrijke plaats te kunnen innemen.

De uitdaging die de partnerkeuze aan de persoonlijkheidsontwikkeling stelt

De partnerkeuze kan – maar hoeft niet – een nieuwe wending geven aan het leven. Het kan een nieuw begin zijn, en later een illusie of valstrik blijken. Een partnerrelatie die men nodig heeft om een persoonlijkheidsontwikkeling te realiseren, is niet van tevoren tot mislukken gedoemd. Partners stimuleren elkaar tot belangrijke ontwikkelingen, die stapsgewijze daadwerkelijk gerealiseerd worden. Het is echter van wezenlijker belang dat men de verwachting koestert dat men dankzij de steun van zijn partner zelf een latente persoonlijkheidsontwikkeling kan realiseren. In plaats daarvan wordt soms verwacht dat de partner die persoonlijkheidsontwikkeling zal overnemen, persoonlijke gebreken van de persoon zal compenseren en het hem tot dusver ontbeerde geluk ten deel zal doen vallen. Sommigen hopen hun partner te kunnen opzadelen met het oplossen van hun eigen problemen en straffen hem naderhand af als hij daar niet in slaagt.

Voor de relatietherapie is de *exploratie van de partnerkeuze* van doorslaggevend belang om inzicht te verwerven in het huidige conflict tussen de partners. Vragen die we daartoe hanteren zijn:

a) Tot welke persoonlijkheidsontwikkelingen stellen de relatie en uw partner u in staat?
b) Welke persoonlijkheidsontwikkelingen maakt u mogelijk bij uw partner?
c) Welke verkeerde persoonlijkheidsontwikkelingen werden dankzij uw partner verhinderd?
d) Welke persoonlijke gebreken konden door uw partner worden gecompenseerd?
e) Welk effect had de partnerkeuze op bestaande relaties, vooral met betrekking tot het gezin van herkomst?

Angsten en afweermechanismen bij de partnerkeuze

Als men een partner kiest kan de vrees groot zijn dat het de verkeerde is en dat men zo de juiste misloopt.

Wie al ontgoochelingen in de liefde heeft opgelopen en nog steeds leeft met de onzekerheden en krenkingen daarvan, kan bijzonder beducht zijn voor een nieuwe mislukking. In plaats van een bezinningsperiode in te lassen, gedurende dewelke de hunkering naar liefde opnieuw kan groeien, stort men zich halsoverkop in een nieuwe relatie, gewoon om niet alleen te hoeven zijn. De leemte die de partner waarvan men pas is gescheiden achterlaat, wordt onmiddellijk ingevuld met een nieuwe relatie. Men schroeft zijn eisen terug en is dan naderhand ontevreden over zijn keuze. In de relatietherapie is een cruciale vraag dan ook: Welke wonden heeft de vorige relatie geslagen? Welke foute ontwikkeling moet met de nieuwe partner worden vermeden?

De persoonlijke ontplooiing wordt het best gestimuleerd als de twee partners even sterk zijn. Het is zoals bij schaken. Wie in vergelijking met de ander een kei is, vindt er geen uitdaging in. Wie altijd verliest zal al snel geen plezier meer beleven aan het spel en opgeven.

Uit de relatietherapie blijkt dat elk laf compromis bij de partnerkeuze zich vroeg of laat wreekt. Je kunt een partner kiezen waardoor je eigen tekortkomingen goed verborgen blijven en niet aan het licht komen. Mannen voelen zich potenter bij een vrouw die angstig en terughoudend is. Vrouwen compenseren hun verlatingsangst door een partner te kiezen waarvoor ze moeten zorgen. Dergelijke, vaak onbewuste, arrangementen om relatieangsten te compenseren worden meer gedetailleerd behandeld bij de collusionele partnerkeuze (zie hoofdstuk 9).

Verliefdheid

Bij elkaar passende sociodemografische variabelen zoals leeftijd, maatschappelijke klasse, taal, cultuur en religie of karaktertrekken zoals aanvullende temperamenten (een extraverte versus een introverte aard) kunnen positieve randvoorwaarden vormen voor een duurzame relatie. Dat wil echter nog niet zeggen dat men daarom daadwerkelijk verliefd wordt. Om verliefd te worden is een dynamiek nodig. Je moet de kick voelen dat het diepste hunkerend verlangen naar liefde zal worden vervuld, het gevoel van vanzelfsprekendheid dat dit het unieke, onmogelijk te herhalen drama der liefde is. Het gaat daarbij niet om een statisch bij elkaar passen. Het is geen kwestie van een deksel dat op een potje past, van eigenschappen die elkaar aanvullen. Neen, het gaat om een uiterst dynamisch bij elkaar passen. Twee zoekende mensen hebben het visioen dat ze samen de weg kunnen vinden. Twee mensen die niet genoeg hebben aan zichzelf, wier persoonlijkheidsontwikkeling nog onvolledig is, bieden elkaar uitzicht op de vervulling van reeds lang gekoesterde levensdromen. Men kan op slag verliefd worden, met het evidente gevoel: 'Hij is het! Op hem heb ik mijn hele leven gewacht. Hij is het die me in staat zal stellen om alles waarvan ik in die lange tijd van hunkering heb gedroomd, te realiseren. Hij maakt dat bij me mogelijk omdat hij in mij gelooft, me ondersteunt, me moed geeft, omdat hij me in die zelfontplooiing nodig heeft.' Het kan gaan om een uiterlijke vorm van zelfontplooiing, bijvoorbeeld een hogere sociale status, rijkdom, het vooruitzicht een gezin te kunnen stichten. Meestal gaat het echter om veel persoonlijkere ontwikkelingen die tot dusver niet konden worden gerealiseerd en nu met en door de partner mogelijk worden. Het kan zijn dat men zich dankzij de steun van de partner gemotiveerd voelt en iets aandurft wat men tot nog toe niet eens overwoog. Het kan gaan om een carrière, een sterker politiek of sociaal engagement. Misschien leert men zijn gevoelens te uiten. Vaak gaat het echter om de ontplooiing van intieme persoonlijke mogelijkheden, om de moed zijn tekortkomingen te tonen, beschamende ervaringen kenbaar te maken of zijn seksuele onzekerheden bloot te leggen.

De keerzijde van dat dynamiserende gevoel van evidentie is even aantrekkelijk. 'Ik ben diegene die dit mogelijk maakt voor de ander. Ik weet hoe men hem moet steunen, gidsen en leiden. Ik weet hoe men van hem iemand moet maken. Ik weet hem moed in te spreken en hem de kracht te schenken in zichzelf te geloven. Ik weet hoe hij in elkaar zit.' Je gelooft de sleutel tot zijn hart te hebben gevonden, de enige te zijn die toegang heeft tot alle verborgen geheimen.

De partners ontwikkelen met en voor elkaar ideeën die vaak nogal utopisch zijn. Het gaat daarbij echter niet uitsluitend om een projectie van de eigen wensen en opvattingen. In hoofdstuk 1 heb ik ons onderzoek over verliefdheid reeds aangehaald (Willi, 1997, Riehl-Emde und Willi, 1997). Uit dit onderzoek blijkt dat het voor een duurzame relatie geen belang heeft of men verliefd wordt op het eerste gezicht dan wel nadat men elkaar al twee maanden kent. Nog opzienbarender is dat relaties die voortvloeien uit liefde op het eerste gezicht niet minder gelukkig of tevreden maken dan relaties waarbij men geleidelijk aan op elkaar verliefd werd. Blijkbaar maakt liefde toch niet blind, maar bezit ze de eigenschap dat men de ander op een treffende wijze ziet. Natuurlijk moet in de loop van het samenleven blijken of de eerste indruk wel degelijk de juiste was. Toch blijkt die verrassend vaak correct en van toepassing op de hele persoonlijkheid en niet alleen op wat aan de oppervlakte zichtbaar was.

Verliefdheid kan de aanzet geven tot belangrijke persoonlijkheidsontwikkelingen en vormen van zelfontplooiing. Wie verliefd is, heeft de neiging om de ander te idealiseren. Verliefden veranderen inderdaad door hun onderlinge relatie. Het is een stimulans en soms een versterking voor de relatie als je vaststelt dat je partner concrete veranderingen ondergaat. In mijn praktijk ben ik altijd weer onder de indruk als partners, wier relatie in diepe crisis verkeert, desondanks toegeven dat ze althans in de beginfase dankzij hun relatie belangrijke persoonlijkheidsontwikkelingen konden realiseren.

Uit ons onderzoek over verliefdheid blijkt dat de intensiteit van de verliefdheid correspondeert met de latere tevredenheid over de relatie. Dat is niet zo vanzelfsprekend. Het zou een voordeel kunnen zijn indien men de relatie realistisch en pragmatisch opbouwt, geen al te grote illusies koestert en dus ook geen al te grote teleurstellingen oploopt. Blijkbaar is het tegendeel waar. Hoezeer de verliefdheid ook het risico inhoudt dat men de relatie idealiseert, wie niet in de ban is van de verliefdheid ontdoet zijn relatie van pit, kracht en emotionele diepgang. Wat dan in de relatie ontbreekt is het gevoel als individu betrokken te zijn, het gevoel dat men uniek en onverwisselbaar bij de partner hoort.

Een van de gangbare vooroordelen over verliefdheid is dat professionele hulpverleners de symbiose en de neiging tot versmelting van verliefden doorgaans negatief beoordelen. Verliefden willen elke minuut samen doorbrengen. Ze willen alles met elkaar delen en niets mag hen scheiden. Ze willen alles op dezelfde manier zien, over alles dezelfde mening hebben en op dezelfde manier door het leven gaan. Hun harten moeten synchroon worden. Ze willen totale overeenstemming bereiken. Sommige therapeuten denken dat hun cliënten het gevaar lopen zich in zichzelf te verliezen en te vervallen in een regressie van de vroegere moeder-kinddyade, een relatie waarbij elke scheiding wordt vermeden. Vanuit een individualistische zienswijze levert de symbiose van de verliefden geen baten op. Ze brengt enkel verlies van zelfstandigheid met zich mee en is dus negatief. Vanuit het standpunt van het procesmatige verloop van een liefdesrelatie is de versmelting of symbiose echter een zinvol gebeuren, aangezien ze voor de relatie een hechte gezamenlijke basis schept waarop de gemeenschappelijke leefwereld kan worden gebouwd (zie uitgebreider Willi, 1991, blz. 46).

Is het nog gepast om verliefd te zijn in een maatschappij waarin men streeft naar een illusieloos positivisme, waarin men tegenover seksualiteit en samenleven een pragmatische houding aanneemt en het als verloren tijd beschouwt om zich over te geven aan hunkering en dromen? Uit onze studie (Willi 1997) bleek dat alle proefpersonen verliefdheid aan den lijve hadden ondervonden. Verliefdheid doet zich voor bij singels, gehuwden en gescheiden mensen van alle leeftijdscategorieën. Zelfs in bejaardentehuizen ontmoeten sommigen de liefde van hun leven. Verliefdheid kan je overvallen als een ziekte, plots opduiken en zich manifesteren op de meest ongeschikte momenten en voor de meest ongeschikte personen (Gruenebaum, 1997). Wie dit overkomt is radeloos en de omgeving is ontzet.

Persoonlijkheidsontwikkeling tijdens de verliefdheid

Zelfs indien de verliefdheid voor de betrokkenen onbegrijpelijk is en de buitenwereld afkeurend reageert, is die toch te verklaren vanuit een ontwikkelingsperspectief. Men heeft slechts schijnbaar een ongeschikte partner gekozen. *Die persoon maakt voor de betrokkene inderdaad de verwezenlijking mogelijk van een reeds lang gekoesterde, maar vaak verdrongen levensdoelstelling.* De irrationaliteit van de verliefdheid uit zich in de stress waaraan men blootstaat wanneer men latente persoonlijkheidsontwikkelingen onderdrukt. Wat men heeft verdrongen baant zich onverwachts en met volle kracht een weg naar de oppervlakte.

Verliefdheid is in het leven van een volwassene een van de meest intense stimuli voor de persoonlijkheidsontwikkeling. Vaak ontwaken de betrokkenen uit een toestand van ontbering en berusting en vinden ze de kracht om samen met hun partner nieuwe horizonten te verkennen. Hoe groot de energie is die verliefden opdoen, blijkt uit hun uiterlijk. Ze lijken vitaler, opengebloeid, stralender en gelukkiger. In onze enquête wees men ons vooral op de fysiologische effecten van verliefdheid. Verliefden voelen zich actiever, hebben minder eetlust, vermageren, slapen minder en hebben warmere handen en voeten.

Dankzij de verliefdheid kunnen latente ontwikkelingen worden voltrokken. Jonge verliefden durven met de ruggensteun van hun partner afstand te nemen van hun ouders en zelfstandig te worden. Verliefden hebben genoeg aan elkaar en veronachtzamen de spelregels van het tot dan bestaande sociale netwerk. De omgeving betitelt die meedogenloosheid als agressiviteit. De verliefden zelf vinden het een teken van uitzonderlijke moed. Wie als gehuwde verliefd wordt op een ander, kan daardoor een middel aangereikt krijgen om zich af te grenzen van de partner en zich af te sluiten voor zijn aanspraken.

De versmelting tijdens de verliefdheid veroorzaakt een metamorfose, een verandering van het persoonlijke constructensysteem, van het systeem van de verinnerlijkte ervaringen en de leidraad voor toekomstige observaties, plannen en handelingen. De versmelting van de constructensystemen van de partners kan een rigide persoonlijkheidsstructuur losser maken. Nieuwe wereldbeelden en levensdoelstellingen kunnen ontstaan, nieuwe plannen worden gesmeed (Willi, 1991, blz. 44).

Uit onderstaand voorbeeld blijkt dat op verliefdheid geen leeftijd staat.

Praktijkvoorbeeld 3:
Albert, een man van over de vijftig, wil een gesprek omdat hij zichzelf en wat zich in hem afspeelt niet meer begrijpt. Hij is tot over zijn oren verliefd geworden. Hij heeft een leidinggevende functie in een multinational. Hij heeft jarenlang alles gegeven voor zijn werk maar bemerkte de laatste tijd een burn-out. Hij was meer dan 50 kilo verdikt en had een te hoge bloeddruk. Daarom besloot hij te gaan diëten en fitnessen in een gespecialiseerd hotel. Hij vermagerde er 25 kilo. Belangrijker was dat hij daar Ruth leerde kennen en op haar verliefd werd.

Albert is gehuwd en heeft twee kinderen, die in volle puberteit zijn. Ruth is getrouwd en kinderloos. Samen met haar echtgenoot heeft ze een succesvolle zaak. Ze verdienden al in de eerste jaren van hun huwelijk meer dan behoorlijk en konden een luxeleven leiden. Zowel zij als haar man heeft extravagante hobby's. Sinds een jaar bemerkt Ruth bij hen beiden een gevoel van onvervuldheid en ontevredenheid. Nochtans kwam het niet tot ruzies of discussies. Ruths toenemende emotionele labiliteit schreven ze toe aan de menopauze. Ze ging elk jaar met een vriendin naar het kuurhotel, waar ze Albert ontmoette en eveneens op hem verliefd werd.

De ontmoeting tussen Albert en Ruth was er een van twee mensen die beiden op een kritiek keerpunt in hun leven stonden, die een nieuwe weg wilden inslaan. De lichamelijke en psychische toestand van Albert wees er onmiskenbaar op dat hij zo niet wilde en kon voortleven. Hij had een nieuw begin nodig en was bereid om zijn gezin en carrière op te geven als dat voor de verwerkelijking van dat nieuwe leven noodzakelijk bleek. Hij stuitte op Ruth, die eenzelfde gevoelige fase doormaakte en wier leven eveneens schreeuwde om vernieuwing. Zij en haar echtgenoot hadden het weliswaar gemaakt in het leven, maar dat leven was materialistisch en leeg. Ze zocht vervulling in een sociaal engagement. 'Ruth heeft het hart op de juiste plaats en leeft met anderen mee', zei Albert. Ze had de indruk dat het leven met haar man verliep volgens een strak stramien waarvan niet af te wijken viel. Ook zij was bereid haar man en zaak op te geven als er zich een perspectief zou aandienen waardoor ze zich meer vervuld voelde. Dat was met Albert het geval. Albert en Ruth hadden allebei de indruk: Dit is de mens met wie ik alles waarnaar ik al jaren verlang kan verwezenlijken. Veelbetekenend is dat ze niet verliefd werden op iemand die gesetteld was in een maatschappelijke positie, maar aangetrokken werden tot iemand die eveneens op zoek was. Ze konden elkaars zoektocht begrijpen en elkaar ten dienste zijn. Beiden waren gealarmeerd door de heftigheid van hun gevoelens en probeerden na de kuur afstand van elkaar te nemen. Ze zetten meermaals een punt achter de relatie. Maar de we-

derzijdse aantrekkingskracht was te groot. Ze voelden nieuwe energie in zich opborrelen en waren ervan overtuigd dat ze niet meer zonder elkaar konden. Aanvankelijk wisten ze de relatie voor hun wederhelft verborgen te houden. Toen Ruths man er achter kwam, meldde hij zich eveneens bij mij. Het trof hem als een mokerslag dat er een einde kwam aan een relatie die meer dan 30 jaar had geduurd. Uiterlijk toonde hij weinig emoties en probeerde hij zich tegenover Ruth uitgesproken ridderlijk te gedragen. Hij was vastbesloten om zo snel mogelijk, zonder ruzies en verwijten, de relatie te beëindigen zodat zowel Ruth als hijzelf vrij zouden zijn en ook hij een nieuwe relatie kon beginnen. Therapie was volgens hem niet nodig. Hij toonde geen gevoelens, geen gekrenktheid, geen verdriet. Hij bleef rationeel en had alles onder controle. Op dat moment was hij nog niet in staat om in te zien dat die dappere en emotieloze houding de kern vormde van zijn relatieprobleem met Ruth. Toch leek de man ergens te beseffen dat de scheiding hem noopte tot een nieuwe stap in zijn ontwikkeling. Hij vertelde dat hij boeken over de psychologie van emoties had gekocht. Het eenmalige gesprek heeft Albert geholpen om beter te begrijpen wat er met hem onder invloed van de verliefdheid gebeurde. Hij had geen behoefte aan vervolggesprekken.

Angst voor verliefdheid en afweermechanismen

De kracht van verliefdheid kan overweldigend zijn. Men kan bang zijn dat men aan de partner ten prooi zal vallen, dat men zichzelf voor hem en voor de relatie zal moeten wegcijferen. Misschien worden diepere, regressieve wensen naar afhankelijkheid, zelfopoffering, versmelting en ondergeschiktheid gestimuleerd en bedreigen die de integriteit van het individu. Misschien is men bang dat zijn levenswerk als een kaartenhuisje in elkaar zal storten en het netwerk van relaties voorgoed teloor zal gaan. Men kan tot over zijn oren verliefd worden en gaan zweven. Het meest verontrustende daarbij is dat men eigenlijk niet goed begrijpt wat er aan de hand is. Het kan zijn dat men de verliefdheid weert, de persoon die er het voorwerp zou kunnen van zijn afwijst, belachelijk maakt, vermijdt of zelfs haat. Dat is het geval indien men zich door de verliefdheid in een compromitterende situatie zou manoeuvreren.

Er worden afweermechanismen gehanteerd die de *verliefdheid binnen de perken* moeten houden. Een voorbeeld daarvan is verliefd worden op iemand die deze verliefdheid niet beantwoordt. Men kan gaan dwepen met een ster of met een superieur op het werk. In tegenstelling tot sympathierelaties hoeft verliefdheid geenszins wederkerig te zijn. Je kunt op iemand verliefd worden die jou afwijst. Een veelvoorkomend geval van verliefdheid met beperkte consequenties is een relatie met iemand die gehuwd is. Op die manier kan men dolverliefd zijn zonder dat men zich moet binden. De geliefde voelt zich begeerd, maar moet accepteren dat de gehuwde hem zal verloochenen als het erop aankomt. Toch kan het feit dat de minnaar gehuwd blijft bescherming bieden tegen het ontstaan van verplichtende banden. Een ander voorbeeld is verliefdheid voor mensen met wie men maar een beperkte tijd kan doorbrengen, bijvoorbeeld een vakantieliefde of een flirt bij sociale gelegenheden. Omdat men weet dat de relatie niet kan worden voortgezet, vallen heel wat grenzen en remmen weg. In een zeer kort tijdsbestek ontstaat een intense nabijheid, die echter geen gevaarlijke consequenties met zich brengt.

Anderzijds is het een van de grote angsten van verliefden dat aan de verliefdheid ooit een einde zal komen. Men probeert de verliefdheid in stand te houden door de relatie te idealiseren. Alles wat de partners uit elkaar zou kunnen drijven of tot een conflict zou kunnen leiden wordt vermeden en ontkend. Men wil voor zichzelf en voor de omgeving duidelijk stellen dat men de gedroomde partner heeft gevonden. Men wil doorgaan voor een sprookjespaar en een sprookjeshuwelijk leiden. Men wil zichzelf en de omgeving bewijzen dat dit de ideale relatie is die door niets of niemand in vraag kan worden gesteld. Daardoor laat men vaak het juiste moment voorbijgaan om latente en onvermijdelijke discussiepunten aan te snijden.

Ontgoocheling en eenzaamheid in de liefde

Het geluk en de harmonie van de verliefdheid zijn na verloop van tijd inspannend. De intensiteit waarmee men op elkaar betrokken is leidt tot oververzadiging. De idealisering door de partner noodzaakt je tot een gedrag dat je slechts met grote inspanning kunt volhouden. Men wil zich weleens laten gaan, rustig de krant lezen of tijd besteden aan anderen. De partner, vaak de vrouw, panikeert dan. Begint de dagelijkse tredmolen nu al? Is het liefdesgeluk al vervlogen? Ze wil van de man horen dat hij van haar houdt. Hij voelt zich in het nauw gedreven en reageert afwijzend. Zij is daardoor gekwetst. Vroeg of laat zal de ontgoocheling toeslaan. Hoewel men zich daarbij door de partner misleid kan voelen, gaat het niet om een bewuste misleiding. Men wordt vooral teleurgesteld in de hoop en verwachtingen over hoe de partner zich in de liefde zou ontwikkelen. De teleurstelling is het grootst bij wie dacht dat hij de partner aan een totaal nieuw leven kon helpen en van hem een nieuwe mens kon maken. De partner maakte wel aanstalten om zich door de liefde tot die ontwikkeling te laten verleiden, maar had plots het gevoel dat er te veel van hem werd geëist. Hij zwakte zijn inspanningen af en weigerde de hoop in te lossen. De verwijten die de vrouw haar man naar het hoofd slingert zijn meestal heviger dan omgekeerd. Vrouwen zijn vaak veel sterker gemotiveerd om hun man te stimuleren bij zijn ontwikkeling dan omgekeerd. Voor veel vrouwen geeft het zin aan hun leven als ze hun partner kunnen stimuleren. Als ze dan geen succes boeken, is het alsof ze een levensdoelstelling verliezen.

De manier waarop men omgaat met de ontgoocheling is de toetssteen van de liefde. Hoe pijnlijk de ontgoocheling ook is, ze is belangrijk voor de persoonlijkheidsontwikkeling in de liefde. Ontgoocheling bewijst niet dat verliefdheid een illusie is. Ze is er de zinvolle voortzetting en aanvulling van. Verliefdheid leidt tot symbiose en idealisering van de relatie. Geluk en harmonie kunnen echter de verdere ontwikkeling van een liefdesrelatie in de weg staan. Alle aspecten die de geliefden scheiden en verdelen worden afgevlakt. De partners denken de hemel op aarde gevonden te hebben en daarin is geen plaats voor elke zweem van agressie, laat staan voor openlijke ruzie. De idealisering van de relatie kan tientallen jaren duren en kan nog worden versterkt door de omgeving, die het stel maar wat graag als het ideale paar beschouwt. De ontgoocheling verstoort dat ideaalbeeld en de symbiose, en drijft de partners uiteen.

Het is even moeilijk om de ander te moeten teleurstellen als om zelf teleurgesteld te worden. De gedachte dat iemand niet is zoals hij zou kunnen zijn indien hij van je hield, laat je niet los. Deze weigering van de partner maakt je in de liefde nog eenzamer dan toen je nog alleen was. Er ontstaat een vicieuze cirkel: hoe heftiger de verwijten zijn die men de partner voor de voeten werpt, hoe meer die zich zal afsluiten. Vaak moet men een lange weg afleggen voor men de partner kan accepteren zoals hij is. Veel vrouwen denken dat ze beter dan hun man zelf weten wat goed voor hem is. Ze denken hem intuïtief beter te kennen dan dat hij zichzelf kent. Dat maakt het voor hen moeilijker om te aanvaarden dat hun man zich afschermt.

Het kan zijn dat er tussen de partners te weinig raakvlakken bestaan om samen een toekomst te kunnen hebben en dat ze uit elkaar gaan. Toch doet de fase van ontgoocheling de verliefdheid in veel gevallen rijpen tot liefde. Men moet de liefde van de partner in zijn anders-zijn erkennen en zijn ontwikkeling op zijn manier steunen. Dat kan echter maar tot op zekere hoogte. Vaak is deze liefde veel sterker dan de omgeving, afgaande op de klachten en frustraties die de relatie doet opborrelen bij elk van de partners, kan vermoeden.

De uitdaging die de ontgoocheling aan de persoonlijkheidsontwikkeling stelt

Al te vaak heeft men alleen oog voor de negatieve en pijnlijke ervaringen in de ontgoochelingsfase. Men gaat voorbij aan de uitdaging die de rijpe liefdesrelatie aan de ontwikkeling stelt. Heel wat zaken waarover men tijdens de verliefdheidsfase in de wolken was, blijken een illusie te zijn. De geliefden hebben het gevoel dat ze van elkaar gescheiden blijven, dat ze vreemden blijven voor elkaar. Men zal de ander nooit volledig kunnen begrijpen en nooit honderd procent door hem begrepen worden. Positief daarbij is, dat na de fase van versmelting een periode van autonomie aanbreekt. Beide partners staan weer steviger op eigen benen en weten dat hun geluk en ontwikkeling niet enkel van de partner afhangt. Toch blijft de symbiose onderhuids bestaan. Gecombineerd met de ervaring van het vreemd-blijven voor elkaar creëert die symbiose een spanningsveld waarbij de partners gedwongen zijn de ander duiding te geven over zichzelf en op die manier tevens inzicht in zichzelf verwerven. Anderzijds stellen ze dankzij hun partner hun kennis over het leven constant in vraag en breiden ze die uit. Ze breiden hun eigen constructensysteem uit dankzij de zienswijze van de partner. Ze leren verscheidenheid te aanvaarden, het leven te observeren en te beleven. De partner is niet zoals ze hadden gehoopt en begrijpt hen slechts in beperkte mate.

Een positief rijpingsproces zal resulteren in het vermogen om de ander te aanvaarden zoals hij is, met zijn sterke en zwakke kanten, zijn typische trekjes en fouten, zijn manier om lief te hebben en zijn liefde te uiten. Het is belangrijk dat men nooit volledig de hoop opgeeft, maar desondanks in staat is de partner lief te hebben als hij de verwachtingen niet volledig inlost. Men moet een kritische afstand bewaren en de partner met humor en milde wijsheid tegemoet treden. Men mag de eigen ontwikkeling niet overmatig laten afhangen van de ontwikkeling van de partner. Men moet zelf de verantwoordelijkheid voor zijn leven opnemen. Vooral bij mannen gaat het erom de ander te durven teleurstellen, te durven toegeven dat men de verwachtingen van de partner niet kan inlossen en niet diegene kan worden die de partner van hem wil maken. Het vermogen om de ander te aanvaarden zoals hij is, is schijnbaar in tegenspraak met de opvattingen in hoofdstuk 10 over de psychologie van de verwijten. Daar onderschrijven we de stelling dat de partner bekritiseren en uitdagen belangrijk en noodzakelijk is omdat beide geliefden rechtstreeks belang hebben bij ontplooiing van de ander. De psychologie van de liefde is echter zo complex, dat als het ene waar is, het andere niet noodzakelijk onwaar is. Het gaat erom te weten in hoeverre het ene dan wel het andere van toepassing is. Om door de ontgoocheling te kunnen rijpen in hun liefde, is het van belang dat de partners voortdurend met elkaar in discussie treden, waarbij zowel welwillendheid en ondersteuning als confrontatie en wederzijdse kritiek van belang zijn. In het beste geval leren de partners deugddoend met elkaar te ruziën.

Angsten en afweermechanismen in de ontgoochelingsfase

Een ontgoocheling in de liefde gaat gepaard met pijn, woede, verdriet en leed. Niet te verwonderen dat men die fase liever wil vermijden. Heel wat paren zijn niet bereid of in staat om zich bloot te stellen aan discussies. Als de harmonie in het gedrang komt, geeft men er de voorkeur aan zonder ruzie uit elkaar te gaan. In de liefde wil men niet lijden. Ongelukkig zijn is tijdverlies. Of de partners leven volgens het motto 'leven en laten leven', waarbij alle moeilijkheden uit de weg worden gegaan. Het gevolg is dat de relatie verarmt en doods wordt, omdat, om ruzie te vermijden, steeds meer domeinen niet meer worden besproken. De liefde blijft in een gouden kooi op haar honger zitten.

Ontgoocheling in de liefde kan gepaard gaan met heftige wederzijdse verwijten. Sommigen denken dat de partner de verwachtingen die men in hem stelt zou kunnen inlossen als hij dat zou willen. Dat hij dat niet wil wordt hem aangewreven. Vooral mannen hebben moeite om toe te geven dat ze eigenlijk helemaal niet willen zijn zoals hun partner van hen verwacht. Ze hebben de neiging discussies uit de weg te gaan en zich tegen het offensief van hun vrouw te beschermen. Het kan een opluchting voor ze zijn als ze in de therapie worden aangemoedigd om het recht op een eigen mening op te eisen. Vrouwen kunnen vaak gemakkelijker overweg met een gemotiveerde, afwijkende mening van hun man dan met zijn schuldbewuste, ontwijkende houding.

Je kunt de ontgoocheling in de liefde tevens uit de weg gaan om niet het risico te lopen dat je partner je in de steek laat. Men ontwaardt daarbij de verliefdheid door er zich niet te zeer in te engageren, zodat de pijn na een ontgoocheling beperkt blijft. 'Indien de relatie niet kan uitgroeien tot wat ik had gehoopt, geef ik er liever al van tevoren de brui aan.' Tijdens de ontgoochelingsfase duiken twijfels op of men wel de juiste partner heeft gekozen en niet riskeert in een chronisch ongeluk verstrikt te raken. Men ziet de beperkingen van de ontwikkeling die men samen kan doorlopen en vraagt zich af of de draagkracht van de relatie nog wel toereikend zal zijn voor de eigen levensdoelstellingen.

Beperkingen in de liefdesrelatie kunnen worden gecompenseerd door andere relaties

Door de beperkingen van elke liefdesrelatie zijn de partners genoodzaakt om hun relaties te diversifiëren en niet alleen op de partner te steunen. De relatie met de partner is de centrale liefdesrelatie. Een groot deel van het persoonlijk potentieel in relaties wordt evenwel door de partner niet voldoende gedekt en moet worden gecompenseerd door andere belangrijke relaties in de persoonlijke relatieniche. De persoonlijke relatieniche (Willi 1996) wordt gediversifieerd dankzij de relaties met ouders, kinderen, vrienden, collega's of huisdieren. Vrouwen hebben vaak het gevoel onder het rationele gedrag van hun man te verdorren. Als ze hun emotionaliteit in andere relaties kunnen uiten, kunnen ze de emotionele armoede van hun man verdragen en dankzij hem een rationelere kijk op het leven en zekerheid opbouwen.

De ontgoocheling in de liefde confronteert je met de beperkingen van je partner, maar dat betekent niet dat je genoegen moet nemen met een schamel leven. Je moet de kans grijpen om je persoonlijk potentieel in andere, aanvullende relaties te ontplooien. Emotionele behoeften kunnen worden bevredigd door een huisdier te nemen, bijvoorbeeld een kat of een hond. Vrienden, broers en zussen kunnen belangrijke functies overnemen. Dergelijke compensaties zoekt men meestal intuïtief op. Ze breken de *splendid isolation* van de verliefden open en leiden ze naar een rijkere persoonlijke relatieniche. De liefdesrelatie wordt gerelativeerd en geïntegreerd in het web van relaties. De verliefden hebben opnieuw meer banden en erkennen de waarde van een relatie met anderen.

Tot de compensaties behoort de speelruimte die men elkaar buiten de liefdesrelatie gunt en waarin zich andere mogelijkheden tot persoonlijkheidsontplooiing aandienen. Voorbeelden daarvan zijn de vormen van vrijheid door afzonderlijke woonplaatsen, andere jobs of vriendschapsrelaties die een andere ontplooiingsmogelijkheid bieden en die men eventueel aan de controle van de partner onttrekt. Een dergelijke compenserende ruimte zoekt men vaak in seksuele buitenechtelijke relaties.

Het wordt pas duidelijk hoe belangrijk dergelijke compensaties zijn als die wegvallen. In talrijke praktijkvoorbeelden in dit boek veranderden de liefdescompensaties in de periode die aan de crisis voorafging. Er veranderde iets aan de woonomstandigheden, de kinderen gingen het huis uit, de ouders stierven, vriendschappen gingen verloren. Daarbij wordt duidelijk dat dankzij deze compensaties sommige persoonlijkheidsontwikkelingen werden vermeden omdat ze niet waren vereist. Als dergelijke compensaties wegvallen, moeten de geliefden zich duidelijker wederzijds definiëren en afgrenzen in de relatie tot hun partner. Ze moeten dan leren een duidelijk standpunt in te nemen betreffende nabijheid en afstand en betreffende gezamenlijke en autonome domeinen in de persoonlijkheidsontplooiing.

Als de partner overlijdt, is het van groot belang dat de compenserende relaties blijven bestaan en zelfs worden geïntensifieerd om het verlies van de centrale liefdesrelatie te boven te komen.

Uitdagingen voor de persoonlijkheidsontwikkeling

Compenserende relaties, die het bestand van de persoonlijke niche uitmaken, zijn geen statische gegevens, maar veranderen voortdurend samen met de levensomstandigheden van het individu en veroorzaken daardoor nieuwe ontwikkelingen. Een gedifferentieerde relatieniche waarin de liefdesrelatie een prioritaire plaats inneemt, maar niet het hele relatiepotentieel van het individu behelst, vormt een gezonde uitdaging. Een dergelijke niche stimuleert het vermogen om de relaties volgens hun waarde te differentiëren, om structuren te creëren en in stand te houden waardoor deze relaties kunnen worden onderscheiden. Veel zal afhangen van de persoonlijke bereidheid om ondanks de beperkingen en ontgoochelingen met de liefdespartner te blijven samenleven en aldus genoegen te nemen met compromissen. Vaak heeft niet alleen de partner het moeilijk met het besef dat sommige relatiemogelijkheden buiten de liefdesrelatie tot stand moeten komen. Ook de buitenwereld ziet daarin het bewijs dat er iets schort aan de liefdesrelatie of het huwelijk. Er is moed en flexibiliteit voor nodig om een compenserende relatieniche te durven inrichten. Naar buiten toe moet men duidelijk achter de liefdesrelatie als kern van het liefdesleven staan, maar daarnaast moet men ook een rijke relatieniche durven opbouwen.

Angsten en afweermechanismen

Compenserende relaties maken het mogelijk om de eisen die men aan de liefdespartner stelt terug te schroeven. Belangrijk daarbij zijn de mate en de structuur ervan. Het huwelijk kan een leeg vat worden indien men de liefdespartner wil ontlasten van centrale relatiedomeinen als seksualiteit, persoonlijke intimiteit of de bespreking van dagelijkse gebeurtenissen. Het kan evenzeer zijn dat men de partner niet wil ontslaan van zijn verplichting om volledig in te staan voor alle relatiedomeinen en ermee dreigt te breken en op te stappen uit de relatie. Anderzijds kan een partner ook claimen dat hij alle domeinen kan vervullen en de compenserende relaties beschouwen als een ontwaarding en uitholling van de liefdesrelatie. Misschien zal hij uit jaloezie proberen te verhinderen dat zijn partner andere relaties aanknoopt of zal hij pogen ze te controleren.

Een voorbeeld van compensaties voor de beperkingen binnen de eigen liefdesrelatie vinden we bij volgend stel.

Praktijkvoorbeeld 4:

De 45-jarige Sylvia kampt met paniekaanvallen en maakt daarom een afspraak. Bij momenten overvallen haar uiterst onaangename symptomen. Het wordt zwart voor haar ogen. Haar hart gaat als een razende tekeer. Het zweet breekt haar uit. Ze is dan bang om flauw te vallen, een hartstilstand te krijgen of psychotisch te decompenseren. In de familie zijn er talrijke gevallen van zelfmoord en depressie. Sylvia is bang dat haar eenzelfde lot te wachten staat. De symptomen deden zich twee jaar geleden voor het eerst voor en leidden tot meerdere ziekenhuisopnames. Er werden geen lichamelijke oorzaken gevonden. Oorspronkelijk had ze om de paar maanden een aanval, maar de voorbije zes maanden steeg het aantal aanvallen tot soms meerdere per week. Een jaar geleden werd hun tweede kind geboren.

Ik begon met individuele therapie waarbij de klemtoon op het cognitieve lag: een dagboek bijhouden, lichaamsbeweging en relaxatieoefeningen. Tijdens de derde sessie zei de patiënte dat de aanvallen zo goed als verdwenen waren. Ze bleef echter angstig en bang dat de aanvallen zouden terugkeren. Nu de aanvallen waren afgenomen kon deze patiënte zich meer gaan bezighouden met de vraag wat de aanleiding vormde voor de paniekaanvallen. Ze stelde zelf vast dat ze te betrokken was op de twee kinderen. Ze koesterde het overdreven opvoedingsideaal van een moeder die zich volledig aan de kinderen wijdt, altijd lichamelijk en geestelijk fit is en te allen tijde voor de kinderen beschikbaar is. Ze had het gevoel dat ze tekortschoot omdat ze nerveus, gespannen en onevenwichtig was, en omdat ze door haar parttime job in een hogere functie niet al haar tijd aan de kinderen kon besteden. Ze overwoog om haar job op te geven om helemaal ter beschikking te staan van de kinderen.

Theoretisch besefte Sylvia al snel dat ze meer afstand moest nemen van de kinderen en tijd en energie aan zichzelf diende te besteden. Ze moest zich ook minder door haar moeder laten ringeloren. Toch wilde ze eigenlijk niet meer afstand nemen van haar kinderen, omdat haar volledige toewijding haar veel emotionele bevrediging verschafte. Ze liep het gevaar in hetzelfde schuitje te zullen verzeilen als haar moeder, die zich voor de kinderen had opgeofferd en nu bitter klaagde over hun ondankbaarheid. Sylvia stelde vast dat ze bij haar kinderen de emotionele bevrediging zocht die haar man haar niet schonk. Vroeger had ze haar echtgenoot zeer vertroeteld. Hij was op emotioneel gebied echter niet aanspreekbaar. Het ge-

mis compenseerde ze via haar kinderen. Hoewel haar relatie met haar moeder problematisch was, ontving ze van haar veel emotionaliteit en kon ze zo haar nuchtere en zakelijke man beter verdragen. Tot nog toe waren ze niet in discussie getreden. Gedurende de therapie begon ze meer onder de echtelijke relatie te lijden en wilde ze de vermeden discussie toch aangaan.

Vanaf de achtste sessie kwam haar man mee. Sylvia verweet hem dat ze zich met hem verveelde en dat ze verdorde. Haar man was succesvol in zijn wetenschappelijke carrière. Hij voelde zich echter gefrustreerd, omdat Sylvia geen aandacht aan hem schonk en zich volledig op de kinderen concentreerde. In het begin was Sylvia vurig verliefd geweest op hem. Ze werd aangetrokken door zijn rustige standvastigheid, die haar vertrouwen inboezemde en haar de moed gaf zich los te maken van haar ouders. Maar toen begonnen de kinderen alles te domineren en kon ze geen tijd meer investeren in haar liefdesrelatie. Sylvia en haar man kwamen in een vicieuze cirkel terecht. Hoe meer Sylvia haar emotionaliteit op de kinderen richtte, hoe meer haar huwelijk verkommerde. Hoe meer haar huwelijk verkommerde, hoe meer ze haar emotionaliteit op de kinderen richtte. Haar man had er geen probleem mee toe te geven dat hij emotioneel terughoudend was. Die terughoudendheid was zijn aard. Hij voelde zich daar goed bij. Hij leed echter onder het gevoel dat hij zijn vrouw niet kon geven waar ze nood aan had. Hoe meer zijn vrouw aandrong, hoe geslotener hij werd.

Een half jaar na het einde van de therapie zag ik Sylvia voor een follow-upgesprek. Ze liet de kinderen al eens vaker achter onder de hoede van een babysit en kon haar dag beter structureren. Hun zoontje dat elke nacht bij zijn ouders in bed kroop, had geleerd alleen te slapen. Ondertussen had Sylvia nog twee keer een angstaanval gehad toen ze een lezing moest houden. Ze was er echter in geslaagd de angstgevoelens onder controle te houden en uiterlijk normaal te functioneren. De spanning in het huwelijk was achterwege gebleven op het moment dat Sylvia de gedachte had kunnen loslaten dat haar man zou kunnen als hij wou. Ze had gehoopt hem te kunnen veranderen. Ze was emotioneel getroffen toen ze van haar man hoorde hoezeer hij eronder leed dat hij tegenover haar tekortschoot en hoezeer hij nood had aan haar aandacht. De liefdesrelatie kwam opnieuw op de noodzakelijke eerste plaats. Doordat Sylvia nu duidelijke grenzen kon stellen aan de kinderen, waren die veel rustiger en tevredener. Sylvia merkte echter ook op dat ze de noodzakelijke afgrenzing tegenover haar ouders, meer bepaald tegenover haar moeder, niet had kunnen waarmaken. De emotionele binding bestond nog steeds, wat ertoe leidde dat haar moeder zich constant moeide in het gezin. De relatie met haar ouders kon Sylvia stilaan duidelijker de-

finiëren. Ze kon de verwijten dat ze zich te weinig om haar ouders bekommerde beter situeren en kon er beter mee overweg.

Uit het voorbeeld blijkt dat emotionele compensaties via kinderen en ouders het gevaar inhouden dat de noodzakelijke discussies met de partner en latente ontwikkelingen worden vermeden.

Het creëren van een gemeenschappelijke leefwereld

Tot dan toe ontwikkelt de liefdesrelatie zich binnen de dynamiek van een relatie tussen twee personen. Het is een private aangelegenheid van de twee geliefden. Vroeg of laat stelt zich echter de vraag: Waartoe leidt dit? Wat is de zin en toekomst van onze relatie? Men wil de relatie naar buiten uit zichtbaar maken. Men wil dat ook anderen (ouders, broers en zusters, vrienden en collega's) zien dat de partner duidelijk bij hem hoort en dat men kan vaststellen: die twee zijn een vast stel dat voor elkaar gekozen heeft. De voortgang van de liefdesrelatie dwingt hen om samen een eigen gemeenschappelijke leefwereld te creëren, een microkosmos in de macrokosmos. Daarbij kun je een onderscheid maken tussen de innerlijke en uiterlijke gezamenlijke leefwereld (zie uitgebreider Willi, 1991, blz. 66).

De innerlijke gemeenschappelijke leefwereld

Tijdens de verliefdheidsfase versmelten de persoonlijke constructensystemen en ondergaat de subjectieve constructie van de werkelijkheid een metamorfose. De persoonlijke opvattingen, overtuigingen en waardeoordelen – constructen genoemd – worden door de confrontatie met de partner gemodificeerd en geherformuleerd tot een dyadisch constructensysteem. Alle domeinen van het leven komen voor het dyadische constructensysteem van de werkelijkheid in aanmerking, of het nu gaat om wereldbeschouwing, politiek, religie of praktische aspecten. Niettemin blijven de persoonlijke constructensystemen van beide partners naast het dyadische constructensysteem bestaan. Tussen de persoonlijke constructensystemen en het dyadische constructensysteem heerst er altijd een zeker spanningsveld. Het dyadische constructensysteem omvat ook de spelregels van het samenleven. Het gaat met andere woorden om de praktische regelingen in het huishouden, de opsplitsing tussen beroep en huiselijk leven, de vormgeving van de gemeenschappelijke sociale relaties en de omgang met de financiële middelen. De persoonlijke constructensystemen moeten in voldoende mate bij het gezamenlijke dyadische systeem passen, maar een totale overeenstemming is niet noodzakelijk. Het dyadische constructensysteem, en vooral de voor de partnerrelatie belangrijke waardeoordelen, overtuigingen en spelregels, wordt dagelijks op zijn geldigheid getoetst door middel van gesprekken over de gebeurtenissen en ergernissen van die dag. Aan de hand van verhalen en voorbeelden over andere paren toetst men de reactie van de partner en probeert men latente veranderingen te duiden en te verifiëren. Uit het succes of de mislukking van andere paren leidt men af of men zelf al dan niet op het juiste pad zit. Heel verhelderend is de conversatie tussen de partners waarbij het gaat om wie men moet uitnodigen op een feestje.

De opbouw van een gemeenschappelijke innerlijke leefwereld leidt ertoe dat partners een voorval pas als werkelijk ervaren als het wordt meegedeeld aan de partner en hij er commentaar heeft op gegeven, zodat het in het bestand van de gemeenschappelijke herinneringen kan worden opgeslagen.

Het *dyadische geheugen* wint aan belang naarmate de relatie langer duurt. De partners ontwikkelen samen een stereoscopisch geheugen. Eenzelfde gebeurtenis wordt door elk van de partners uit een andere hoek bekeken en herinnerd, waardoor de herinnering meer diepgang verwerft. Zeker op latere leeftijd draagt elk van de partners andere fragmenten in zich, die elkaar aanvullen en zo de herinnering veel concreter maken dan indien men ze elk afzonderlijk zou koesteren.

De gezamenlijk opgebouwde uiterlijke leefwereld

Naast een interne gemeenschappelijke leefwereld wordt door elk paar ook een externe leefwereld samen opgebouwd. Dat is de externe *dyadische niche* (Willi, 1996), die als dusdanig alle levende en levenloze objecten omvat die aan het paar toebehoren en waarop ze inwerken. Dit is de ecologische dimensie van de liefdesrelatie waaraan we in de therapie bijzonder veel aandacht schenken. Eerst wordt de partner in de bestaande persoonlijke niche binnengeleid, in de kring van vrienden en bekenden. Net zoals het interne constructensysteem onder invloed van de partner een metamorfose ondergaat, zal ook de externe persoonlijke niche worden omgevormd tot een externe dyadische niche. Voor sommige vrienden en bekenden is in deze dyadische niche geen plaats meer, nieuwe komen er bij. Vaak zoekt men toenadering tot paren die in ongeveer dezelfde ontwikkelingsfase van hun relatie zitten. Het is een belangrijke oriëntatiehulp om zich met hen te kunnen vergelijken en van gedachte te wisselen.

Het prototype van de externe dyadische niche als een wereld die men zelf vormgeeft is de *woonruimte*, de inrichting van het huis, de gekochte meubels, schilderijen, foto's en snuisterijen. Op die manier ontstaat een eigen wereld, waardoor het paar zowel voor anderen als voor zichzelf duidelijk zichtbaar wordt. Op dezelfde manier als waarop het dyadische constructensysteem een innerlijke structuur vormt, vormt de woning een uiterlijke structuur van een paar. Hoewel niet iedereen evenveel belang hecht aan een eigen woning of vriendenkring, gaat in veel gevallen de stelling op: 'Toon me jullie vrienden of jullie huis en ik zeg wie jullie zijn.'

Tegenwoordig gaan partners weliswaar samenwonen zonder dat ze daarom een duurzame leefgemeenschap in het vooruitzicht stellen. Vandaar dat over bovengenoemde aangelegenheden vaak minder expliciet wordt nagedacht door het paar. Belangrijk is: Wie trekt in bij wie? De nieuwe bewoner voelt zich niet zelden als een gast, indien al niet als een indringer. Hij heeft niet het gevoel dat hij in zijn eigen huis woont. Het is beter om samen een nieuwe woonst te zoeken waarmee ieder zich in gelijke mate kan identificeren en dat men samen stapsgewijze bezit ervan kan nemen. Als beiden nog nooit hebben samengewoond, zal men meestal nieuwe meubels kopen en kan de woning, zonder door vorige relaties te zijn belast, worden ingericht als 'een eigen nest'. Als het al het tweede of derde huwelijk is, zijn de sporen van een vorig leven nooit volledig uit te wissen. In de woning staan voorwerpen uit een vorige relatie. Het uiterlijk vormt vaak een afspiegeling van het innerlijk, namelijk dat men als paar niet van nul kan herbeginnen, maar dat de sporen van vroegere relaties materieel aanwezig blijven. Dat kan aanleiding geven tot conflicten.

De liefdesrelatie materialiseert zich in de inrichting van de woning of de bouw van een eigen huis. Men zorgt voor *feiten*, waardoor de relatie aan stabiliteit wint. Men heeft iets gecreëerd dat duurzaam is, ongeacht hoe goed of hoe slecht de liefdesrelatie er op dat moment voorstaat. Men heeft een kader geschapen waardoor aan de relatie een nieuwe concrete en kwalitatief andere realiteit wordt toegevoegd. Het gaat om een feitelijke realiteit die niet zomaar uit de wereld kan worden geholpen.

Het stichten van een gezin

De gezamenlijk gecreëerde uiterlijke leefwereld verwerft een bijkomende dimensie als een gezin wordt gesticht. Je zet wezens op de wereld die zich op eigen kracht verder ontwikkelen en die uit- en nawerkingen hebben waarop je als ouder geen vat hebt. Kinderen geven een diepere betekenis aan de relatie. Ze zijn de vrucht van de liefde, de bekroning van de wens om samen iets levends te scheppen dat blijft bestaan als men er zelf niet meer is. Tegelijk vormen kinderen een grote belasting voor het voortbestaan van de liefdesrelatie. Kinderen storen of vernietigen soms de tweerelatie van geliefden. Soms is de belasting zo groot, dat de partners geen tijd meer hebben om zich te bekommeren om hun relatie en om hun seksualiteit. Soms resten alleen nog die uurtjes waarin beiden moe en uitgeput zijn. Samen met de komst van de kinderen sluipt vaak ook een ongelijke rolverdeling in de relatie, waarbij vooral de moeder zich benadeeld voelt. Vaak is de beleving tweeslachtig. Vrouwen nemen vaak het leeuwendeel van de ouderlijke taken op zich, deels noodgedwongen, deels uit eigen beweging. Tegelijkertijd voelen ze zich dan soms benadeeld op professioneel vlak en reageren ze afgunstig op de carrièremogelijkheden van hun man. Als dat het geval is, kan de man niet gelukkig zijn op zijn werk, omdat hij zich verantwoordelijk voelt voor de frustraties van zijn vrouw. De opvoeding van kleine kinderen zet de partners onder hoogspanning. Samenleven met de kinderen schenkt echter tevens vreugde en biedt tedere, stimulerende en deugddoende ervaringen.

De verschillen in bindend karakter bij de creatie van een gezamenlijke externe leefwereld

Nogal wat mensen reageren gevoelig op het verlies van hun vrijheid en op het aangaan van verplichtende en bindende relaties. Aangezien onze maatschappij een grotere verscheidenheid van dyadische relatie- en gezinsverbanden accepteert, heeft ieder de mogelijkheid om de leefvorm te kiezen die het beste bij hem past.

De gemakkelijkste oplossing om onder één dak te gaan leven is dat de ene tijdelijk intrekt bij de andere en zijn eigen woning behoudt. Tijdelijk kan betekenen dat men er gaat slapen, samen het weekend doorbrengt of langere tijd samen is.

Als de ene bij de andere intrekt en zijn eigen woning opgeeft, wordt het risico iets groter. Nochtans ontstaat daardoor nog geen verplichting. Men kan ermee schermen dat men zich geen gemeenschappelijke bezittingen aanschaft. Het nadeel is dat men zich er misschien niet echt thuis voelt, maar zichzelf veeleer als een gast ervaart.

Het bindend karakter wordt al veel groter als men besluit om samen een woning te zoeken en die samen met nieuwe meubels in te richten. Men kan zich indekken door de financiële middelen strikt gescheiden te houden en voor elk voorwerp duidelijk af te spreken wie er eigenaar van is.

Het huwelijk doet het bindend karakter wezenlijk toenemen, waarbij veel irrationele argumenten een rol spelen. Op zich kunnen echtscheidingen steeds gemakkelijker worden voltrokken en berust de beslissing erover bij de partners. Toch panikeren heel wat geliefden net voor hun huwelijk. Het is moeilijk te begrijpen hoe het komt dat men jarenlang kan samenleven in een relatie die uiterlijk niet van een huwelijk verschilt, maar die na het huwelijk in een diepe crisis wordt gedompeld. Soms gaat men zelfs uit elkaar. De betrokkenen zeggen dat de relatie door de huwelijksbelofte een andere dimensie heeft gekregen. Ervoor leefde men op goed geluk samen, er zich ten volle van bewust dat men op elk moment uit de relatie kon stappen zonder zich zorgen te hoeven maken over de toekomst. Door het afleggen van de huwelijksbelofte hebben ze echter moeten beslissen dat ze elkaar zullen vertrouwen en trouw blijven in goede en kwade dagen, alle dagen van hun leven. De relatie verwerft daardoor een existentiële dimensie. Een dergelijk belofte is voor sommigen te veel gevraagd. Door het huwelijk kan de angst opduiken te zullen vervallen in patriarchale en traditionele relatiestructuren. Het gevaar daarbij is dat net het groeiend wantrouwen het gevreesde mogelijk maakt. Een huwelijk impliceert dat de partners voor elkaar moeten kiezen, terwijl niet-huwen hen ontslaat van een bindende beslissing. Niet willen trouwen kan kwetsend overkomen voor de partner en tot onzekerheid leiden. Wie trouwt kan zich laten scheiden. Wie niet trouwt zal vaak een beetje samenleven en zich eventueel een beetje van elkaar gescheiden houden. Het kan aangewezen zijn om er duidelijk voor te kiezen de relatie te beëindigen. Op die manier kan men ze definitief achter zich laten, niettegenstaande men er soms zal naar terugverlangen.

Het huwelijk kan men op totaal verschillende manieren beleven. Steeds meer paren wonen in de week apart wegens hun professionele verplichtingen (lat-relaties). Het weekend is dan weer exclusief voor hen. Sommigen groeien daardoor uit elkaar. Andere verwerven zo een grotere individuele speelruimte. Het bindend karakter van het huwelijk kan aanzienlijk worden versterkt door gemeenschappelijke bezittingen, zoals de bouw of aankoop van een huis, vakantiewoning of andere voorwerpen die een band scheppen. Een bijzonder bindend karakter krijgt het huwelijk als men samen ook een zaak heeft opgericht. Daardoor blijft men door het lot aan elkaar gebonden, zelfs al is het liefdesvuur gedoofd.

Van een totaal andere dimensie voor het bindend karakter van een partnerrelatie zijn de kinderen. Je neemt verantwoordelijkheid op voor derden die totaal van jou afhankelijk zijn en rechtstreeks betrokken zijn als de relatie op de klippen loopt. Uit talloze studies blijkt dat kinderen lijden onder de langetermijngevolgen van een scheiding. Kinderen opvoeden betekent dat men zich de eerstkomende tien tot twintig jaar persoonlijk engageert om zijn energie in de stichting en instandhouding van een gezin te investeren. Men stelt zich daarbij bloot aan een proces dat men niet meer volledig zelf kan sturen. Veel paren zien af van een dergelijke risicovol engagement. Ze geven de voorkeur aan een huisdier, meestal een kat of een hond, waarbij het bindende karakter minder groot is, maar waaraan men ook veel plezier en nabijheid kan beleven.

Uitdagingen voor de persoonlijkheidsontwikkeling door de creatie van een gezamenlijke externe leefwereld

Als partners een externe gemeenschappelijke leefwereld opbouwen, moeten ze een bindend engagement aangaan. Ze moeten een keuze maken en dus andere personen of mogelijke levenspaden uitsluiten. De krachten worden gebundeld. De gecreëerde wereld is een gezamenlijke opdracht en een gezamenlijk vruchtbaar-worden. Daardoor maken ze deel uit van de kringloop der natuur. Het vruchtbaar-worden is een eerste merkteken van sterfelijkheid en van het voortleven na de dood. Vader of moeder worden betekent een verrijking voor de persoonlijkheidsontwikkeling. Deze verrijking vindt plaats niet alleen wegens de vele ervaringen die je met de kinderen opdoet, maar ook omdat veel van wat je in je eigen kindertijd hebt beleefd opnieuw naar boven komt en je, nu je zelf een ouder bent, de dingen op een andere manier beoordeelt.

Het huwelijk is niet voor iedereen een geschikte levensvorm. Het getuigt van een bijzondere rijpheid wanneer men, al dan niet na een mislukking, inziet dat men niet voor het huwelijksleven is gemaakt en dat het beter is om een minder bindende relatievorm te zoeken, een die beter bij de persoon in kwestie past. Het is niet gemakkelijk om dat in volle bewustzijn toe te geven. Vooral mannen met bindingsangst zoeken en vinden steeds weer vrouwen die proberen de angst van de man voor intieme liefde te doen verminderen. Deze mannen verleiden vrouwen ertoe die taak op zich te nemen, om hen dan brutaal af te wijzen als de eerste successen worden geboekt.

Angsten en afweermechanismen bij de creatie van een gezamenlijke externe leefwereld

Zich engageren in een intieme relatie en die in stand houden, wekt bij veel mensen grote angst op. Ze zijn bang hun zelfstandigheid te zullen verliezen, bang dat ze afhankelijk zullen worden van de ander, bang dat ze in een destructieve relatie zullen verstrikt raken waarin ze geen uitweg meer zien. Sommigen bezitten niet de vaardigheid en de bereidheid om met de partner een discussie aan te gaan en ruzie te maken. Ze gaan een bindende intimiteit liever uit de weg. In het positieve geval kiest men voor een graad van bindend karakter waarin men zich wel kan vinden en staat men open voor uitdagingen die men aankan. Gevaarlijk is de vlucht naar voren. Er zijn mensen die, soms al op latere leeftijd, alle bruggen achter zich opblazen, hun volledige bezit verkopen en hun geld investeren in de bloei van een nieuwe partnerrelatie in de hoop dat ze zichzelf daarmee de pas afsnijden om de relatie te beëindigen. In een weinig reëel optimisme willen ze zichzelf en de anderen bewijzen dat ze met de nieuwe partner van hun dromen eeuwig gelukkig zullen zijn.

Kinderen kunnen eveneens een afweermechanisme vormen. Ook vandaag komen kinderen vaak ongepland ter wereld. Sommige paren hopen dat de geboorte van een kind hun relatie zal bevorderen en verstevigen. Ook het omgekeerde gebeurt, namelijk dat de kinderwens zo lang wordt uitgesteld dat het te laat is. De vruchtbaarheid van de vrouw neemt af op het moment dat haar carrière al tot bloei is gebracht en ze is gesetteld in het beroepsleven en in de partnerrelatie. Het gevolg is dat ze op middelbare leeftijd niet zelden in een leegte terechtkomt en een oriëntatiecrisis doormaakt. De partners kunnen elkaar dan verantwoordelijk stellen voor de kinderloosheid, met de schuldinducerende vingerwijzing dat zijzelf wel kinderen hadden gewild als de ander hen maar beter had gesteund (zie praktijkvoorbeeld 2).

Lossere coördinatie van de levenslopen van de partners in de tweede helft van het leven

Inhaalmanoeuvre voor uitgestelde persoonlijkheidsontwikkelingen

Wanneer men de tweede helft van het actieve leven aanvat, moet men zich minder met de kinderen inlaten. Vooral vrouwen hebben meer tijd en ruimte. Mannen zijn weliswaar soms nog niet op het hoogtepunt van hun carrière, maar het spectrum van hun professionele ontplooiingsmogelijkheden is al duidelijk. De levenslopen van beide partners dienen niet meer zo strikt gecoördineerd te worden. Anderzijds is dit het moment waarop men zich ervan bewust wordt dat het actieve beroepsleven en het actieve leven überhaupt beperkt is en dat er geen eindeloze tijd meer rest. De vrouw wordt in de menopauze geconfronteerd met lichamelijke veroudering. Ze maakt een oriëntatiecrisis door. Het leven komt even tot stilstand en moet in balans worden gebracht. Wat heb ik tot nog toe gedaan en wat heb ik bereikt? Zijn er belangrijke domeinen waarin ik mijn potentieel niet heb kunnen verwezenlijken? Wat wil ik in de tijd die me rest nog bereiken of inhalen? Waaraan wil ik nog werken? Misschien grijpt men terug naar de oorspronkelijke levensdoelstellingen, naar de dromen die men in zijn jeugdjaren had.

Vrouwen die in hun ontplooiingsmogelijkheden werden beperkt door de zorg voor de kinderen, verkeren vaak in een vrijheidsroes en krijgen een nieuwe golf van energie. Sommigen volgen een nieuwe opleiding. Anderen krijgen de kans om zich op politiek of professioneel vlak te ontplooien. Nog anderen wijden zich aan artistieke bezigheden. Nu de coördinatie van beide levenslopen van de partners losser wordt, gaat elk van hen meer zijn eigen weg. Die geïndividualiseerde ontwikkeling is echter geënt op een gezamenlijk gecreëerde wereld. De omgeving ziet in eerste instantie dat de partners naast elkaar leven en elkaar schijnbaar niets meer te vertellen hebben. Men onderschat echter de verbondenheid die bestaat door de gezamenlijk vormgegeven leefwereld en de verankering in de met elkaar doorlopen levenservaringen.

Bij een lossere coördinatie van de levenslopen raakt de echtelijke balans soms uit evenwicht. Vrouwen overvleugelen hun man in professioneel aanzien, macht en erkenning. Ze knopen nieuwe sociale contacten aan en oriënteren zich sterker op de buitenwereld. Mannen hebben vaak al enkele professionele tegenslagen en krenkingen achter de rug, waardoor ze voorzichtiger zijn geworden. Bovendien weten ze dat het succes in het beroepsleven vergankelijk en relatief is. Hun inhaalmanoeuvre is er veeleer een waarbij ze zich bevrijden uit het keurslijf van een aantal professionele verplichtingen. Ze fantaseren of maken concrete plannen om uit het beroepsleven te stappen, een alternatief leven te gaan leiden of een nieuwe liefdesrelatie aan te knopen.

Angsten en afweermechanismen door de lossere coördinatie van de levenslopen

Voor veel paren bestaat de kunst erin om in het midden van hun leven de gulden middenweg te vinden tussen de individualisering van hun levenslopen en de instandhouding van de gezamenlijkheid. De lossere tweerelatie kan de angst opwekken dat de relatie uit elkaar zal vallen. Je kunt je gekwetst en gekrenkt voelen omdat je partner je blijkbaar niet meer zo nodig heeft en begeert. In deze fase van het leven dient men zich te realiseren dat er niet alleen een echtelijk samenleven of echtscheiding mogelijk is, maar dat er veel tussenoplossingen bestaan voor gescheidenzijn en onafhankelijkheid. Sommigen slapen in aparte slaapkamers, wonen voor een tijdje of continu apart, verzoenen zich, ondanks de pijn en de gekwetste eigenwaarde, met de buitenechtelijke relatie van de partner op voorwaarde dat die daarbij bepaalde spelregels en grenzen respecteert. Vaak streven de partners naar afzonderlijke carrières en interesses. In positieve gevallen zullen ze daarbij de gezamenlijkheid niet uit het oog verliezen en de eigen individuele ervaringen steeds inbrengen in de gemeenschappelijke schat aan ervaringen. Wie na twintig jaar huwelijk toch nog uit de echt scheidt, doet dat vaak vanwege een ernstige en duurzame buitenechtelijke relatie. Mannen zoeken soms een jongere vrouw, al moeten ze zich dat ook financieel kunnen permitteren. Sommigen hervinden dankzij de nieuwe relatie hun vitaliteit. Voor anderen is de vitaliteit van een jongere vrouw te belastend. De in de steek gelaten echtgenote maakt een langdurige, zware crisis door, die niet zelden gepaard gaat met depressies. Toch slagen sommige vrouwen erin ook deze uitdaging positief te verwerken. De band met de kinderen wordt intenser. Ze beginnen aan een nieuwe opleiding en ontginnen nieuwe professionele domeinen. Voor sommigen is dit een emancipatieproces tegenover de partner, een bevrijding van zijn aanspraken en verwachtingen, een toelaten van de rivaliteit die men ten tijde van de kinderen opzij heeft geschoven. De angst dat men uit elkaar zal groeien of dat de echtelijke balans in een bepaalde richting zal doorslaan, kan ertoe leiden dat men de ontplooiingsvrijheid van de partner beknot, bijvoorbeeld door het veinzen van buitenechtelijke relaties, door een ziekte te ontwikkelen en door aandacht te claimen voor de gedragsstoornissen en ziektes van de kinderen.

Herstructurering van de partnerrelatie door pensionering of grootouderschap

Wie nog niet in die fase zit denkt dat ouder worden een treurig eindstadium van het leven is. Dat is zeker niet altijd zo. De verschillen in de vorm die men aan zijn leven geeft zijn nergens zo uitgesproken als op oudere leeftijd. Mensen met een hogere opleiding, financiële zekerheid en goede gezondheid kunnen op oudere leeftijd de gelukkigste fase van hun leven meemaken. Nog nooit konden ze hun bestaan zo vrij invullen. Het afscheid van de beroepsloopbaan betekent vaak niet zozeer een verlies dan wel een bevrijding en ontlasting. Hoe breder hun persoonlijke interesse, hoe meer nieuwe domeinen zich aandienen om hun tot dusver onbenut potentieel in te verwezenlijken. De nieuwe tweerelatie is voor veel paren een gelukkige ervaring. Voor velen is het de vreedzaamste fase in hun samenleven. Men kan terugblikken op een lang gezamenlijk leven. Men heeft nu alle ruimte om plezier te beleven aan de kleinkinderen. De maatschappij bekijkt ouderen die nog actief zijn in het beroepsleven met gemengde gevoelens. Aan de ene kant doet men geringschattend over profiterende senioren. Aan de andere kant wil men hun geen grote verantwoordelijkheid meer geven. Ouderen willen meestal niet meer in de frontlinie staan. De waarde van professioneel succes en prestige blijkt uit de relativiteit en kortstondigheid ervan. Men kan met humor en een zekere levenswijsheid afscheid nemen en het terrein overlaten aan de jongeren.

Het kan echter ook zijn dat de ouderdomsfase een belastende en conflictrijke periode is. Het gevaar bestaat dat men noodgedwongen bijna alle tijd samen doorbrengt. Dit brengt paradoxaal genoeg geen grotere nabijheid maar een sterkere afgrenzing en wederzijdse afstoting teweeg. Er wordt soms een kleine oorlog uitgevochten met hatelijkheden en wederzijdse beledigingen. Het is tevens de periode waarin men de vruchten van zijn bezigheden kan plukken, maar soms ondankbaarheid oogst en wat men in het leven heeft opgebouwd afbrokkelt. Het is echter ook de periode waarin een balans wordt opgemaakt van wat het leven heeft gebracht en wat niet tot ontwikkeling is gekomen. Men kan met woede en bitterheid vaststellen dat men bepaalde kansen heeft gemist. Het ligt voor de hand om de partner daarvan de schuld te geven en de mislukkingen in het leven op zijn rekening te schrijven. Doordat er geen druk van buitenaf meer is, valt de dagelijkse structuur van het leven misschien in duigen. Om verveling te vermijden worden eenvoudige, dagelijkse taken misschien ingewikkeld gemaakt en langzaam uitgevoerd. Niets is moeilijker dan gewoon van het leven te genieten en continu vakantie te houden. Vanuit ons relatie-ecologisch standpunt moeten mensen ook aan het einde van hun leven uitdagingen en zinvolle bezigheden hebben waardoor ze zich nodig en nuttig voelen. Anders zullen hun geestelijke vermogens snel achteruitgaan en zullen ze ontevreden worden. Veel mensen hebben de neiging om zich op oudere leeftijd in een getto terug te trekken, op een eilandje van de tweerelatie. Daarbij sluiten ze zich uit onvrede af voor hun omgeving en gaan bij voorkeur om met mensen van dezelfde leeftijd. Als de partners hun energie, zelfs al is dat agressieve energie, onvoldoende investeren in een appel aan de buitenwereld, kan die energie zich keren tegen elkaar, waarbij men elkaar voortdurend bekritiseert en aanvalt.

De kunst bestaat erin een zinvolle activiteit te vinden, waarbij de partners zowel in ruimte als in tijd voldoende afstand kunnen nemen van elkaar. Ik raad oudere paren aan elke dag 4 tot 6 uur gescheiden bezigheden uit te voeren.

In traditionele huwelijken verandert het huiselijke samenleven ingrijpend wanneer de man op pensioen gaat. Voordien was het huishouden het domein van de vrouw. Nu moet ze haar echtgenoot in haar domein dulden en wil die er bovendien zeggenschap in hebben. De continue aanwezigheid van de man wordt door sommige vrouwen slechts node geduld.

Een nieuwe ervaring doet men op als men grootouder wordt. De meeste grootouders verbazen zich erover hoezeer de relatie met hun kleinkinderen verschilt van die met hun kinderen. Doorgaans heeft men geen verplichtingen tegenover de kleinkinderen. Men kan zich onvoorwaardelijk overgeven aan de liefde voor hen en hen met vreugde zien opgroeien. Men is er trots op dat uit de eigen liefdesrelatie een tweede generatie is voortgesproten die het leven voortzet, zodat er iets van zichzelf blijft voortbestaan na de dood. Toch is deze fase evenmin ontbloot van conflicten. Ze spelen zich vooral af tussen de grootouders en de ouders van de kleinkinderen, met andere woorden tussen de grootouders en hun eigen (schoon)zoon of (schoon)dochter. Sommigen vinden dat ze worden uitgebuit omdat ze met te veel taken voor de kleinkinderen worden opgezadeld. Anderen vinden dan weer dat ze hun kleinkinderen te weinig zien. Inmenging in de opvoeding is een ander precair thema. Er is veel gezond verstand voor nodig om een werkbaar compromis te vinden.

Angsten en afweermechanismen tijdens de pensioenleeftijd

Heel wat oudere paren maken een zware crisis door rond de pensioengerechtigde leeftijd. De angst en last van de tweerelatie zijn zwaar om dragen voor paren die tot dusver nog nooit met hun tweetjes hebben samengeleefd omdat er direct na het huwelijk kinderen kwamen. In traditionele huwelijken is de man bang onder de knoet van zijn vrouw te zullen raken en vreest de vrouw de continue aanwezigheid van haar man en is tevens bang voor zijn pogingen om invloed te krijgen op haar huishoudelijk terrein.

Het huwelijk op oudere leeftijd

Bij een ernstige ziekte of handicap van de oudere partner ontstaat een totaal nieuwe situatie. Meestal wordt slechts een van beiden ernstig ziek. De ander neemt dan de verzorging op zich. Ziekte en stervensbegeleiding kunnen resulteren in een bijzonder intensieve fase van het samenleven, waarbij men de partner nog nooit zo nabij is geweest. De maanden- of jarenlange zorg voor de zieke kan leiden tot een isolement tegenover de buitenwereld en na de dood van de partner de terugkeer in een wereld zonder hem zwaar bemoeilijken. Als een van beiden wordt getroffen door een ernstige ziekte, kan dat uiterst belastend zijn voor de relatie. De eigenwaardebalans wordt immers danig verstoord. De zieke kan afgunstig en jaloers zijn of het gevoel hebben dat hij de ander alleen maar tot last is. De verzorger daarentegen kan zich openlijk of heimelijk ergeren aan de beperkingen of verplichtingen die hem door de zieke worden opgedrongen. Wederzijds opgewekte schuldgevoelens kunnen in een gesprek moeilijk snel constructief opgelost worden. Het huwelijk op oudere leeftijd is echter niet het onderwerp van dit boek en werd bovendien uitvoerig behandeld in *Duurzame liefde* (Willi, 1991), zodat ik er hier niet dieper op inga.

Persoonlijkheidsontwikkeling tijdens het huwelijk op oudere leeftijd

Ouderen moeten leren leven met afscheid nemen. Veel vrienden en bekenden zijn dood. Hun actieradius is beperkt omdat ze moeilijker te been zijn. Hun psychische energie moeten ze investeren in het overwinnen van lichamelijke ouderdomsproblemen en in de dagelijkse beslommeringen. De partners zijn op elkaars hulp aangewezen. De onderlinge strijd is uitgevochten. Ze hebben elkaar nodig als helper. Nochtans zijn er paren die tot op het einde met elkaar strijden en zich daardoor zelfs psychisch gestimuleerd voelen.

Angsten en afweermechanismen bij het huwelijk op oudere leeftijd

Het moeten omgaan met persoonlijke beperkingen, het gedaalde eigenwaardegevoel en de verminderde persoonlijke bevestiging worden nog versterkt door de afnemende vitaliteit. Die psychische belasting leidt niet zelden tot irrationele reacties, absurde vermoedens van seksuele escapades bij de partner, ongegronde jaloezie, gierigheid, angst om bestolen te worden of angst voor inbrekers. Het meeste vreest men de dood van de partner en niet de eigen dood. De meesten hopen dat ze vóór hun partner zullen sterven en dat die hen zal begeleiden en verzorgen als ze terminaal ziek zijn.

Weduwen en weduwnaars

Men kan al op jonge leeftijd weduwe of weduwnaar worden. Bij een duurzame relatie treft het weduwe- of weduwnaarschap onvermijdelijk een van beiden. Hoe langer men al samenleeft, hoe meer de gezamenlijke geschiedenis is uitgegroeid tot de eigen geschiedenis. Men heeft zijn leven ingesteld op het beantwoord-worden door de partner en is gewoon om alles wat men meemaakt met de partner te bespreken. Het wegvallen van de gesprekspartner maakt dat de psychische energie niet meer op de geijkte manier kan worden geuit. Men praat in het luchtledige. Het leven verliest zijn zin, zonder dat men precies kan verklaren waarom de aanwezigheid van de partner zo belangrijk was voor het vervullen van taken en voor het creëren van een sfeer van tevredenheid en levensvreugde. Bij traditionele koppels is er bij overlijden tevens een vaste taakverdeling die wegvalt. De overlevende moet dan de taken van de overledene op zich nemen. Het is niet gemakkelijk om nog slechts alleen voor jezelf te koken, of op je eentje een theater te bezoeken. Vooral bij vrouwen bestaat de sterke neiging om zich te omringen met andere treurende weduwen.

Vanuit het perspectief van de persoonlijkheidsontwikkeling is het belangrijk om de extern ervaren tweerelatie te kunnen internaliseren. Men is een polarisatie gewoon, een spanningsveld van tegenstrijdigheden. Nu moet men de tegengestelde pool van de ander in zich opnemen en integreren. Het kan zijn dat men uiterlijk alles bij het oude wil laten omdat men niet de indruk wil wekken de overledene door de verandering te verraden. De externe dyadische niche blijft aanvankelijk bestaan en vormt de uiterlijke structuur waarbinnen het leven en de dialoog met de overledene worden voorgezet. De latente ontwikkelingsopdracht is dat men zich vroeg of laat van deze structuren zal moeten losmaken. Wanneer men de bezittingen van de overledene opruimt, neemt men tegelijkertijd van veel afscheid. Sommige zaken worden weggedaan. Andere krijgen een andere plaats. Zo wordt de dyadische niche verbouwd tot een persoonlijke niche. Parallel daarmee wordt de op de partner betrokken persoonlijkheid geherstructureerd tot een sterker in zichzelf verankerde persoonlijkheid. Men begint zich geleidelijk aan te bevrijden van de structuren van het samenleven. Er komen nieuwe zaken in de plaats. Na de fase waarin de relatie met de partner wordt geïnternaliseerd, volgt een fase waarbij de rijkdom van de voorbije liefde in de eigen persoon wordt geïntegreerd. Uit die rijkdom kan men putten om zich open te stellen voor nieuwe uitdagingen in het leven. Als de partners lang samenleven, raken ze ingespeeld op een bepaald rolgedrag maar zijn ze zich zelden bewust van de omvang daarvan. Na de dood van hun partner wordt het persoonlijk potentieel vrijgegeven voor nieuwe vormen van ontplooiing. Sommige domeinen die de partner op zich had genomen en waarvoor hij instond, kan men nu zelf invullen en op zijn manier realiseren.

Angsten en afweermechanismen bij weduwen en weduwnaars

Centraal gegeven is dat men onmiddellijk na het overlijden vaak geen zin meer heeft om te leven. De partner laat een grote leemte na. Schuldgevoelens over zijn dood kunnen dat nog versterken. De afweermechanismen zijn soms extreem. Sommigen houden strikt vast aan het in stand houden van de gezamenlijke externe relatieniche en weigeren om zelfs maar de kleinste verandering door te voeren. Men leeft verder alsof de overledene er nog is: dekt de tafel voor hem, maakt zijn bed op, laat zijn kleren onaangeroerd in de kast hangen. Het andere extreem is dat men het rouwproces verdringt, waarbij men zich zo snel mogelijk in een nieuwe relatie stort om alles te kunnen vergeten en achter zich te laten en niet alleen te hoeven leven.

(Echt)scheiding

Een partner verliezen door (echt)scheiding is anders dan een partner verliezen door de dood. Een echtscheiding doet zich het vaakste voor in de eerste jaren van het huwelijk. Als men scheidt, neemt men zelf de beslissing om uit elkaar te gaan. Men is zelf de oorzaak van de scheiding en ervoor verantwoordelijk, zelfs al heeft de partner het initiatief genomen. Bij een echtscheiding blijft de partner in leven. Met argusogen volgt men zijn doen en laten, zeker wat nieuwe relaties betreft. Als er kinderen zijn zal de ex-partner via de kinderen een duidelijk merkbare invloed blijven uitoefenen op het eigen leven. Misschien zal men eraan twijfelen of een echtscheiding wel de juiste beslissing was. Men zal af en toe zelfs terug verlangen naar de goede kanten van de voorgaande relatie. Nu en dan betrapt men er zich op dat men droomt van een hereniging.

Een einde maken aan een partnerrelatie is een pijnlijk proces. Vandaag kan dat proces sneller en gemakkelijker verlopen, als beiden besluiten dat ze samen geen toekomst meer hebben. Steeds vaker gaat aan echtscheidingen geen jarenlange destructieve, bittere strijd vooraf. Men blijft vrienden. Toch is de scheiding het einde van de bevleugelde vooruitzichten die de verliefdheid bood. Het samenleven heeft niet de verhoopte persoonlijkheidsontwikkeling en -ontplooiing mogelijk gemaakt. Integendeel, men voelde zich in zijn mogelijkheden beperkt, door de partner verkeerd begrepen en verkeerd beantwoord. Bij het uit elkaar gaan en scheiden worden de psychische valenties losgekoppeld. De man verliest meestal zijn gezinsniche: de woning, het samenleven met de kinderen, eventueel ook de vriendenkring en de buren. De vrouw erft de niche over, maar zit erin gevangen en heeft het moeilijker om een streep te trekken onder de voorbije relatie en zich vrij te maken voor een nieuwe relatie. Bij langdurigere relaties geeft men meestal de voorkeur aan een gescheiden leven in plaats van aan een echtscheiding, omdat zo de gezamenlijk gecreëerde leefwereld niet moet worden opgeheven.

Uitdagingen voor de persoonlijkheidsontwikkeling bij (echt)scheiding

De scheiding kan een efficiënte maar tevens pijnlijke stimulans voor de persoonlijkheidsontwikkeling zijn. Veel vrouwen, maar verbazend genoeg ook veel mannen, zoeken hulp in individuele psychotherapie. Dat wijst erop dat ze dieper willen ingaan op de scheiding. Het duurt soms tot paren daadwerkelijk uit elkaar gaan voor mannen bereid zijn om de crisis in de relatie niet langer te bagatelliseren, de klachten van hun vrouw ernstig te nemen en zich te verdiepen in hun eigen gevoelens, verlangens en angsten.

Angsten en afweermechanismen tijdens de scheidingsfase

Het vergt moed om te kiezen voor een scheiding en voor de onzekerheden en gevolgen die deze met zich brengt. Veel vrouwen vereenzamen en kampen met financiële problemen, vooral als ze kinderen hebben.

Talloze vrouwen treden toe tot een bepaalde subcultuur van gescheiden vrouwen. Die wordt samengehouden door de gemeenschappelijke klaagzang en door een sfeer van vijandigheid tegenover mannen. Het is een verbond dat moed kan inspreken en een houvast bieden, maar zelden gelukkig maakt. Anderen pogen de eenzaamheid te weren door zich sterker te binden aan de kinderen of zich een huisdier aan te schaffen. Mannen proberen dan weer zo snel mogelijk over het verlies van hun vrouw heen te raken door gezwind op zoek te gaan naar een nieuwe partner. Ze laten zich door haar troosten en proberen wat voorafging zo snel mogelijk te vergeten, er zich van af te sluiten en achter zich te laten. Bij een nieuwe relatie is de angst groot dat men opnieuw zal falen. Om dat risico te verkleinen zoekt men soms een partner waarbij de garantie lijkt te bestaan dat een herhaling van het vorige scenario onmogelijk is. Een vrouw die in haar eerste huwelijk steunde op haar patriarchale man en dankzij de emancipatiegolf leerde zich tegen hem af te zetten en zich door te zetten, met een scheiding als gevolg, kan een nieuwe partner kiezen die ze onder controle kan houden, veel jonger is of slechts over een beperkt inkomen beschikt. Hij ontpopt zich vervolgens evenwel misschien als een klaploper die de vrouw uitbuit. Hij laat zich gaan, verwijt haar dat ze te weinig geld hebben en ze zal zich op dezelfde wijze gebruikt en afhankelijk voelen als voordien. Een man die zijn buik vol heeft van geëmancipeerde vrouwen, vindt via een contactadvertentie een Filippijnse vrouw die wordt aangeprezen als zacht, meegaand, betrokken op het gezin en huiselijk. Hij denkt op die manier zijn patriarchale rol opnieuw te kunnen opnemen. Stap voor stap raakt ze onder de invloed van andere westerse vrouwen. Aanvankelijk mondjesmaat en onmerkbaar legt ze zijn bevelen naast zich neer uit vergetelheid, nalatigheid en onachtzaamheid. Op een bepaald moment zal hij zich bij haar net zo hulpeloos voelen als bij zijn geëmancipeerde ex-vrouw. Elke vorm van bescherming bij de partnerkeuze wreekt zich in het latere samenleven. Wat men tot elke prijs wilde vermijden in de nieuwe relatie, duikt naderhand toch weer op.

HERTROUWEN

Vandaag scheidt men soms met de bedoeling om vrij te zijn voor een nieuwe relatie. Ik wil hier slechts kort ingaan op enkele kenmerken van tweede huwelijken. Ze doorlopen eveneens de ideaaltypische fases van een liefdesrelatie. Als een of beide partners er een huwelijk heeft opzitten dat een aantal jaren heeft standgehouden, en als er in dat eerste huwelijk kinderen zijn, ontstaat een bijzonder gecompliceerde relationele situatie. In het eerste huwelijk werd een eigen leefwereld en dus ook een externe relatieniche gecreëerd, die niet door een echtscheiding verdwijnt. Het tweede huwelijk verwerft niet dezelfde plaats als het eerste, heeft niet hetzelfde gewicht. In het eerste huwelijk moesten de partners samen aan een weg timmeren. Ze dienen hun bestaan op te bouwen, moeten grote externe problemen overwinnen en zich samen oriënteren op de wereld om dan gezamenlijk een eigen leefwereld te creëren. Belangrijk is de diepe emotionele band met de kinderen, die de ex-partners als ouderpaar aan elkaar bindt. Door de kinderen kan de herinnering aan het vorige huwelijk nooit volledig worden uitgewist. Men blijft in meerdere of mindere mate contact houden met de ex-partner. Het vereist heel wat flexibiliteit en tolerantie van de tweede partner om met deze situatie in het reine te komen De tweede partner dient af te zien van de eis dat de ander exclusief voor hem is en dat men met hem van vooraf aan kan herbeginnen. De wens om ook met de tweede partner kinderen te krijgen kan een poging zijn om het tweede huwelijk tegenover het eerste meer gewicht te verlenen. Positief zijn dan weer de vrijheid en onafhankelijkheid waarover men als man vaak in een tweede huwelijk beschikt. Dit huwelijk is niet meer opgezadeld met de noodzaak om een totaal nieuwe gezamenlijke externe leefwereld te creëren. De materiële bezittingen en de kinderen zijn niet langer belangrijke inperkende factoren.

Liefdesgeschiedenissen als levenslopen

In de diverse fasen van het proces van de liefdesrelatie worden van het individu persoonlijkheidsontwikkelingen verlangd, die zich allemaal concentreren op het vruchtbaar worden van het eigen potentieel in de liefde. Men dient de lasten die men meezeult uit de familie- en uit de eigen geschiedenis in de liefdesrelatie te corrigeren en te oriënteren naar nieuwe ontwikkelingsperspectieven. Men moet elkaar wederzijds ondersteunen bij de verwezenlijking van dat eigen potentieel, zonder dat de ander ontslagen wordt van zijn verantwoordelijkheid om die verwezenlijking zelf te realiseren. Slaagt men erin in en door de relatie vruchtbaar te worden zonder te veel belast te worden? Is het mogelijk ontplooiingsmogelijkheden die men heeft vermeden of uitgesteld later in te halen? Op rijpere leeftijd wordt men geconfronteerd met de opdracht om afscheid te nemen en zich te verzoenen met de onvervulde en niet tot bloei gebrachte ontplooiingsmogelijkheden. Ten slotte moet men het verlies van de partner door dood of echtscheiding verwerken en het vrijgekomen potentieel verwezenlijken in nieuwe relatievormen.

De uitdagingen waarvoor men zich door al die ontwikkelingsopgaven geplaatst ziet, brengen tevens angst, leed en pijn met zich. Vandaar dat men ze vaak vermijdt of om ze te vermijden de relatie halverwege afbreekt.

De tabel op blz. 166-167 geeft een overzicht van de diverse fases in de liefde, de ermee gepaard gaande uitdagingen voor de persoonlijkheidsontwikkeling en de angsten en afweermechanismen.

Een liefdesgeschiedenis als levensgeschiedenis verloopt niet helemaal volgens dat schema. In realiteit doen zich altijd onvoorziene gebeurtenissen voor waardoor delen van dit proces worden overgeslagen, die de relatie een nieuwe richting doen inslaan waarvoor er echter geen terugweg bestaat.

Het onderstaand praktijkvoorbeeld bewijst hoe in een langdurige relatie wonden kunnen worden geslagen die de zelfverwezenlijking van de partners in de relatie blokkeren en hen van elkaar vervreemden.

Praktijkvoorbeeld 5:

De man maakt een afspraak voor het paar omdat er onoverkomelijke communicatieproblemen zijn. Ze hebben elkaar leren kennen toen ze nog jong waren en zijn 25 jaar getrouwd. Ze hebben zes kinderen, waarvan de oudste nog naar het atheneum gaat. De man, Christian, heeft een job in een wetenschappelijke omgeving. Zijn vrouw Vera werkt sinds een jaar opnieuw in de sociale sector, 'wat mijn zelfvertrouwen aanzienlijk heeft opgekrikt'. Christian en Vera leven onder een extreme tijdsdruk. Ze hebben al jaren niet meer de tijd genomen om hun partnerrelatie tot centraal punt van aandacht te nemen. Ze zijn een paar dat zich concentreert op de kinderen. Het gezin gold overal als voorbeeldig. Beiden noemen een geblokkeerde communicatie het probleem. Ze slapen sinds twee jaar apart en hebben geen seksuele betrekkingen meer. De latente crisis werd manifest toen een vriendin van Vera acht maanden geleden zonder verdere uitleg een einde maakte aan hun vriendschap. De vriendschap met die vriendin had voor Vera een compenserende functie voor de stabiliteit van haar huwelijk. Ze kon bij deze vriendin haar ziel blootleggen. Vera's man was jaloers op die vriendschap en voelde zich buitengesloten. Vera vermoedde dan weer dat haar man een relatie had met een collega, iets wat hij heftig ontkende. Beiden gingen een dialoog aan buiten hun relatie. Christian verweet Vera dat alle andere relaties voor haar belangrijker waren dan hun huwelijksrelatie. Vera verweet hem op haar beurt dat hij te rationeel was en geen begrip opbracht voor haar emoties. Christian nam het initiatief om in therapie te gaan. Beiden waren van mening dat de jarenlange zwijgzaamheid in de relatie niet meer te verdragen was. Ze hielden er rekening mee dat ze na de therapie uit elkaar zouden gaan of zouden scheiden.

De therapeutische gesprekken verliepen aanvankelijk zeer moeizaam. Beiden waren afwachtend, wantrouwig en gesloten. Ze verwachtten dat de therapeut hen ondervroeg en thema's aanreikte. Ze gedroegen zich daarbij verward en ontwijkend. Van doorslaggevend belang voor de therapie was het gedetailleerd onder de loep nemen van hun relatiegeschiedenis.

Ze kenden elkaar al van de middelbare school. Het was voor allebei hun eerste vaste relatie. Vera diende op in de zaak van haar ouders. Christian zocht haar daar op en werd op haar verliefd. Ze leek hem echter onbereikbaar, want hij dacht dat ze al een vaste vriend had. Hij imponeerde haar omdat hij de moed had openlijk tegen de directeur van de school in te gaan.

Vera's ouders waren volledig tegen de relatie gekant. Toen Christian en Vera huwden, amper twintig en nog student, saboteerden haar ouders het huwelijk zodat ook Christians ouders er niet waren. Ondanks de tegenkanting van hun ouders dreven ze hun zin door, zonder hulp en contact. Ook later gingen de kinderen nooit naar Vera's ouders. Vera had echter een goede relatie met een oom, die met zijn zes kinderen een voorbeeld voor haar was.

De eerst jaren van hun huwelijk woonden ze kinderloos in een woongemeenschap. Het waren de beste jaren van hun relatie. Na drie jaar huwelijk betrokken ze een eigen woning. Samenleven met zijn tweetjes alleen werd door geen van beiden goed verteerd. Er deden zich opeenvolgende gebeurtenissen voor die niet werden verwerkt: een ongewenste zwangerschap die uit financiële overwegingen uitliep op een abortus. Voor Vera was die abortus een zware emotionele dobber. Christian deed er echter zeer nuchter over. In de 25 jaar die sindsdien waren verlopen hadden ze nooit over die periode gesproken. Vera vertelde tijdens de therapie in tranen hoe erg ze had geleden in stilte en hoezeer ze zich door de reactie van haar man gefrustreerd en in de steek gelaten had gevoeld. Vera begon kort daarna een relatie met een andere man, wat Christian diep kwetste. Ook daarover werd nauwelijks gesproken. Christian ging eveneens tijdelijk een andere relatie aan.

De geboorte van hun eerste kind, na zeven jaar huwelijk, veroorzaakte een grondige verandering. Vanaf dan namen kinderen in de relatie de centrale plaats in. Het was pas tijdens de therapie dat Christian besefte dat het feit dat Vera zich zo focuste op hun kind hem had gekwetst. Zonder het te weten was hij jaloers geweest omdat zijn zoon hem zijn vrouw had ontnomen. Een paar jaar later werd hun dochter geboren. In de therapie kwam voor het eerst ter sprake hoe het meisje er was gekomen. Ze was namelijk verwekt door een gemeenschappelijke vriend. Ze hadden een zeer nauwe band met de vriend en zijn gezin. Toen Vera haar vriend op de hoogte bracht van haar zwangerschap, eiste hij dat ze een abortus onderging. Vera wilde het kind echter houden omdat ze van hem hield. Daarop verbrak hij abrupt de relatie. Achttien weken lang hield Vera de zwangerschap geheim. Toen Christian het te weten kwam eiste ook hij een abortus. Daarvoor was het echter al te laat. Christian was diep gekrenkt. Vera heeft sindsdien elk contact met die vriend vermeden. De 13-jarige dochter weet nog steeds niets over haar buitenechtelijke afkomst. De vriend heeft nooit contact gezocht met zijn dochter. Christian en Vera hadden hierover nog nooit echt met elkaar gepraat. Sindsdien zwegen ze tegen elkaar. 'Ieder is een eenzame steppewolf, die lijdt en gefrustreerd is omdat hij van de ander niets meer krijgt.' Vera heeft nooit aan haar man kunnen uitleggen dat haar frequente liefdesrelaties nauw verband hielden met haar eenzaamheid in het huwelijk. Door zijn rationele controle onderdrukte Christian zowel zijn eigen gekwetste gevoelens als de gevoelens van Vera. Dat deze gebeurtenis in de therapie werd besproken, betekende zowel voor Vera als voor Christian een bevrijding. De echtelijke sfeer werd meer ontspannen, wat ook de kinderen opmerkten. De kinderen waren door de spanning tussen hun ouders ten zeerste verontrust en steunden de relatietherapie.

In de therapie hielden we ons verder bezig met twee thema's:

- *De afgebroken vriendschap tussen Vera en haar vriendin stond een periode centraal in de relatietherapie. Christian had zeer onder die vriendschap geleden omdat hij jaloers was op de intimiteit tussen Vera en die vrouw. 'Ik had echter niet het recht haar die relatie te verbieden', antwoordde hij op de vraag waarom hij haar nooit had verteld dat hij jaloers en gekwetst was. Vera had het gevoel gehad dat hij niet achter haar stond. Ieder voelde zich eenzaam naast de ander.*

– *De 13-jarige dochter wist niets over haar biologische vader. Moesten ze het haar vertellen? Aangezien de verhouding tussen haar en Christian toch al gespannen was omdat ze in de puberteit zat, moesten we zorgvuldig overleggen of ze de dochter al dan niet samen op de hoogte zouden brengen, of ze het de broers en zusters ook moesten vertellen en of de biologische vader op de hoogte moest worden gebracht. We konden er immers van uitgaan dat het meisje contact met hem zou willen opnemen.*

Tijdens de bespreking van de relatiegeschiedenis waren belangrijke taboethema's ter sprake gekomen. Het pantser waarin ze zich hadden gehuld werd doorbroken. De aanleiding voor de therapie was de verbroken vriendschap tussen Vera en haar vriendin. Doordat de compenserende functie van die relatie verloren ging, werd het zwijgen tussen Vera en Christian ondraaglijk en moest een latente ontwikkeling alsnog worden doorgemaakt. De partners hebben uiteindelijk elkaar teruggevonden, ook op seksueel gebied.

Voor onze ecologische benaderingswijze is het onderzoek van de relatiegeschiedenis een belangrijke basis (zie hoofdstuk 12). Bij de behandeling van het conflict gaat het om de verwerkelijking van latente ontwikkelingen in de relatie, die tijdens het samenlevingsproces werden vermeden en onderdrukt. De arrangementen die partners kunnen sluiten om angst inboezemende ontwikkelingsuitdagingen te vermijden, vormen het onderwerp van het volgende hoofdstuk over neurotische liefdesconflicten.

Stadium in de liefde	Uitdaging voor de persoonlijkheidsontwikkeling	Angsten en afweermechanismen
1. **Hunkering naar liefde**	De eigen behoefte aan liefde erkennen	Angst zich over te leveren aan de dynamiek van de liefde; afweer door de hunkering naar liefde te ontkennen of zodanig aan te wakkeren dat die onvervulbaar wordt
2. **Partnerkeuze**	Hoop op een bijsturing van de voorafgaande relationele ervaringen en persoonlijke en familiale foute ontwikkelingen	Angst voor een herhaling van een vroegere mislukking; afweer door een (schijnbaar) beheersbare en controleerbare partner te kiezen
3. **Verliefdheid**	Zich openstellen voor de verwezenlijking van nieuwe levensdoelstellingen	Angst om de controle te verliezen, te regrediëren, te versmelten; afweer door een afwijzende houding of door gecontroleerde verliefdheid voor een onbereikbare partner
4. **Ontgoocheling en eenzaamheid in de liefde**	Beperkingen van de liefdesrelatie aanvaarden als een middel tot autonome ontplooiing	Angst een ongelukkige verbintenis aan te gaan of verlatingsangst; afweer door idealisering van geluk en harmonie in de liefde of door ontvluchten van de relatie bij teleurstellingen
5. **Compensaties voor de beperkingen van de liefde**	Pragmatische, compenserende relaties waarbij de liefdesrelatie nog steeds primair is	Angst om de partner van de aan hem gestelde verwachtingen te ontslaan; afweer door jaloezie wegens compenserende relaties of door geen bereidheid tot compromissen in de aanspraken die men aan de partner stelt
6. **Creatie van een gezamenlijke leefwereld**	Het potentieel bindend investeren	Angst voor verlies van vrijheid en zelfstandigheid; afweer door het openhouden van vluchtwegen, door huwelijksfobie of door een contrafobische vlucht naar voren met het opblazen van alle bruggen

7. Stichting van een gezin	Zich laten gebruiken om samen vruchtbaar te worden; verantwoordelijkheid voor anderen op zich nemen; flexibel afstemmen van de aanspraken op zichzelf, op de partnerrelatie en op de kinderen	Angst te zeer in beslag te worden genomen door de kinderen; afweer door alternatieven voor een eigen kroost te zoeken of door contrafobische totale toewijding voor het kind
8. Lossere coördinatie van de levenslopen in de tweede helft van het leven	Inhalen van tot dusver uitgestelde ontwikkelingen, grotere autonomie	Angst uit elkaar te zullen groeien, angst voor de vrijheid van de partner, angst defintief kansen te hebben gemist; afweer door beknotting van de vrijheid van de partner
9. Pensionering en grootouderschap	Herstructurering tot een tweerelatie met instandhouding van voldoende autonomie; gezond verstand bij het vervullen van de grootouderrol	Angst voor een exclusieve tweerelatie; afweer door hatelijkheden en machtsstrijd
10.Huwelijk op oudere leeftijd	Verzoening, er zijn voor elkaar en tevens bereid zijn los te laten en afscheid te nemen	Angst voor gebrekkigheid of die niet willen zien, angst voor de dood van de partner; afweer door zich aan hem vast te klampen
11.Weduwe of weduwnaar	Elementen van de gezamenlijke wereld integreren in de persoonlijke leefwereld, vrijgekomen mogelijkheden tot persoonlijkheidsontwikkeling realiseren	Verlies aan levensvreugde, verstarde instandhouding van de vroegere gezamenlijke wereld; afweer door het vermijden van het rouwproces door een overhaaste nieuwe partnerrelatie
(Echt)scheiding	Verwerken van de krenkingen; analyse van de begane fouten en van de consequenties voor de nieuwe relatie	Vijandelijkheden en wraak op het andere geslacht, angst voor herhaling; afweer door een vlucht naar voren in een nieuwe partnerrelatie of door idealisering van de nieuwe relatie en conflictvermijding

Hoofdstuk 9

Onbewuste en neurotische liefdesconflicten

Om de angsten en conflicten in liefdesrelaties binnen een partnerrelatietherapie te kunnen beoordelen werken we van wat zich aan de oppervlakte manifesteert naar de dieper liggende achtergrond toe. Gestart wordt met de tot dusver beschreven, rationeel te verklaren belangenconflicten om vervolgens met de partners te peilen naar het diepere, onbewuste, zogenaamd neurotische liefdesconflict. Misschien overschatten sommige psychoanalytisch georiënteerde therapeuten het belang van neurotische conflicten, meer bepaald de invloed van traumatiserende ervaringen in de relatie met de ouders. Liefdesrelaties hoeven niet te bestaan uit een dwangmatige, eindeloze herhaling van destructieve patronen uit het verleden. Liefdesrelaties bieden integendeel de mogelijkheid om traumatiserende ervaringen te corrigeren die men in zijn jeugd of daarna opdeed en zijn dan ook wezenlijk te beschouwen als een poging tot heling. Sommige mensen zitten vanwege dergelijke negatieve ervaringen opgescheept met een overmatige hunkering naar de liefde die ze in hun kindertijd moesten ontberen en zijn tegelijkertijd doodsbang voor de vervulling van dat verlangen. Collusie (Willi, 1975) biedt hun een schijnbaar ideale oplossing. Bij collusie vinden twee partners met gelijkaardige en verwante vormen van verlies elkaar in de liefde. De ene wil het verlangen uit zijn kindertijd bevredigd zien. De andere wil zijn eigen hunkering bevredigen door het verlangen van de ander in te lossen. Elk van beiden heeft het gevoel dat de ander hem voor die taak nodig heeft. De partners denken dat ze op een unieke wijze voor elkaar zijn voorbestemd. Het probleem is echter dat in een dergelijk arrangement geen plaats is voor evolutie. Een (of beide) partner probeert de ander verkrampt in een bepaalde positie (bijvoorbeeld de rol van helper en verpleger) vast te zetten, waardoor diens persoonlijke ontwikkeling binnen de relatie verhinderd wordt. Collusies zijn echter geen onvermijdelijk en onoverkomelijk lot. Ze zijn in de meeste gevallen slechts een voorbijgaande fase. Sommigen wagen zich aanvankelijk alleen aan een liefdesrelatie als ze daarin de rol van helper of leider op zich kunnen nemen of als ze merken dat ze in hun rol als hulpeloze de helper aan zich kunnen binden.

'Normale' en 'neurotische' partnerconflicten

In hoofdstuk 8 hebben we geschetst welke specifieke persoonlijkheidsontwikkelingen in de afzonderlijke fases van elke liefdesrelatie als opdracht vereist worden. Die vereiste persoonlijkheidsontwikkelingen kunnen angst inboezemen, zodat men teruggrijpt naar afweermechanismen waarmee zonder gezichtsverlies een streep onder de relatie kan worden getrokken of waarmee de vereiste ontwikkelingen geheel of gedeeltelijk overbodig worden gemaakt.

We zijn ervan uitgegaan dat de liefdesrelatie nodig is voor de verwezenlijking van het persoonlijk potentieel van de partners. Deze zelfontplooiing in de liefde dient weliswaar het eigenbelang, maar kan slechts succesvol zijn als er sprake is van een geëngageerde beantwoording door de partner. Daarbij dient in de relatie voor de zelfontplooiing van beide partners evenveel plaats te zijn. In een dergelijk complex en veeleisend gebeuren zijn belangenconflicten tussen de partners onvermijdelijk. Ondanks alle inspanningen om de belangen en ontwikkelingsopdrachten met elkaar binnen de partnerrelatie op elkaar af te stemmen, zijn credit- en debetzijde van de balans moeilijk te bepalen. De maatschappelijke voorbeelden die men tot leidraad neemt voor de zelfontplooiing veranderen bovendien snel. Dat kan de partners onzeker maken en conflicten in de hand werken. Het grote belang dat gehecht wordt aan de liefde, gecombineerd met de zwakte van andere maatschappelijk-culturele stabilisatoren, maakt van de partnerrelatie een gevaarlijk avontuur waarbij men steeds rekening moet houden met een scheiding. Daardoor is het moeilijker om de partner onbeperkt te vertrouwen en zich onvoorwaardelijk in de relatie te engageren. Men moet op zijn hoede zijn dat men uiteindelijk niet bedrogen uitkomt. Men dient er zeker van te zijn dat men ook zonder partner kan voortleven. Al die conflicten zijn normaal in een liefdesrelatie. Vandaar dat ik ze als *'normale partnerconflicten'* betitel. In onze opvatting van de relatietherapie komt de behandeling van dergelijke conflicten op de eerste plaats. Normale belangenconflicten tussen partners zijn in grote mate begrijpelijk en men kan er zich gemakkelijk in inleven.

Er bestaan echter ook 'neurotische' partnerconflicten, waarbij oog dient te zijn voor de zogenaamde 'neurotische' achtergronden van normale partnerconflicten. Dergelijke conflicten zijn niet onmiddellijk uit de onderlinge relatie van de partners te verklaren en lijken irrationeel. Ze vinden hun oorzaak in diepere persoonlijke disposities. Vaak is dat het onvermogen om met ambivalenties om te gaan. Een dergelijke neurotische ambivalentie vinden we bijvoorbeeld bij een man die intimiteit zoekt bij een vrouw, om haar af te wijzen zodra de wens naar intimiteit is vervuld. Het is aannemelijk dat die ambivalentie niet in eerste instantie voortvloeit uit het gedrag van de vrouw, maar dat er persoonlijke motivatieconflicten van de man in het spel zijn. Meestal is dat een ambivalente band met zijn moeder, wier nabijheid hij enerzijds zoekt en anderzijds vreest. Die ambivalente binding met zijn moeder zal hij overdragen op zijn relatie met zijn partner. Dat is evident omdat hij in beide relaties veel parallellen ervaart. Hij zal met zijn partner echter niet alleen de moederrelatie opnieuw willen ensceneren, maar tevens hopen dat hij met deze partner nu de ambivalentie kan overwinnen. Het aandurven en aangaan van een partnerrelatie is derhalve dan ook te beschouwen als een poging tot heling.

Wat is het verschil tussen een normaal en een neurotisch partnerconflict? Bij een normaal partnerconflict gaat het om een belangenconflict tussen beide partners. De achterliggende motivatie ervan kan weliswaar aanvankelijk onbewust en onuitgesproken zijn. Angsten en afweermechanismen kunnen de openlijke discussie erover in de weg staan of beide partners kunnen een destructief gedrag vertonen, maar het conflict op zich is te verklaren vanuit de partnerrelatie zelf.

Bij neurotische conflicten spelen bijkomend diepere, persoonlijke redenen mee die hun oorsprong vinden in vroegkinderlijke trauma's of in kwetsende ervaringen in vorige partnerrelaties. De huidige liefdespartner moet dus eigenlijk de rekening van zijn voorganger vereffenen of opdraaien voor zaken waarvoor hij niet aansprakelijk is. Een partnerconflict is neurotisch als het niet te verklaren is als een normaal belangenconflict tussen twee partners, maar berust op de last die men meesleept uit vorige kinderlijke of volwassen liefdesrelaties.

Psychoanalytisch georiënteerde therapeuten en cliënten hebben de neiging om bij elk partnerconflict onmiddellijk de relatie met de moeder of vader onder de loep te nemen. Dat levert echter weinig bruikbare resultaten op. Ik ben blij dat de psychoanalytische relatietherapeuten Reich en Cierpka (1996, blz. 290) waarschuwen om het niveau van de onbewuste transacties zowel in theorie als in de praktijk niet te overschatten. Ze bekritiseren therapeuten die in de diagnostiek en behandeling van partnerrelaties alleen maar oog hebben voor de onbewuste transacties en alleen die als relevant beschouwen. Belangrijke andere facetten in partnerrelaties worden zo over het hoofd gezien of ondergewaardeerd.

Volgens mij is het nuttig om in de partnerrelatietherapie van het oppervlakkige naar het diepere toe te werken, van de normale psychologische fenomenen naar de pathologische. Daarbij mag men er pas van uitgaan dat pathologische fenomenen aanwezig zijn indien de behandeling van het conflict als een normaal belangenconflict niets oplevert. Vooral in de relatietherapie, waar de therapeut nauw betrokken is bij de wederzijdse aanklachten en krenkingen, schildert men elkaar graag af als irrationeel, hysterisch, psychopathisch, abnormaal enzovoort. Ook het collusiemodel dat ik in 1975 beschreef, werd daartoe vaak misbruikt. Het moet in dit hoofdstuk in het juiste perspectief worden gezien.

Voor de relatietherapie is het nuttig om pragmatisch om te springen met de uit de psychoanalyse verworven kennis over het neurotische conflict als zijnde een conflict tussen een infantiel, vaak onbewust verlangen en het overeenkomstige afweermechanisme (zie Luborksky, 1988). Ik benadruk liever het afweren van een latente ontwikkelingsfase dan het afweren van infantiele verlangens. Bij een afweer van infantiele verlangens ligt de klemtoon op de pathologie, terwijl bij een afweer van de latente ontwikkelingsfase het accent op de noodzaak van een gezonde ontwikkeling binnen een partnerrelatie ligt (co-evolutie genoemd; zie Willi, 1996).

Individuele neurotische relatietendensen

Het begrip neurose is vooral een psychodynamisch concept, veeleer dan een formele psychiatrische diagnose. Het schenkt de psychotherapie een model waarmee inadequaat en irrationeel relatiegedrag kan worden verklaard. Neurotische relatietendensen stellen we vast bij heel wat mensen die het leven nochtans aankunnen en succesvol zijn in hun carrière. In de intieme sfeer veroorzaken deze neurotische tendensen veel leed en destructiviteit. Talloze mensen beklemtonen dat ze in elk opzicht met het leven overweg kunnen, maar dat ze in partnerrelaties steeds weer in destructieve situaties terechtkomen en mislukken. Hoe valt dat te verklaren?

Blijkbaar worden in liefdesrelaties diepe persoonlijke disposities aangesproken die in andere relaties onberoerd worden gelaten. Een liefdesrelatie weekt herinneringen los aan andere liefdeservaringen, meer bepaald met de moeder. Het zijn zowel gelukkige en bevredigende als pijnlijke herinneringen. Men vreest dat de vroegere negatieve ervaringen met liefde zich zullen herhalen en men wil zich beschermen tegen nieuwe pijn. Maar anderzijds worden in een liefdesrelatie ook verlangens losgemaakt naar die grote, alles vervullende liefde die boven alle pijn is verheven, die in staat is om de vroegere trauma's te helen en te compenseren. De hoop wordt gewekt dat men zijn relatiedeficits, remmingen en beperkingen kan overwinnen. Tegelijk koestert men echter de angst dat alles een illusie zal blijken. Het vooruitzicht om opgenomen te worden in een liefdesrelatie met een partner waarop men volledig kan vertrouwen, roept regressieve wensen op om aan deze verleiding toe te geven en om zich te laten dragen. Tegelijk is men bang dat men zich daardoor aan de ander overlevert en de controle op het eigen leven uit handen geeft.

Neurotische relatietendensen uiten zich vaak in een pijnlijke ambivalentie. Bij mannen is dat gewoonlijk de ambivalentie tussen nabijheid en afstand. Ze verlangen naar nabijheid maar verdragen deze niet. Vaak hangt die ambivalentie samen met de relatie tot de moeder. Centraal staat de angst voor de verslindende moederliefde, voor haar onbeperktheid, voor haar destructieve kracht. Net zo goed kan het echter gaan om de afwezige moeder, de gefrustreerde en onberekenbare moeder die een groot verlangen opwekt, samen met de angst steeds opnieuw door haar in de steek te zullen worden gelaten.

De neurotische ambivalentie van vrouwen kan zich manifesteren in een verlatingsangst. Ze compenseren die door zich overmatig vast te klampen aan hun partner en zich volledig aan hem te wijden, door afhankelijkheid, horigheid of versmelting die zo ver kan gaan dat hun partner hen afwijst en verlaat. Daardoor wordt voor deze vrouwen bevestigd dat ze in de liefde niet de moeite waard zijn.

Het destructieve van neurotische stoornissen is dat de herhaling van de mislukking wordt uitgelokt. De slaagkansen van een relatie worden gefnuikt door de vrees dat de te verwachten teleurstelling ondraaglijk zal zijn eens men de liefde gewoon geraakt is. Ambivalentie is een normaal relationeel fenomeen. Elke mens verlangt tegelijk naar binding en vrijheid, naar nabijheid en afstand, naar zelfbeschikking en gemeenschap, naar vertrouwdheid en nieuwigheden. De ambivalentie van de neurotische mens verschilt van die van een gezonde mens door de mate waarin hij niet in staat is om de conflicterende tendensen om te buigen tot een compromis of te beschouwen als een op te lossen conflict (zie hoofdstuk 3, relatiedilemma's bij de zelfontplooiing van geliefden).

Neurotisch gedrag in de relatie

Neurotisch gedrag in de relatie kan zich manifesteren aan de hand van bepaalde symptomen. Er duikt een symptoom op dat zowel voor de betrokkene als voor zijn partner onverklaarbaar is. Waarom faal ik seksueel bij de vrouw die ik het meest bemin? Waarom krijg ik paniekaanvallen net op het moment dat alles in de relatie rimpelloos verloopt? Dergelijke symptomen wijzen volgens ons op een latente, onvoltrokken ontwikkeling (zie Willi, 1996, Willi, Frei en Günther, 2000). Bovendien gebeurt het vaak dat de betrokkenen zich uit alle macht verzetten tegen psychotherapie. Er zijn nog veel andere, merkwaardige symptomen die voor de betrokkenen onbegrijpelijk zijn. Waarom heb ik zo een onverklaarbare angst voor de burgerlijke stand? Waarom gedraag ik me juist zo agressief tegenover de man die zo lief en attent is voor mij?

Mensen met neurotische karaktertrekken zijn vaak sensitief, kwetsbaar, onzeker en koesteren regressieve en kinderlijke verlangens. Die wensen kunnen direct zichtbaar zijn of zich verbergen achter een overcompenserende façade. Het zijn wensen tot versmelting, harmonie, idealisering, de wens naar een onvoorwaardelijk horen-bij, naar een onvoorwaardelijke afhankelijkheid en tederheid. In hun onvolkomenheid lijken ze nood te hebben aan hulp. Ze zijn bovendien bereid om de helper te idealiseren en te overladen met dankbaarheid. Ze wekken bij hem de illusie dat hij de hunkering van de betrokkene zal kunnen bevredigen en hem uit die onbevredigende toestand zal kunnen verlossen. De onderdrukte neurotische verlangens verlenen aan de relatie een bijzondere intimiteit, zin en exclusiviteit. De vervulling ervan gaat echter gebukt onder een diepe ambivalentie. Zodra de vervulling van de wensen zich begint af te tekenen, laat de keerzijde van de ambivalentie zich gelden door middel van afweermechanismen en brutale en kwetsende afwijzing. Als de partner zich dan terugtrekt of een streep trekt onder de relatie, welt in de neurotische persoon opnieuw een diep verlangen op naar een geslaagde grote liefde. Hoe moet zo iemand met zijn neurotische relationele ambivalentie omgaan? Moet hij relaties vermijden vanuit het besef dat hij er niet voor geschikt is? Moet hij zich verzoenen met de neurotische dispositie als ware het een deficit, net zoals men moet leren leven met een fysieke handicap? De betrokkenen zullen niet akkoord gaan met een dergelijke advies van gelatenheid en berusting. Ze zoeken naar mogelijkheden om in de liefde een arrangement aan te gaan waarbij ze beschermd worden zowel tegen overvraagd worden als tegen het gevaar om de controle te verliezen. Ze vinden die in onderstaande collusies.

Collusies als een onbewust arrangement om beangstigende relationele verlangens op een veilige wijze te bevredigen

Uit het collusiemodel (Willi, 1975) blijkt dat de individuele ambivalentie van verlangens en afweermechanismen schijnbaar kan worden opgeheven met een relationeel arrangement, waarbij de regressieve liefdesverlangens van de partners en hun afweermechanismen onderling op elkaar afgestemd zijn.

Definitie van collusie: (Lat. *colludere*: met iemand spelen, onder een hoedje spelen)

Bij collusie gaat het om een onbewuste en onuitgesproken wederzijdse medeplichtigheid in het samenspel van de partners.

Collusie stelt hen in staat onrijpe liefdesverlangens te bevredigen en tot vervulling te brengen en tegelijk afweermechanismen te hanteren om de opgeroepen angsten te beteugelen. De collusie roept een gevoel op van bijzondere nabijheid en onmisbaar-zijn voor elkaar. Ze weekt hoge ontwikkelingsverwachtingen los en is voor sommigen de enige manier om zich aan een liefdesrelatie te durven toevertrouwen. Een collusie wordt pathologisch als ze de partners tot een relatievorm verplicht waaruit geen ontsnappen mogelijk is en die geen ruimte laat voor verdere ontwikkeling en verandering. De aan de partner gedelegeerde persoonlijkheidsaspecten vormen een aanslag op diens persoonlijke integriteit en autonomie.

De belofte om geluk te vinden in de liefde stimuleert op bijzondere wijze de hoop op de bevrediging van onrijpe en weinig realistische verlangens. Men verlangt ernaar om zich te laten gaan en de controle te laten varen. Men droomt ervan om zich te laten vertroetelen en om zich met zorg te laten omringen. Men hunkert ernaar om zich beschermd en geborgen te weten. Men streeft ernaar om op te gaan in de versmelting met de partner. Het verlangen wordt wakker om trots te kunnen zijn op zijn partner en om samen met hem door de sociale omgeving te worden bewonderd. Gelijktijdig is men echter beducht voor de vervulling van zulke verlangens. Men schaamt zich ervoor en is bang dat men zich belachelijk zal maken. Er is angst dat men door de bevrediging van die aanspraken afhankelijk zal worden van de partner en ondergeschikt zal zijn aan hem. Zo kan men angstig bedenken dat deze wensen alleen werkelijkheid mogen worden als men daardoor niet in een ondergeschikte positie terechtkomt. Het zou geruststellend werken om te merken dat men bij de vervulling van dergelijke kinderlijke verlangens de partner evenzeer beheerst als men zelf wordt beheerst. Hoe kan men daarin slagen? De oplossing bestaat erin om een partner te zoeken die weliswaar gelijkaardige verlangens heeft, maar er op een andere manier mee omgaat. Het gaat daarbij om een partner die niet streeft naar de vervulling van zijn regressieve verlangens maar ze integendeel probeert te overwinnen. Een dergelijke partner beseft dat zijn eigen kinderlijke verlangens getuigen van onrijpheid, maar is er nog niet in geslaagd om deze van zich af te zetten. Hij is er wel naar op zoek en opuit om zich ervan te bevrijden. Dat zal hem het gemakkelijkste lukken indien hij die regressieve wensen niet bij zichzelf maar bij iemand anders vervult. Op die manier kan hij zich op een 'volwassen' manier ontplooien. In plaats van zich te laten gaan, zal hij houvast bieden en grenzen stellen aan de partner. In plaats van aan de verleiding toe te geven en de controle te verliezen, zal hij over de partner controle uitoefenen. In plaats van zich met zorgen te laten omringen, zal hij zelf de zorg voor de ander opnemen. In plaats van bescherming te zoeken zal hij zelf bescherming en geborgenheid aanbieden. In plaats van dankzij de ander een hoger sociaal aanzien te verwerven, zal hij zich door hem laten bewonderen. Al die ontwikkelingen zijn mogelijk omdat de partner er aanspraak op maakt, omdat de partner hem nodig heeft en zonder hem het leven niet aankan. Het zal gemakkelijker zijn om de eigen regressieve wensen te laten varen, wanneer men die wensen bij de ander in vervulling kan laten gaan. Het is zoals bij een kat: als je die streelt beleef je evenveel tederheid alsof je zelf zou worden gestreeld. Men heeft het gevoel zelf iets te ontvangen als men de ander iets schenkt, om geholpen te worden als men de ander helpt. De mogelijkheid om iets voor de geliefde te doen verleent zin, inhoud en een functie aan de eigen liefde. Ze is een opkikker voor de eigenwaarde en stimuleert en bevestigt de zelfontplooiing. Voor iemand anders nodig zijn schenkt mensen energie, sterkte en een levensdoel.

Wie nog veel heeft in te halen van de als kind gekoesterde verlangens, wat een gevolg kan zijn van de vroegkinderlijke ervaringen met de ouders, of wie op een bijzondere manier zelfbevestiging zoekt, zal in een liefdesrelatie erg aanspreekbaar zijn voor de mogelijkheid om het gemis alsnog in te halen en tot vervulling te brengen. Dit kan gerealiseerd worden op een rechtstreekse manier door deze eigen kinderlijke aanspraken in de partnerrelatie aan bod te brengen. Dit kan evengoed onrechtstreeks bewerkstelligd worden, door de vervulling van deze kinderlijke verlangens aan te bieden aan de partner.

Als we dat gegeven bekijken in het licht van de wisselwerking tussen twee partners, dan bestaat de kans dat twee partners elkaar vinden waarbij de ene in de relatie de behoefte inbrengt om zijn eigen verlangens te laten vervullen en de ander de uitdrukkelijke wens heeft om de verlangens van de partner te bevredigen. De positie van de eerste is *regressief*, van de tweede *progressief*. Hun complementaire positie berust op verwante verlangens die ze met tegengestelde modaliteiten willen verwezenlijken. Een dergelijk samenspel noemen we *collusie*.

Collusieschema

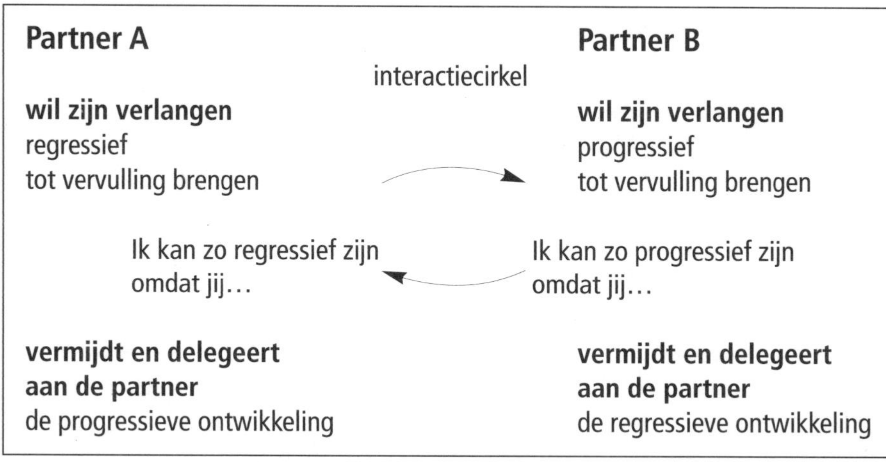

Regressieve positie: hulpeloos zijn, vertroeteld willen worden, behoefte hebben aan leiding, zich afhankelijk willen opstellen tegenover de partner en zich aan hem overleveren.
Progressieve positie: helpen, vertroetelen, geborgenheid bieden, leiden, controleren, houvast bieden, verantwoordelijkheid voor de ander opnemen, kern van de relatie zijn.

Schematisch voorgesteld (zie hierboven) verloopt het samenspel als volgt. De partner in de regressieve positie heeft de behoefte om zijn eigen regressieve verlangens en tekorten in te halen. Hij vermijdt om de aanspraken van zijn partner in te willigen en om zich op een volwassen, rijpe manier in de relatie te gedragen. Hij delegeert zijn progressieve 'volwassen' ontwikkeling aan partner B. Partner B neemt die progressieve functies over omdat ze door A worden gedelegeerd enerzijds en omdat hijzelf dankzij de progressieve functies zijn regressieve verlangens binnen de relatie wil bevredigen anderzijds. Hij vermijdt de vervulling van zijn eigen regressieve behoeften omdat hij bang is voor de ermee verbonden afhankelijkheid en kinderlijk gedrag. Hij schermt zijn progressieve positie in de relatie af door zijn regressieve verlangens te delegeren aan partner A. Allebei delegeren ze dus aan de partner die vorm van vervulling van kinderlijke verlangens die ze zelf afwijzen. Bij de partnerkeuze kan partner A dan zeggen: 'Ik kan me in deze relatie zo regressief gedragen omdat jij zo progressief bent.' Partner B kan stellen: 'Ik kan me in deze relatie zo progressief gedragen omdat jij zo regressief bent.' Zo vullen de partners elkaar schijnbaar ideaal aan.

Het omslaan naar een destructieve collusie

Na verloop van tijd zal echter blijken dat de collusie voor het samenleven geen bevredigend arrangement meer is. De vervulling van de regressieve aanspraken is na verloop van tijd niet meer te verzoenen met een positief gevoel van eigenwaarde. De regressieve partner voelt meer en meer de behoefte om zich op een rijpere manier te gedragen en te ontwikkelen. Hij heeft de beleving dat de progressieve partner hem vernedert. Hij voelt zich afhankelijk worden van de progressieve partner en begint zich tegen hem te verzetten. Toch blijft hij gevangen in de ambivalentie om zijn regressieve verlangens door de partner te laten bevredigen enerzijds en zijn behoefte om zelf verantwoordelijkheid op te nemen anderzijds. Hij is kwaad op zijn partner, die hij ervan de schuld geeft dat hij geen uitweg vindt uit die ambivalentie. De progressieve partner zal bij hoog en bij laag volhouden dat hij zijn regressieve partner volledig vrij laat om de verantwoordelijkheid voor zichzelf op te nemen. Nochtans versterkt hij uit eigenbelang de regressieve positie van de ander door geen tegenkracht te geven tegenover diens regressieve neigingen. Hij blijft zijn progressieve rol spelen en reageert op de regressieve woede van de partner op een overmatig begripvolle, 'therapeutische' en sussende manier, waarbij hij de ander verzekert dat hij hem alleen maar wil helpen.

Een collusie bindt de partners op een bijzondere manier. De partners hebben de indruk dat de fitness (het samen-passen of 'klikken') van hun beoogde vormen van vervulling uniek is en onmogelijk nog eens kan voorkomen. Hun samenleven speelt zich af in een exclusieve tweerelatie. Ze zijn veel met zichzelf bezig en sluiten zich af van de buitenwereld. Ze denken dat de omgeving het unieke van hun relatie toch niet kan inzien.

Het probleem bij collusie is echter dat er nauwelijks ruimte overblijft voor evolutie. De partners hebben elkaar nodig in hun wederzijdse posities voor de eigen stabiliteit binnen de relatie. Zelfs al maken ze elkaar verwijten over het progressieve, respectievelijk regressieve gedrag, dan nog houden ze dat gedrag in stand en willen of kunnen zij zelf geen uitweg meer vinden uit dat arrangement. De partners zitten in de val. Aan de ene kant voldoet de collusie niet meer zoals in het begin, omdat deze hun niet de mogelijkheid biedt om zich verder te ontwikkelen. Aan de andere kant zijn ze bang om uit de collusie te stappen, omdat ze vrezen dat de relatie dan zal uiteenvallen. Het feit dat er geen mogelijkheid lijkt te bestaan om zich van de collusie te ontdoen, wekt haat en minachting voor de partner op en werkt een destructieve, maar onlosmakelijke relatie in de hand.

Praktijkvoorbeeld 6:
Hugo en Liesbeth zijn ongeveer vijftig. Ze maken een afspraak omdat ze zich geen raad meer weten met hun ruzies. Ze wonen sinds drie jaar samen. Hij was vrijgezel. Zij was gescheiden en kinderloos.

Ze geven een voorbeeld van een van hun ruzies. Een vriendin van Liesbeth krijgt te horen dat ze kanker heeft. Liesbeth wil haar bezoeken nog voor ze in het ziekenhuis wordt opgenomen. Hugo wil echter zijn auto voor onderhoud naar de garage brengen en vraagt Liesbeth met de andere auto tot bij de garage te rijden, zodat ze samen kunnen terugkeren. Liesbeth heeft daar niet veel zin in, maar geeft dan toe met de gedachte dat hij haar op de terugweg bij haar vriendin kan afzetten. Gewoon uit vriendelijkheid zegt Hugo dat hij wel in de auto op haar zal wachten. Liesbeth is daarover niet zo opgezet. Ze was liever op haar eentje met de tram teruggekeerd. Hugo staat er echter op. Als Liesbeth een half uurtje bij haar vriendin is, krijgt ze een telefoontje van Hugo, die woedend is dat ze hem zo lang laat wachten. Liesbeth is ten zeerste geschrokken door die reactie en voelt zich beschaamd tegenover haar vriendin. Hugo rijdt woedend alleen naar huis, waar de ruzie bij de thuiskomst van Liesbeth wordt voortgezet.

De achterliggende reden voor deze en gelijkaardige ruzies is dat Hugo de indruk heeft dat Liesbeth voor alles en iedereen tijd heeft, behalve voor hem. Andere mensen of taken zijn steeds belangrijker dan hij. Hij voelt zich aan de kant geschoven, gefrustreerd en te kort gedaan.

Liesbeth verlangt naar harmonie en vreest in de relatie al snel dat haar partner haar niet meer zal beminnen en zal verlaten. Ze wil bij ruzies de plooien zo snel mogelijk gladstrijken en de vrede en harmonie herstellen. Dat gedrag maakt Hugo pas echt woedend. Hij vindt dat hij het recht heeft om in een liefdesrelatie verzorgd en vertroeteld te worden, temeer omdat hij aan astma lijdt. Hij weet wel dat die eisen niet reëel zijn. Hoewel zijn verstand het hem anders zegt, probeert hij gevoelsmatig aan de beperkingen van de realiteit voorbij te gaan. Wat hij nog het minst kan verdragen is dat Liesbeth hem wil heropvoeden en de les lezen.

Vanuit zijn relatiegeschiedenis is het belangrijk om te weten dat hij, voor ze elkaar leerden kennen, vier jaar lang een relatie had met een vrouw met twee kinderen. Ook toen voelde hij zich verwaarloosd. Zijn vriendin had hem niet als een derde kind willen beschouwen. Hij had bij de aanvang van de relatie de indruk dat Liesbeth de ideale vrouw was. Ze leek toen zo liefdevol, moederlijk en begripvol tegenover hem. In de loop van de therapie komt Hugo tot het besef dat hij dat wat hij als diepste verlangen koestert, helemaal niet zou verdragen: namelijk door Liesbeth te worden bemoederd. Als ze een goed gesprek gehad hebben, kan hij er zich niet van weerhouden om haar nadien opnieuw af te stoten. Geleidelijk aan ziet hij in dat hij afstand moet nemen van zijn regressief verlangen om een vrouw te vinden die zijn gemis aan moederliefde compenseert. Hij heeft de indruk op een tweesprong te staan. Als hij bij Liesbeth blijft, vreest hij dat zijn verlangens nooit zullen worden ingelost. Als hij haar verlaat, riskeert hij van de regen in de drop te raken.

Liesbeth leefde tijdens haar eerste huwelijk in een symbiotische harmonie. Ze idealiseerde haar partner, tot dat beeld plotseling aan diggelen werd geslagen. Ook in haar huidige tweede relatie heeft ze het er moeilijk mee om zich van Hugo af te grenzen. Ze werd op hem verliefd omdat ze dacht intuïtief te weten hoe hij in elkaar stak. Ze ervaart de emotionele en moeilijke relatie tot op heden als zwaar maar tevens als een persoonlijke verrijking. Ze verzet zich echter tegen Hugo's aanspraak om de rol van therapeute of moeder op zich te nemen, omdat ze aanvoelt dat hij dat eigenlijk helemaal niet zou kunnen verdragen.

Toch heeft ze zich geïdentificeerd met de taak om Hugo te helpen. Ze verdraagt de agressieve spanningen in de relatie slecht. Ze wil zich steeds onmiddellijk met Hugo verzoenen en hem met constante zorg kalmeren. Dat maakt hem pas goed woedend, waarbij hij haar uitmaakt en tegen haar schreeuwt. Ze dreigt dezelfde fout te begaan als waardoor haar vorige huwelijk spaak liep. Ze begint haar gedrag bij te sturen door zich tijdens de ruzies terug te trekken en

Hugo alleen te laten. Ze ondervindt dat ze daarbij meer ruimte voor zichzelf krijgt en zich niet meer overmatig verantwoordelijk voelt voor zijn welbehagen.

Hugo zegt zich ermee verzoend te hebben dat zelfs een perfecte liefdesrelatie geen compensatie kan zijn voor zijn moeilijke kindertijd. Hij gedraagt zich daarbij berustend. Beiden reageren positief op mijn tussenkomst dat noch Liesbeth, noch Hugo de absolute aanspraken op liefde zomaar moet opgeven om zich tevreden te stellen met halfslachtige oplossingen. Een dergelijke compromisloosheid van de liefde bergt iets groots in zich, maar gaat onvermijdelijk gepaard met het leed dat ze onvervulbaar is. Om leed en ontgoocheling te verzachten zou men de absolute aanspraken kunnen afzwakken, maar tegelijkertijd zou dan ook iets belangrijks verloren gaan. Hugo merkt op dat hij dat allemaal al wel beseft in stilte, maar dat zijn innerlijke trots dat niet kan aanvaarden. Ik beklemtoon de positieve aspecten van hun relatie. Ik stel dat ze het algemeen menselijke drama beleven dat de liefdeshonger nooit volledig te stillen is, wat nu eenmaal onvermijdelijk woede en verdriet opwekt.

De heftige ruzies en uitbarstingen verminderen geleidelijk drastisch, zowel in aantal als in intensiteit. Ook bij de bespreking achteraf, vijf maanden later, vermelden ze dat ze geleerd hebben hoe ze met hun onvervulde verlangens moeten omgaan. Als ze – hoewel dat in die periode slechts een keer was gebeurd – ruzie maakten, lukte het hen gemakkelijker om een uitweg te vinden uit de discussie.

Laten we dat voorbeeld nu eens toepassen op het collusiemodel. Hugo, die de regressieve positie inneemt, wil door Liesbeth worden vertroeteld, maar voelt zich daardoor tegelijk gekleineerd en verzet zich tegen deze bemoedering. Liesbeth verzet zich niet tegen de regressieve tendensen van Hugo en neigt naar een overmatig begripvolle, sussende houding, waardoor ze hem in een afhankelijke positie dwingt. Dat maakt Hugo woedend.

Sommige collusies zitten zo diep in de partners geworteld, dat zelfs therapie geen uitkomst biedt. Er zijn mensen die slechts door een scheiding de pathologische en destructieve interactiecirkel kunnen doorbreken. Als ze uit elkaar gaan, staan ze opnieuw op eigen benen, herwinnen ze hun autonomie en respecteren ze de autonomie van de ander. Het is alsof de liefde hen verleidt tot regressie, terwijl ze buiten een liefdesrelatie een zelfstandig en volwassen leven kunnen leiden. Zodra ze als partners samen gaan wonen, bijten ze zich in elkaar vast, kwetsen ze degene door wie ze zich bedreigd voelen, proberen de ander te kleineren en zwart te maken, om niet door hem vernederd te worden. Ze beseffen dat hun gedrag irrationeel is en weten welke rol ze daar zelf in spelen, maar kunnen gewoon niet anders. De partners ervaren de continue, destructieve twisten als vernederend. Ze ondervinden dat ze door dit onwaardige samenspel hun gevoel van eigenwaarde ondergraven en elkaar hinderen in latente ontwikkelingsopdrachten bij de ontplooiing van hun persoonlijk potentieel.

Bij sommige paren is de collusie het dragende fundament van hun relatie. Als de collusie wegvalt, gaat de pit uit de relatie. Er is dan geen emotionele fascinatie meer. Wat de relatie buitengewoon en exclusief maakte is verdwenen. Zonder collusie lijkt alles banaal en gewoontjes.

Collusiemodellen

In mijn boek *De partnerrelatie* (Willi, 1975) heb ik vier collusiemodellen uitvoerig beschreven. Ik wil ze hier even kort schetsen. Het gaat niet om duidelijk definieerbare diagnostische categorieën, maar om modellen volgens welke het neurotische samenspel van de partners kan evolueren. De nabijheid-afstandcollusie voeg ik in dit werk toe als een vijfde collusiemodel dat in de praktijk vaak voorkomt.

Het zijn basismodellen van de liefde, waarbij de ene partner het regressieve verlangen in zich draagt, de ander de overcompenserende afweer en het er zich boven stellen. Bij de beschreven modellen gaat het

- bij de orale collusie om het verlangen in de liefde te worden vertroeteld en met zorgen omringd enerzijds en het verlenen van hulp zonder aanspraak op compensatie anderzijds;
- bij de anaal-sadistische collusie om het verlangen in de liefde naar veilige afhankelijkheid enerzijds en anderzijds om het opnemen van leiding en controle;
- in de fallisch-oedipale collusie om het verlangen in de liefde naar mannelijke daadkracht en zelfbevestiging enerzijds tegenover het verlangen naar vrouwelijke sensitieve ontvankelijkheid anderzijds. In Jungiaanse termen wordt de oedipale collusie beschreven als een animus-animacollusie. In hoofdstuk 5 wordt dat model van collusie uitgebreid en concreet toegelicht;

- bij de narcistische collusie om het verlangen naar versmelting en zelfwegcijfering enerzijds en de aanspraak om het centrum van de gevormde eenheid te zijn anderzijds;
- in de nabijheid-afstandcollusie om het verlangen naar nabijheid enerzijds en het bewaren van afstand anderzijds.

De met elkaar in tegenspraak staande tendensen van de ambivalentie worden verdeeld over beide partners. Ieder neemt een deel op zich en delegeert het andere deel aan de partner. De partners willen samen dat probleem van ambivalentie en conflict niet enkel ensceneren. Ze hopen bovendien de ambivalentie samen te kunnen overwinnen, de regressieve verlangens te kunnen bevredigen en de rijpere ontwikkelingen op gang te brengen beiderzijds. Het tragische is echter dat beide partners in hetzelfde bedje ziek zijn, dat ze gelijkaardige ambivalenties in zich dragen en dus op termijn elkaars verdere ontwikkeling belemmeren. Door de al te grote bereidheid om op het collusieaanbod van de ander in te gaan, vereisen ze van hem geen reële verdere ontwikkeling.

Helpercollusie als orale collusie

Binnen een orale collusiesfeer wordt liefde opgevat als een teder met zorg en hulp omringen. Het scenario verloopt als volgt. Een hulpeloos iemand met regressieve neigingen ontmoet een helper die zich vanuit de progressieve positie als persoon wil ontplooien. De hulpeloze verlangt ernaar in de liefde te worden vertroeteld, verzorgd, bedacht met attenties en met zorgen omringd. Hij verwacht dat de partner hem steunt en actief helpt. Omdat hij zelf een overmatige nood heeft aan hulp, wil hij tegenover de partner geen helpende rol vervullen. Hij verwacht met andere woorden dat de partner zich met de helpersrol zal identificeren. De helper heeft er zich op ingesteld om zich als persoon op een progressieve wijze te ontplooien. Hij wil zijn partner maximaal vertroetelen, hem laten geloven dat er nog wel 'goede moeders' bestaan en dat hij kan vertrouwen op een liefde die geborgenheid schenkt. Hij wil vooral helpen, verzorgen en steunen. Hij wordt voor zijn inzet beloond met de dankbaarheid van de hulpeloze en door de bevestiging dat hij voor iemand anders uiterst belangrijk is. Zelf is hij uiterst bescheiden. Hij verwacht geen tegenprestatie en zou die zelfs afslaan indien hij daardoor in zijn inzet als helper zou worden gerelativeerd.

De helpercollusie tref je bijvoorbeeld aan in veel hulpverlenersberoepen, met andere woorden in de professionele relatie van verplegers, artsen en psychotherapeuten met hun patiënten. Een bijzondere aantrekkingskracht gaat daarbij uit van emotioneel labiele patiënten, vooral verslaafden, die nog nooit een stabiele vorm van zorg en toewijding in hun leven hebben gekend en nu grote behoefte hebben aan een inhaalmanoeuvre. Een hulpverlener is vaak iemand die constructief wil werken aan zijn gevoel van eigenwaarde en die zichzelf beleeft als iemand die het niet waard is om bemind te worden. Hij hoopt, via zijn reële inzet voor patiënten en de dankbaarheid die hij daarvoor ontvangt, zijn gevoel van eigenwaarde te verhogen. Liefdesrelaties en huwelijken die zijn gegroeid vanuit uit een situatie waarin professionele hulp in een of andere vorm werd aangeboden, nemen vaak de vorm aan van een orale collusie.Vooral als de helpersrol een 'therapeutische' functie vervult en vooral wil redden en genezen, zal de grotere zelfstandigheid van de hulpeloze hem in zijn rol overbodig maken. Helpers zijn geneigd om de hulpeloze steeds weer te ontmoedigen om zo diens hulpeloosheid in stand te houden.

Patriarchale collusie als anaal-sadistische collusie

Dit type van collusie was frequenter vóór de maatschappelijke emancipatiegolf van na 1968.Vandaag tref je deze collusie nog vaak aan in culturen waar de maatschappij erg patriarchaal is gestructureerd. Doorgaans is het de man die voor de constellatie en ontwikkeling van zijn progressieve positie een vrouw nodig heeft tegenover wie hij een controlerende en leidende functie kan uitoefenen, die hij bescherming aanbiedt, leidt en duidelijk domineert. Zijn partner mag vanuit de regressieve positie op hem leunen, bescherming zoeken, passief en vertrouwenvol volgen en zich laten leiden. Na verloop van tijd overdrijven de regressieve partners hun gedrag tot onverschilligheid, desinteresse, nonchalance en passiviteit. Eigenlijk is dat een manier van verdoken opstand tegen de 'patriarch'. Tijdens de emancipatiebeweging in de jaren zeventig probeerden vrouwen die in een regressieve positie zaten, de patriarchale collusie te doorbreken door heftig in het verzet te treden tegen de controle en leiding door de man. Het gevolg was vaak dat de man als tegenreactie zijn aanspraken op de leidinggevende positie ging overdrijven, tot tirannieke onderdrukking of gewelddadigheid toe. Op die manier ontmaskerde de vrouw hem als een dwingeland en vond ze een scheiding legitiem. Die ontwikkelingen werden vaak ondersteund door vrouwengroepen en door individuele vrouwenhulpverlening. Een dergelijk proces kun je op heden nog vaststellen bij gastarbeiders of migranten die zich hier integreren vanuit een rigide allochtone patriarchale familieconstellatie.

Prominentencollusie als fallische collusie

Dit type van collusie wordt vaak gedemonstreerd in de media. Bij een prominentencollusie wordt liefde gedefinieerd als een vorm van sociaal prestige. Men kiest een partner die een ster is, een vooraanstaande persoonlijkheid in de media, sport of wetenschap, een persoon die in zijn carrière aan de top staat, goed in de slappe was zit of vanuit maatschappelijk standpunt uitermate aantrekkelijk is, een schoonheid met wie men zich in het openbaar kan vertonen en die men kan laten bewonderen. De progressieve partner, man of vrouw, zoekt iemand bij wie hij zich bijzonder 'potent' voelt. De regressieve partner is op zijn beurt trots dat hij in de gunst staat bij de bewonderde persoon en laat zijn steun blijken door de 'potentie' van de ander continu te bewonderen en te stimuleren. Ook hier wordt het aanvankelijk aangepast gedrag na verloop van tijd overdreven, waardoor een destructieve collusie geïnstalleerd wordt. De bewondering van de regressieve partner wekt steeds meer verwachtingen en aanspraken dat de bewonderde partner alles moet inlossen waarover hij zijn partner doet dromen. Van de bewonderde wordt echter te veel gevraagd (hij wordt 'impotent'), waarop de bewonderaar negatief reageert. Dat kan gaan tot haat en verachting. Het is bij elk van de collusies niet ongewoon dat de schijnbaar zwakkere partner, de regressieve, in feite van onderuit de schijnbaar sterkere, progressieve partner domineert. Het kan bij een fallische collusie ook zijn dat de regressieve partner er genoeg van krijgt om altijd maar als 'vergezellende' partner te mogen opdraven. Hij verlangt er dan naar om zich in te zetten voor een eigen zelfstandige zelfontplooiing. Dat leidt tot rivaliteit met de 'ster' en tot afgrenzingspogingen vanwege de regressieve partner. Veel 'sterren' zoeken dan maar snel een nieuwe bewonderaar.

VERSMELTING VAN DE PARTNERS IN EEN NARCISTISCHE COLLUSIE

In deze collusie wordt liefde gedefinieerd als versmelting en harmonie, als *unio mystica*. De relatie wordt op een bijzondere wijze als volkomen uniek geïdealiseerd. Ruzies en twisten worden vermeden. De versmelting lukt echter over het algemeen maar aan één kant. De progressieve partner vormt het centrum van de symbiose. Hij is het voorwerp van de idealisering van de regressieve partner, die als 'complementaire narcist' als een satelliet om de progressieve partner cirkelt. De regressieve partner maakt geen eigen aanspraken, omdat hij zichzelf niet in staat acht om een eigen zelf te ontwikkelen. Hij identificeert zich volledig met de progressieve partner en zet de ander op een voetstuk, waarvan hij alles verwacht. De Ik-Jij-grenzen vervagen, waardoor de spanningen uit de relatie wegebben en de gedroomde harmonie geïnstalleerd wordt. Alles wat onderscheid aanbrengt wordt vermeden, waardoor er evenmin plaats is voor discussie tussen de partners. Het collusionele arrangement wordt na verloop van tijd verstoord als de progressieve partner niet langer verdraagt dat er geen afgrenzing meer is met de complementaire narcist en deze van zich afstoot. Aan de andere kant kan het gebeuren dat de complementaire narcist het egocentrisme van de progressieve partner niet langer wil slikken of door hem wordt gekrenkt en vernederd. Dat is vooral het geval als de progressieve partner een buitenechtelijke relatie aangaat. Buitenechtelijke relaties zijn een belangrijk middel van de progressieve positie om een afgrenzing tussen de partners tot stand te brengen. De complementaire narcist reageert uiterst gekwetst tegenover deze opduikende concurrentie. Meestal zal hij echter niet scheiden van de overspelige partner, maar wel zijn onvoorwaardelijke liefde en zelfopoffering willen bewijzen door zich bereid te tonen in de liefde te lijden.

In mijn boek *De partnerrelatie* (Willi, 1975) worden deze vier collusiemodellen uitvoerig besproken en aan de hand van voorbeelden verduidelijkt. Er zijn uiteraard nog andere collusiemodellen mogelijk. Ik wil nog een vijfde collusiemodel toevoegen dat in de praktijk vaak voorkomt.

NABIJHEID-AFSTANDCOLLUSIE

Dit is een collusie waarbij het onderscheid tussen de regressieve en de progressieve positie niet zo gemakkelijk te maken is. Het gaat veeleer om een collusie tussen een partner die veel nabijheid verlangt en een partner die afstand wil bewaren. Die laatste is bijna altijd de man, de eerste de vrouw.

Dergelijke mannen hebben vaak een zogenaamd schizoïde karakter. Ze zijn introvert, schuchter, geven zich moeilijk bloot en kunnen hun gevoelens moeilijk onder woorden brengen. Het zijn stille toehoorders met een zacht, verlegen lachje. Ze lijken gevoelig en subtiel. Mannen met zulke eigenschappen oefenen een bijzondere aantrekkingskracht uit op vrouwen met een sterk emotioneel temperament. De vrouwen hebben het gevoel door een dergelijke man op een bijzondere wijze te worden gerespecteerd, begrepen en geaccepteerd. Ze hebben echter ook het idee dat ze deze man, die wel een schichtige hinde lijkt, aan zich moeten binden en hem moeten vervullen met hun eigen gevoelens. Deze man is ook een twijfelaar, die continu heen en weer wordt geslingerd. De vrouw voelt zich verplicht om in de plaats van haar man te beslissen. Ze denkt dat ze beter dan hijzelf weet wat goed voor hem is, wat hij nodig heeft en wat hij eigenlijk wil. Het gevolg op termijn is een psychische grensoverschrijding. De vrouw dringt in de psychische intieme ruimte van de man binnen en respecteert zijn moeilijk te duiden autonomie niet. De destructieve cirkel is snel rond. Hoe sterker de intrusie en inbreuken van de vrouw, hoe besluitelozer en ongrijpbaarder de man wordt en hoe meer inbreuken de vrouw vervolgens begaat. Tijdens de therapie wordt pas duidelijk dat beiden een diepe ambivalentie in zich dragen. De man verlangt er in wezen naar om door de vrouw tot leven te worden gewekt. Hij wil van haar ondubbelzinnige en eenduidige gevoelens worden vervuld om zichzelf als persoon beter te kunnen duiden. Zijn afstandelijke houding is voor de vrouw zeer verleidelijk. Ze denkt dat ze hem het leven moet schenken, dat ze hem als een herboren mens op de wereld moet zetten. Tegelijk verdraagt hij de nabijheid van zijn vrouw niet. Hij voelt zich door een vreemde geleid, gemanipuleerd en beknot. Sommigen kunnen maar geen besluit nemen, weten niet of ze de relatie met hun partner nu wel of niet willen voortzetten, wijzen haar bruusk af, kwetsen en beledigen haar met buitenechtelijke betrekkingen. De vrouw geeft haar strijd om haar man tot leven te wekken niet op, maar probeert nog dieper tot hem door te dringen. Als de vrouw haar inspanningen afzwakt, zal de man vaak opnieuw haar nabijheid zoeken, haar lokken om haar dan opnieuw af te stoten als ze weer aandacht aan hem schenkt. Dergelijke mannen creëren afstand door een andere relatie aan te gaan, die een hindernis vormt voor het aandringen van de vrouw. Als beiden uit elkaar gaan, zal hij vaak snel met andere vrouwen dezelfde interactiecirkel ontwikkelen.

Ook de positie van de vrouw tegenover nabijheid is ambivalenter dan je zou kunnen denken. Weliswaar ijvert ze onvoorwaardelijk voor nabijheid, maar dan nog kan men zich de vraag stellen waarom ze nu net een man heeft gekozen die deze nabijheid niet verdraagt. Als de man die nabijheid wel tolereert, wordt de vrouw onzeker en neemt ze vaak zelf meer afstand.

Volgend voorbeeld illustreert de problematische verhouding tussen nabijheid en afstand.

Praktijkvoorbeeld 7:

Erwin voelde zich goed in zijn relatie met Claudia zolang die geen bindend karakter had gekregen. Dat bleek uit de huisvesting. Hij woonde aanvankelijk voorlopig bij haar in. Hij had geen eigen kamer, maar studeerde en schreef aan een boek op de vensterbank in de keuken. Het was een situatie waarbij hij zijn opgeslagen tent elk moment opnieuw kon opbreken. Toen hij toestemde in een huwelijk kwam het tot een crisis. Dankzij het huwelijk kon Claudia als buitenlandse in het land blijven. Erwin kocht een eigen huis, waar ze samen introkken. De verplichte nabijheid was voor hem ondraaglijk en maakte hem woedend. Hij wilde Claudia het huis uit en eiste een echtscheiding. Ze probeerden afstand te scheppen door twee aparte wooneenheden in het huis in te richten. Een volledig apart wonen was toen voor beiden nog niet realiseerbaar. Hij verdroeg niet dat ze bij hem op de benedenverdieping aanklopte en eiste dat ze zou wachten tot hij naar boven kwam en bij haar aanklopte. Ze konden samen nog nauwelijks iets ondernemen, omdat hij zich door afspraken te zeer vastgepind voelde en slechts met haar kon uitgaan als hij daar spontaan zin in had. Erwin wilde woordeloos worden begrepen. Als hij iets zei en Claudia hem met een vraag onderbrak, werd hij boos. Claudia voelde zich in de relatie gevangen als in een 'double bind'. Ze had het gevoel in een relationele val te zitten waarbij het niets uitmaakte hoe ze zich gedroeg, omdat haar gedrag toch steeds werd afgestraft. Als ze zich meelevend opstelde, kwam ze te dichtbij en stootte hij haar af. Als ze spontaan was, voelde hij zich bedreigd door haar aanwezigheid. Claudia vond dat haar de rol van therapeut werd opgedrongen, wat ze niet wilde. Ze had bovendien de indruk dat Erwin in zijn eentje bepaalde welke regels in de relatie golden.

Waarom stapte Claudia niet uit deze moeilijke relatie? Ze kon die stap niet zetten vanwege de eilandjes van geluk, die er af en toe nog waren. Af en toe en voor even konden ze nog een goed gesprek voeren waarbij ze elkaar nabij waren en zich op een bijzondere manier begrepen voelden. Claudia beleefde dat dan als een unieke ervaring. Maar een dergelijk moment werd snel weer gevolgd door een pijnlijke breuk, vol met afwijzing en kwetsuren. Toch had ze het gevoel dat Erwin haar stimuleerde, haar uitdaagde en aanmoedigde. Zonder hem zou haar leven minder rijk zijn. Mijn indruk was dat hij haar – ondanks alle afwijzingen – nodig had als gezel om houvast te hebben. Erwin had als kind moeten leven in moeilijke familiale omstandigheden. Claudia wou hem een thuis aanbieden en hoopte hem nieuwe ervaringen van geborgenheid te kunnen schenken. Ze merkte dat Erwin heen en weer werd geslingerd tussen een diepe hunkering naar liefde en angst voor bindende nabijheid en voelde zich aangesproken door de nood waarin hij verkeerde. Ze zag dat hij twijfelde aan de zin van zijn bestaan en had het gevoel dat ze tot hem kon doordringen en hem kon steunen. Steeds weer viel Erwin ten prooi aan twijfels, waarbij Claudia zich eenzaam voelde. Zij wilde hem een onvoorwaardelijke liefde aanbieden.

Net dat was voor Erwin ondraaglijk. Hij eiste dat Claudia zou verhuizen en dat ze zouden scheiden. Claudia trok in een eigen woning in. Voor hem was de scheiding daarmee definitief. Voor haar betekende het gewoon dat ze in twee aparte verblijfplaatsen woonden. Ook nu werd de crisis zichtbaar in de woonsituatie. Erwin werd woedend als Claudia, nadat ze bij hem de nacht had doorgebracht, haar nachtpon bij hem liet liggen, in de badkamer een parfumflesje vergat of als hij merkte dat er in zijn boekenkast nog boeken van haar stonden. Hoe meer hij haar afstootte, hoe meer zij probeerde om haar plaats bij en in hem veilig te stellen. Ze wilde niet definitief van hem scheiden.

Nu en dan waren ze elkaar weer zeer nabij in gesprekken, maar regelmatig moest Erwin Claudia nadien opnieuw frustreren, bijvoorbeeld door buitenechtelijke avontuurtjes.

Waarom heeft Claudia, die intens naar nabijheid verlangt, een man uitgezocht die nabijheid zo slecht verdraagt? Het bleek dat ook zij moeite had met continue nabijheid vanwege een partner. Ze was gefascineerd door de taak om Erwin te helpen om zijn angst voor nabijheid te overwinnen. Ze wilde zo echter iets bereiken wat hem helemaal niet lag. Claudia dacht dat ze zich door haar hulp onmisbaar zou maken.

Erwin heeft al meerdere jaren intensieve individuele therapie achter de rug, wat weinig invloed heeft gehad op zijn problemen om in een relatie met nabijheid en afstand om te kunnen gaan. Ik probeerde Erwin en Claudia ervan te overtuigen om het probleem van Erwin te accepteren als een feit waaraan niets te veranderen viel. Claudia had hem tot dusver altijd voorgehouden dat hij anders zou kunnen worden als hij wou. Hij kon nabijheid maar gedeeltelijk en voor korte tijd dulden, hetzij als een tijdelijk bemoederen, hetzij als een kortstondige seksuele relatie. Beide combineren ging niet. Ik stelde voor dat we dit probleem als een vaststaand gegeven zouden accepteren. Het doel van de relatietherapie zou zijn ermee te leren omgaan. Aanvankelijk was noch Erwin, noch Claudia daarvoor gewonnen. Ze wilden hun onvervulbare hoop in stand houden. We kwamen overeen dat we als therapeutische doelstelling 'leren leven met onvervulbare verwachtingen' zouden nastreven. In die doelstelling schuilt een paradox, want zolang de hoop niet is ingelost, kan men blijven hopen. Claudia leerde dat ze meer ontving als ze van Erwin minder verwachtte. Hoe meer ze afzag van haar idee om Erwin te willen helpen, hoe meer ze besefte wat haar eigen aandeel in de nabijheid-afstandambivalentie was. Erwin leerde vooraf aan te geven wanneer de nabijheid van Claudia hem te veel werd. Er ontstond een bevredigend compromisgedrag waarbij nabijheid en afstand subtiel werden gereguleerd. Hij kon nabijheid verdragen als hij zich van tevoren van afstand verzekerd wist.

Als we dit voorbeeld toepassen op het collusiemodel, zien we dat Erwin de afstand nastreeft en Claudia de nabijheid. De andere kant van de ambivalentie, de diepgewortelde, angstig afgeweerde kant van het verlangen naar nabijheid en versmelting, is bij Erwin duidelijk zichtbaar. Bij Claudia is de ambivalentie gecompliceerder, aangezien zij schijnbaar ondubbelzinnig verlangt naar nabijheid. Alleen streeft ze ernaar op een onbegrensde manier, zodat dit bij Erwin wel het tegendeel moet bewerkstelligen: gedistantieerde afwijzing en afgrenzing. Geleidelijk aan wordt ze er zich van bewust dat ook zij gevangenzit in de ambivalentie van nabijheid en afstand.

Het onbewuste en het onuitgesprokene

Om een beter inzicht te verwerven in de dynamiek van een partnerrelatie en van een partnertherapie is het nodig om een onderscheid te maken tussen 'onbewust' en 'onuitgesproken'. Dit onderscheid wordt in de vakliteratuur uiterst zelden gemaakt.

Het onbewuste is in psychoanalytische zin op te vatten als het verdrongene, dat wat niet tot het bewustzijn behoort maar in verborgen, onbewust waargenomen en vaak symbolische vorm toch een invloed heeft. Freud onderzocht de indirecte gevolgen van verdrongen drijfveren in dromen, in neurotische symptomen en in 'Freudiaanse vergissingen'. De onaanvaardbare, onbewuste wensen die aan de oppervlakte komen worden gecensureerd, maar uiten zich in dromen, hoewel de betrokken persoon verder weigert ze te erkennen. Het onbewuste bestaat uit emotionele informatie, die moet worden afgeweerd en vergeten eens ze bewust wordt, omdat ze het individu blootstelden en -stellen aan ondraaglijke conflicten.

Collusies zijn vooral onbewust in het afgeweerde-gedelegeerde deel. De 'progressieve' is er zich niet van bewust dat hij zijn partner uitkiest en constelleert als drager van zijn regressief deel. Hij zou dat als een onterechte insinuatie van de hand wijzen. Net zo is het gesteld met de 'regressieve', die niet wil inzien dat hij zijn progressief deel delegeert. Bij collusie is de verborgen overeenstemming van kinderlijke ontwikkelingsbereidheden moeilijk zelf en op eigen houtje te doorgronden. Het is die onbewuste overeenstemming waardoor beiden de partner uitsluitend als dader en zichzelf uitsluitend als slachtoffer of passieve betrokkene zien en zich overeenkomstig gedragen. Vanuit dit opzicht kan men collusie zien als een neurotisch symptoom, dat tot doel heeft om een afgeweerd aspect van onrijpe kinderlijke verlangens alsnog te kunnen bevredigen. De partners interageren onbewust met elkaar en vrijwaren zo het voortbestaan van de collusie.

Het onuitgesprokene is dat waarvan de partners zich bewust zijn, maar verzwijgen uit angst dat ze daardoor in een ondraaglijk conflict terecht zullen komen.

In een liefdesrelatie communiceert men altijd verbaal selectief. Alles wat wordt uitgesproken verandert in een feit, een gegeven dat niet meer ongedaan kan worden gemaakt. Wat is uitgesproken kan blijven doorwerken en een eigen dynamiek ontwikkelen, zelfs al zegt men achteraf dat het niet zo was bedoeld. Door het woord is iets tot stand gekomen dat slechts kan worden gecorrigeerd door het voortdurend met daden te bewijzen. Door iets te zeggen neemt men een risico. Men is er niet zeker van hoe het gezegde zal worden opgevat en wat het bij de ander teweegbrengt. Door woorden levert men zich over aan de ander. Men kan op zijn woord worden genomen en tot iets worden verplicht. Wat men heeft gezegd kan jaren later nog steeds worden opgerakeld. Non-verbale communicatie is daarentegen veel minder verplichtend. Het is een wezenlijk verschil of men elkaar voor het altaar het jawoord geeft dan wel op een onconventionele manier samenleeft. Of men een buitenechtelijke relatie openlijk toegeeft dan wel dat de partner er slechts een vermoeden van heeft, is voor de gevolgen ervan van doorslaggevend belang. Iets is slechts reëel als het reële gevolgen heeft, omdat het uitgesproken is. Een uitgesproken woord wordt een onderdeel van de persoonlijke en dyadische niche en dus een deel van de relationele aanspraken die de levensloop bepalen.

In de communicatietheorie wordt een onderscheid gemaakt tussen analoge en digitale communicatie (Watzlawick et al., 1967). Digitale communicatie maakt gebruik van ondubbelzinnige tekens, waarop men binair met ja of neen kan antwoorden en heeft voornamelijk betrekking op de inhoud. De analoge communicatie daarentegen is veeleer non-verbaal en metaforisch, is vaak meerduidig en heeft betrekking op een relationeel aspect. Het relationele aspect wordt binnen een liefdesrelatie voornamelijk analoog-non-verbaal overgebracht door middel van mimiek, oogcontact, intonatie en lichaamstaal. Op de vraag: 'Hou je eigenlijk nog wel van me?' is het antwoord vaak: 'Ja natuurlijk, zie je dat dan niet? Dat moet ik toch niet voortdurend zeggen.' Het kan best zijn dat men het ziet, maar men wil het nog eens met de eenduidigheid van het woord horen. Zelfs al is een woord niet eenduidig bedoeld, het heeft als dusdanig een bindend karakter en bindende gevolgen. Vandaar dat men zich vaak wil beperken tot analoge communicatie, omdat men zichzelf niet ten volle bewust is van zijn eigen gevoelens en zich niet wil laten vastpinnen.

Het gebrek aan eenduidigheid van analoge, onuitgesproken communicatie geeft aanleiding tot veel misverstanden en onzekerheden in de liefde. In een collusionele relatie vormt ze een bijzonder probleem. Laten we even naar ons collusiemodel kijken. Er is het niveau van de intenties, dat bewust is en meestal wordt uitgesproken. Men wil bijvoorbeeld de ander helpen, hem steun en houvast bieden of hem betrekken in eigen persoonlijk succes. Toch is die schijnbaar ondubbelzinnige mededeling dubbelzinnig, want daarnaast is er het onuitgesproken, vaak onbewuste niveau van het afgeweerde en gedelegeerde. Het gaat daarbij om elk facet van de relatie dat men aan de partner niet openlijk wil tonen en dat men eigenlijk zelfs niet voor zichzelf kan of wil toegeven. Soms wordt men door de partner in een *double bind* gelokt, waarbij men altijd wordt bestraft om het even hoe men zich gedraagt. Ofwel geeft men toe aan de door de partner gestelde aanspraken waarover niet mag worden gesproken, niettegenstaande men merkt dat er iets fout loopt in de relatie. Ofwel verzet men zich ertegen dat belangrijke aspecten van de relatie uit het gesprek worden gebannen, maar wordt men door de partner afgestraft omdat die de hem 'toegedichte motieven' bestrijdt en afwijst of zegt dat ze het probleem van de ander zijn.

De discrepantie tussen het uitgesprokene en het verzwegene kan leiden tot een destructief interactioneel 'spel' dat jarenlang heel veel energie opslorpt.

Praktijkvoorbeeld 8:

Katrien en Stefan maken een afspraak voor partnertherapie omdat Katrien een ernstige buitenechtelijke verhouding heeft. Haar man is daar sinds twee maanden van op de hoogte. Al in het eerste gesprek verduidelijkt Katrien dat ze niet meer van Stefan houdt. Ze wil van hem scheiden. Toch willen beiden in relatietherapie gaan. Stefan hoopt dat Katrien zo van idee zal veranderen. Katrien verwacht een duidelijker inzicht te verwerven in haar relatie. Beiden zijn geleidelijk aan van elkaar vervreemd omdat Stefan zich te veel wijdde aan zijn carrière en geen tijd meer had voor Katrien.

Toen ze elkaar leerden kennen was Katrien net gescheiden en had ze twee schoolgaande kinderen. Ze mocht Stefan onmiddellijk. Hij had iets vaderlijks, bood haar hulp en steun aan, ze vond bij hem houvast en geborgenheid. Haar kinderen aanvaardden hem meteen. Stefan is werkzaam in de sociale sector, waar hij wegens zijn hulpvaardigheid alom geliefd is. Het is eigen aan hem om verantwoordelijkheid voor anderen op zich te nemen. Katrien had aanvankelijk weinig respect voor zijn beroep. Ze zei: 'Blijkbaar slaag ik erin in mijn leven steeds op de verkeerde te vallen.' Na het huwelijk trok ze bij hem in. Toen begon de ommekeer. Ze voelde zich in zijn huis niet thuis. Alles leek haar stijf en formeel. Eerst idealiseerde ze Stefan overmatig en wou zich volledig wegcijferen voor hem. Ze nam totaal bezit van hem. Ze bood aan hem mee te helpen in zijn job en bepaalde taken op haar te nemen. Om een of andere reden die haar toen niet duidelijk was wou hij niet dat ze hem meehielp. Hij zegt nu dat hij zijn werk als zijn eigen terrein wilde behouden en haar niet te zeer wilde belasten. Katrien was door deze weigering zeer gekwetst. Ook Stefan had al een huwelijk achter de rug. Zijn vorige vrouw was een politiek actieve academicus. Ze waren verstrikt geraakt in een ondraaglijke rivaliteit. Geleidelijk aan daagde het Katrien dat Stefan ook met haar wedijverde, maar dan niet vanuit een gelijkwaardige positie. Hij probeerde haar door zijn hulpvaardigheid onder de duim te houden. Stefan had dan weer de indruk dat Katrien zijn hulp nodig had om uit te groeien tot een volwassen vrouw. In de eerste jaren van hun huwelijk ontwikkelde Katrien een panieksyndroom, waarvoor ze in psychotherapie ging.

Vijf jaar geleden kwam er een keerpunt. Stefan had nog nauwelijks interesse voor seksuele betrekkingen met Katrien. In die tijd gingen ook Katriens volwassen kinderen het huis uit en ging Katrien opnieuw aan het werk. Langzaam en onafwendbaar doofde bij Katrien het liefdesvuur. Stefan engageerde zich totaal voor zijn werk en had nauwelijks tijd voor zijn relatie met Katrien. Op die manier zag hij de toenemende vervreemding tussen hen niet in volle omvang. Katrien probeerde steeds opnieuw een dialoog aan te gaan met Stefan, maar hij ontweek haar en keerde zich van haar af. Huilend zei Katrien dat ze nooit het gevoel had gehad dat Stefan haar nodig had. Ze had de indruk dat hij liever met andere vrouwen omging. Pas in de loop van onze sessies kwam aan het licht dat Stefan ten tijde van zijn seksuele desinteresse vijf jaar geleden een buitenechtelijke relatie had gehad. De relatie had meer dan een jaar geduurd en was zorgvuldig geheim gehouden.

Katrien zocht een eigen woning om definitief van Stefan te scheiden. Stefan was ontgoocheld en gekwetst. Dat er een einde kwam aan zijn tweede huwelijk was een pijnlijke ervaring, temeer wegens zijn professioneel prestige. Hij wou onder geen beding dat iedereen de relationele onenigheden openlijk zou kunnen vaststellen. Hij vreesde de mensen te zullen teleurstellen die in hem een ideale persoon zagen.

Voor Katrien was de scheiding als een lotsbeschikking. Ze moest nu van Stefan scheiden en haar eigen weg gaan. Zo niet zou ze opnieuw in de oude patronen vervallen en van hem afhankelijk worden. Ze had nog nooit alleen gewoond en nog nooit voor zichzelf moeten zorgen. De tijd was rijp om deze ontwikkelingsopdracht alsnog te realiseren.

De zes sessies waren een hulpmiddel om Stefan en Katrien te confronteren met dat wat ze in 20 jaar huwelijk nog nooit hadden durven uitspreken.

Het gaat hier om een helperscollusie waarbij de man zijn vrouw in een regressieve positie wil houden om niet openlijk met haar te moeten wedijveren. Het omgangspatroon is ondertussen zo rigide geworden dat de vrouw wil scheiden om te vermijden dat ze in haar oude patroon hervalt. De therapie had niet tot doel om de liefdesrelatie te verbeteren, aangezien de echtscheiding voor de vrouw een uitgemaakte zaak was. De relatietherapie maakte het mogelijk om veel uit te spreken wat al lang noodzakelijk was. Beide partners werden zich gedurende de therapie van veel dingen meer bewust. In de eerste plaats werden heel wat zaken voor het eerst uitgesproken, zodat ze de confrontatie ermee konden aangaan. Voor de vrouw waren de gesprekken belangrijk om te begrijpen waarom er een einde moest komen aan de echtelijke relatie en waren ze aldus nuttig voor haar verdere ontwikkeling. Voor hem waren de gesprekken een hulpmiddel om bewust de dwangmatige en dubbele bodem van zijn professionele positie onder ogen te zien en als professioneel een meer open houding te kunnen aannemen.

Het is een van de streefdoelen van de huwelijkstherapie om de analoge, vage en dubbelzinnige communicatie te vertalen in digitale communicatie. Binnen het veilige kader van de therapie moet het onuitgesprokene vorm krijgen, zodat men de onvermijdelijk geworden confrontatie met wat men tot dusver heeft vermeden durft aan te gaan. Die confrontatie is vaak zwaar maar verhelderend. De moed waarvan de partners daarbij getuigen, laat hen vaak het verloren eigenwaardegevoel en het respect van de ander terugwinnen.

Het uitgangspunt van dit boek is dat in het leven van een volwassene niets de persoonlijkheidsontwikeling zo stimuleert als een liefdesrelatie. Nochtans kan die uitdaging te zwaar zijn en de behoefte oproepen om de voorliggende ontwikkelingsopdrachten op een onrijpe en kinderlijke manier in de relatie te beleven. De schaduwzijde van ons uitgangspunt is, dat niets de persoonlijkheidsontwikkeling in het leven van een volwassene zo kan verlammen als een destructief geworden liefdesrelatie. Om binnen de liefde te kunnen groeien, moet men bereid zijn naar de kritiek en verwijten van de partner te luisteren. Kritiek staat ten dienste van de liefde, maar daarover meer in hoofdstuk 10.

De ontwikkeling van een collusie

Zoals gezegd in hoofdstuk 8 stappen geliefden in de relatie met de hoop dat ze dankzij de hulp van de ander nieuwe mogelijkheden in hun leven zullen kunnen realiseren of bij de ander nieuwe ontwikkelingsmogelijkheden zullen losweken en op gang brengen. De persoonlijkheidsontwikkeling dient met en door de ander te worden gerealiseerd. De partners hebben elkaar nodig, wat hun relatie dat bijzondere aspect verleent van uniek-zijn en onmogelijk te herhalen. Het is het gevoel voor de ander als onmisbare helper nodig te zijn en de overtuiging in de partner de doorslaggevende helper gevonden te hebben.

Dergelijke ideeën spelen mee wanneer men verhoopt dat de partner het gemis en de trauma's die men als kind of volwassene heeft opgelopen kan helpen overwinnen. Wie bijvoorbeeld moederliefde heeft gemist, denkt in de partner de persoon te hebben gevonden die hem zal koesteren, met zorgen omringen en hem vertrouwen en geborgenheid zal schenken in de liefde van deze naaste. Iemand die in een vorige relatie gedurende een lange periode werd vernederd en te horen kreeg dat hij een stuk onbenul was en zou blijven, zal het als een persoonlijke stimulans ervaren wanneer zijn partner dankzij zijn zorgen en tederheid openbloeit, levensvreugde opdoet en vertrouwen krijgt in de liefde. Dergelijke partners hebben elkaar nodig voor fundamenteel nieuwe liefdeservaringen, die ze elkaar wederzijds kunnen bezorgen.

De wederzijdsheid van dat nodig-hebben is het duidelijkst zichtbaar als beide partners zich complementair gedragen. De hulpeloze heeft de helper nodig. De tot helpen gemotiveerde heeft de hulpeloze nodig. De passieve heeft de actieve nodig, de tot actie gemotiveerde heeft de passieve nodig. De onderworpene heeft de leider nodig. De tot leiding gemotiveerde heeft de onderworpene nodig. Wie tot bewonderen en bevestigen bereid is, zoekt iemand die het nodig heeft bewonderd te worden. Wie op bevestiging is aangewezen, heeft de bewonderaar nodig.

Op die manier kan het een gezonde stimulans zijn voor hun ontwikkeling als twee aan elkaar verwante en derhalve voor elkaar aanspreekbare partners elkaar vinden. Het is een normale en geenszins pathologische verwachting van twee verliefden dat hun partner hen nodig heeft en dat zij hun partner kunnen nodig hebben om met zijn hulp nieuwe domeinen van het leven te ontginnen en nieuwe persoonlijkheidsontwikkelingen door te maken. Dergelijke verwachtingen worden pas een stoornis als de realisatie ervan geen vrije keuze meer is, maar tot dwang en verplichting wordt, als de wederzijdse verwachtingen een rijpere persoonlijkheidsontwikkeling niet meer stimuleren maar integendeel verhinderen, als de wederzijdse ondersteuning niet succesvol mag zijn omdat men zichzelf dan overbodig maakt.

De bijzondere vertroeteling en zorg waarmee de partner de ander omringt, kan belangrijk zijn om hem opnieuw vertrouwen te laten krijgen in de liefde en zich voor het eerst in een relatie geborgen te voelen. Die nieuwe ervaring kan echter de angst opwekken dat men te zeer aan die geborgenheid zal wennen, zodat men zich zonder de liefdevolle aandacht van de partner niet meer tegen het leven opgewassen zal voelen. Gespannen gaat men op de loer liggen voor momenten waarop de partner zich iets minder hulpvaardig toont. In plaats van het risico op een teleurstelling te willen lopen, zoekt men zekerheid. Men probeert door middel van de eigen hulpeloosheid de partner in zijn greep te krijgen en hem te dicteren hoe hij zich moet gedragen. De hulpeloze is slechts schijnbaar zwak. Men kan de partner door die hulpeloosheid evenzeer tiranniseren.

Een andere mogelijkheid is dat de partner zijn helpersrol niet wil afleggen. De helpersrol schenkt hem persoonlijke bevestiging die onontbeerlijk lijkt. Soms is hij ook bang dat zijn partner hem niet meer zal beminnen als hij als helper niet langer noodzakelijk is. De progressieve en regressieve posities van de partners vinden hun oorzaak in dieper liggende angsten en worden wederzijds versterkt. Beide partners pogen dit samenspel in stand te houden, om niet opnieuw te worden blootgesteld aan de vroegere frustraties en krenkingen. Het ergste wat zou kunnen gebeuren is dat de hulpeloze niet langer hulpeloos is, waardoor de zorg van de partner overbodig wordt, of dat de verzorger zijn belangstelling voor de zorg zou kunnen verliezen en de hulpeloze dus alleen komt te staan.

In een gezonde co-evolutie bieden de partners weerstand aan de collusieneigingen van de ander

Een collusie wordt hinderlijk voor de persoonlijkheidsontwikkeling als ieder de ander en diens gedrag nodig heeft voor de eigen stabiliteit. Met andere woorden, het loopt fout als de partners elkaar geen vrije zelfontplooiing meer toestaan, maar bepalen hoe de ander zich moet ontplooien. De partners zijn dan niet in staat grenzen te trekken, elkaar tegenkracht te geven en elkaar aan te moedigen om een zelfstandiger houding aan te nemen. De hulpeloze zal bijvoorbeeld geneigd zijn om zijn hulpeloosheid nog te beklemtonen als de hulpvaardigheid van zijn partner afneemt, om hem op die manier te dwingen tot hulp. De helper neemt te veel van de zorg voor de hulpeloze op zich, in plaats van hem te stimuleren om voor zichzelf in te staan. Op elke poging om het vertrouwde gedrag te doorbreken reageert de ander op een wijze die onvermijdelijk leidt naar een destructief collusiepatroon.

Co-evolutie als een gezonde manier van samenleven impliceert dat de partners elkaars zelfbestemming en zelfverantwoordelijkheid wederzijds respecteren. Bij een collusie domineren de partners elkaars persoonlijk gedrag. Dat wil zeggen dat ze aan elkaar bepaalde centrale functies afstaan of die van elkaar overnemen. Centrale functies zijn zelfstandig waarnemen, verwerken, beoordelen, beslissen, handelen en zich verantwoorden. Dit zijn allemaal functies die belangrijk zijn voor de zelfregulering van een autonome persoonlijkheid. Ze kunnen niet op iemand anders worden overgedragen zonder dat er een destructieve vorm van afhankelijkheid ontstaat en de persoonlijke grenzen vervagen. Diffuse interpersoonlijke grenzen zijn een kenmerk van tal van stoornissen die in de relatie- en gezinstherapie worden behandeld. In dat verband heeft Salvador Minuchin (1978) het over *enmeshment*, Murray Bowen (1972) het over *ongedifferentieerde ik-massa* en ikzelf in mijn boek *De partnerrelatie* (1975) over het *afgrenzingsprincipe*. Grensoverschrijdingen en inbreuken komen in de liefde vaak voor, omdat ze op het eerste gezicht getuigen van een grotere mate van betrokkenheid en nabijheid. Hoe afhankelijker de partners evenwel van elkaar worden, des te meer kans er is dat ze onderhuids in een gevecht verwikkeld raken. Geen van beiden wil zich daarbij uitleveren aan de ander, indien hij die ander niet tegelijk door manipulatie stevig in de hand heeft. Het kan tijdelijk als een hulp worden ervaren dat de ander de verantwoordelijkheid voor beslissingen en handelingen overneemt. Op lange termijn verstoort dit echter de gelijkwaardigheidsbalans, met alle destructieve gevolgen van dien. Ook de goedbedoelde intentie om de ander te willen helpen, mag geen legitimatie zijn om hem te willen kneden en vormen, beter dan hijzelf te weten wat goed voor hem is, hoe hij eigenlijk in elkaar steekt en hoe hij zou moeten denken en voelen. Wie zich door de ander volkomen laat bepalen, verliest het vertrouwen dat hij zelf in staat is om zijn leven te reguleren. Hij geeft de ander daarmee de kans om niet-aflatende kritiek en vernederingen te spuien, die paradoxaal genoeg gepaard gaan met de aansporing om nu eindelijk eens wat zelfstandiger te worden.

Partners die verantwoordelijkheid voor zichzelf opnemen grenzen zich duidelijker af van elkaar. Ze zien af van een al te grote nabijheid en van de circulaire determinatie op het gebied van denken, voelen, willen en handelen. Alleen als elk zichzelf en de partner respecteert als een zelfregulerend wezen, is er ruimte voor discussies waarbij de ontwikkeling wordt gestimuleerd.

De Chileense biologen Humberto Maturana en Francisco Varela (1987) hebben beschreven dat de mogelijkheid tot zelfbepaling voor elk levend wezen een vereiste is om te kunnen overleven. Ze noemen die vaardigheid auto-poiesis (zichzelf kunnen vormgeven en bepalen). Twee levende wezens tussen wie interactie bestaat, kunnen elkaar wederzijds stimuleren (deze auteurs hebben het over 'perturberen': een duw geven, in de war brengen), maar elkeen moet daarbij zijn eigen zelfbepaling bewaren. De organismen leven samen in een co-ontogenese (Maturana en Varela, 1978, blz. 196). Als een van beide organismen in de interactie zijn zelforganisatie verliest, wordt hij opgeslokt en vernietigd. Het is dus blijkbaar een algemene regel dat co-evolutie tussen levende wezens zowel op biologisch als op psychologisch vlak enkel mogelijk is als de zelforganisatie en zelfregulering wordt gerespecteerd.

Collusionele dwangmatige herhaling of herstel dankzij de weerstand van de partner?

In de psychoanalyse beschouwt men elke relatiestoornis als een dwangmatige herhaling bij de vormgeving van intieme relaties of bij het mislukken van relaties. Hoe neurotischer een relatiestoornis is, hoe vaker de relaties wegens dezelfde problemen op de klippen zullen lopen. Toch zou het weleens kunnen dat dergelijke gevallen minder vaak voorkomen dan sommige therapeuten veronderstellen. Een collusie kan in het relatieproces een voorbijgaande fase zijn. Collusies reiken partners in het beginstadium van hun relatie de mogelijkheid aan om zich te beschermen tegen hun relationele angsten. Een voorbeeld is de vrees niet bemind te zullen worden als men niet de rol van helper op zich neemt of de angst dat men de partner niet aan zich zal kunnen binden. Sommigen durven de stap naar een partnerrelatie pas zetten als er een dergelijke bescherming al bij aanvang aanwezig en gegarandeerd lijkt.

We delen het pessimisme van talloze psychoanalisten niet als het gaat over dwangmatige herhalingen van bepaalde destructieve relatiepatronen. Mensen kunnen nieuwe ervaringen putten uit een mislukte relatie, aan de hand waarvan ze hun relatieschemata corrigeren. Ook dat beschouwen wij als een vorm van co-evolutie. Ze kunnen neurotische disposities overwinnen of gezonder worden dankzij nieuwe partnerrelaties. Volgens mij kan het onderzoek van Weiss en Sampson (1986) betreffende het psychoanalytische proces ook worden toegepast op de partnerrelatie. Deze auteurs stellen vast dat patiënten de therapeut onbewust op de proef stellen. Ze willen toetsen of hun pathogene verwachtingen door de therapeut worden ingevuld dan wel of hij deze kinderlijke verlangens op een begripvolle en zinvolle wijze kan hanteren. Als de therapeut de toets doorstaat, kan de patiënt gerustgesteld zijn dat de therapeut zijn onbewuste pathogene schemata niet bevestigt. Ook partners willen in een nieuwe relatie niet hervallen in hun pathogene relatiepatronen. Ze willen deze overwinnen. Vandaar dat mensen met relationele stoornissen vaak intuïtief een partner kiezen die weerstand biedt aan hun collusionele neigingen of daarvoor niet aanspreekbaar is (zie Willi, 1991, blz. 175). Een dergelijke relatie noopt hen er weliswaar toe af te zien van de vervulling van hun onrijpe verlangens, maar stelt hen tegelijk in staat om zich op een rijpere manier in de relatie te ontplooien als persoon. Het is van doorslaggevend belang of de partners zich laten meesleuren in een collusie, dan wel of ze in staat zijn tegenkracht te geven tegenover de eenzijdige aanspraken van hun partner.

Hoofdstuk 10

De verwijten van de partners als stem van het onbewuste

Elkaar verwijten maken betekent dat je de ander niet aanvaardt zoals hij is. Volgens sommige auteurs kan er dan geen sprake zijn van echte liefde. Verwijten zijn vaak projecties op de partner van delen die men bij zichzelf verdringt en afweert. Toch ben ik in mijn praktijk van relatietherapeut vol verwondering tot de vaststelling gekomen dat de verwijten heel vaak terecht zijn. Daar staat tegenover dat ook het antwoord op die verwijten in veel gevallen even terecht is. De 'waarheid' moet in het dialectisch discours tussen de partners worden uitgeklaard. De partners zijn afwisselend elkaars stem van het onbewuste, met andere woorden de stem van het verdrongen deel van zichzelf. Ze richten hun relatie vaak zo in, dat de ander bij hen net die ontwikkeling uitlokt die ze proberen te vermijden.

Een persoonlijke en dyadische ommekeer spruit vaker voort uit externe relationele omstandigheden die een ontwikkeling vereisen en nodig maken, dan uit intern inzicht.

In hoofdstuk 5 heb ik een overzicht gegeven van de algemene verwijten die mannen hun vrouw maken en omgekeerd. In dit hoofdstuk gaat het over de verwijten die partners elkaar maken in een welbepaalde concrete relatie.

Zijn verwijten verenigbaar met liefde?

Max Frisch (1985) schrijft in zijn dagboek 1946-1949 onder de titel *Du sollst dich kein Bildnis machen:* 'Het is opmerkelijk dat we net van de mens van wie we houden het slechtste kunnen zeggen hoe hij is. We houden gewoon van hem. Dat is nu net liefde, het wonderbaarlijke van de liefde, dat ze ons laat zweven in wat leeft, in de bereidheid om een mens in al zijn mogelijke vormen van zelfontplooiing te volgen. We weten dat ieder mens die men bemint zich als herboren voelt, opengebloeid, en dat ook voor wie liefheeft alles openbloeit, ook het nabije en het bekende. Veel dingen zie je nu als voor het eerst. De liefde maakt je los van een bepaald beeld... Als we denken de andere te kennen, dan is dat het einde van de liefde... We ontzeggen hem onze bereidheid om zijn ontwikkelingen te aanvaarden. We weigeren te accepteren dat alles wat leeft ongrijpbaar blijft, en tegelijk zijn we verbaasd dat onze relatie niet levendig meer is. "Je bent anders", zegt de ontgoochelde, "dan ik dacht." ... Men maakt zich een beeld en dat is nu net het liefdeloze, het verraad.'

Als je van de ander iets verwacht en hem verwijten maakt, vorm je je een beeld van hem en verplicht je hem zich naar dat beeld te gedragen. Wederzijdse verwijten staan haaks op de door Carl Rogers vereiste, onvoorwaardelijke aanvaarding. Rogers (1961,1973) vindt dat men in relatie tot zijn medemens de gevoelens van de ander onvoorwaardelijk dient te accepteren, om het even hoe positief of negatief ze op dat moment ook mogen lijken. Volgens hem moet men de ander de vrijheid gunnen om zichzelf te zijn en te worden zoals hij in wezen is. De ander wordt dan in zijn ontwikkeling niet gestimuleerd door aanspraken, verwachtingen en verwijten, maar door het vertrouwen dat men in zijn zelfverwezenlijking stelt. Ik ben het in zoverre met Rogers eens dat iedereen uiteindelijk zelf de verantwoordelijkheid en de beslissing over zijn eigen ontwikkeling moet dragen, en dat men die ontwikkeling niet aan iemand anders kan overdragen of in zijn plaats realiseren. Max Frisch en Rogers verwachten echter iets van geliefden dat in de praktijk evenwel nauwelijks haalbaar is en dat ze zelf in hun eigen relaties ook niet kunnen realiseren. In een relatie slingeren de partners elkaar op tijd en stond heftige, emotionele verwijten naar het hoofd. Waarom is het zo moeilijk om dat niet te doen? Volgens onze opvatting over liefde is het wezenlijke aspect ervan de beantwoording door de partner. De manier waarop men iemand begrijpt en beantwoordt is dus van groot belang voor de eigen ontplooiing binnen de liefdesrelatie. De partners moeten met elkaar discussiëren en gezamenlijke oplossingen nastreven waarin beiden zich kunnen vinden. Men kan de gevoelens van de partner misschien wel aanvaarden. Toch zal men zijn gedrag en houding niet onvoorwaardelijk kunnen accepteren omdat men er zelf bij betrokken is.

Voor de meeste mensen is het te veel gevraagd om af te zien van verwachtingen, kritiek en verwijten.

Elke waarneming van de partner is een projectie van het beeld dat we van hem hebben

De gemaakte verwijten worden niet alleen verworpen als zijnde een onrechtvaardige inbreuk op de autonomie van de partner. Sommige psychotherapeuten vinden bovendien dat wie de ander iets verwijt, eigenlijk gewoon zijn eigen onopgeloste problemen op de partner projecteert en in hem iets bestrijdt waarmee hijzelf in het reine moet komen.

Om het begrip projectie als fenomeen te kunnen begrijpen, moeten we teruggrijpen naar de epistemologie. Volgens het radicaal constructivisme (Ernst von Glaserfeld, 1984; Heinrich von Roerster, 1984; Maturana en Varela, 1987) zijn al onze waarnemingen van de wereld constructies en geen waarheden of werkelijkheden die losstaan van de persoon. We kunnen nooit weten hoe iets werkelijk is. We kunnen alleen maar continu nagaan of de waarnemingen die we over onze omgeving verzamelen passen bij de andere ervaringen die we in deze omgeving opdoen. Als deze nieuwe ervaringen niet meer passen, moeten we onze constructies corrigeren en veranderen zodat ze opnieuw passen ('paradigmawissel' volgens Thomas Kuhn, 1962). Vanuit dit standpunt is elke waarneming een projectie, een naar buiten brengen van ons beeld, een enten van onze constructie op een voorwerp. Zo gaat het eveneens tussen twee partners. Ze kunnen nooit weten hoe de ander werkelijk is. Ze kunnen alleen maar toetsen of de indruk, of het beeld dat ze van hem hebben, in de omgang met hem wordt bevestigd. Men ziet de ander steeds door de bril van de eigen ervaringen en begrijpt hem op basis van de eigen relationele bagage. Het beeld dat we ons van de ander vormen wordt in eerste instantie gedetermineerd door innerlijke objecten, schemata of persoonlijke constructen. Het wordt met andere woorden bepaald door de uitwerking die vroegere relaties op ons hebben gehad. Bepalend daarbij is of de waarnemer bereid is om te leren, om het beeld dat hij zich van de partner vormt te toetsen en in vraag te stellen. Belangrijk is dat hij zich ervan bewust is dat zijn waarneming een tijdelijk karakter heeft en voortdurend moet worden gecorrigeerd, uitgebreid en aangevuld.

Men kan de ander niet anders waarnemen dan op basis van de eigen subjectieve constructie van het beeld dat men op hem projecteert. Bepalend daarbij is echter of men bereid is het beeld dat men zich van de ander vormt voortdurend te toetsen en te corrigeren. Een partnerrelatie is een ononderbroken proces van op zoek zijn naar elkaar en zich verduidelijken tegenover elkaar.

Het fenomeen van de projectieve waarneming is complex omdat de ander geneigd kan zijn om te leven naar het beeld dat men op hem projecteert. Max Frisch zegt daarover: 'Tot op zekere hoogte zijn we echt het wezen dat de anderen, vriend en vijand, in ons zien. En omgekeerd! Ook wij zijn de auteurs van de anderen. Op een verdoken en onontkoombare wijze zijn we verantwoordelijk voor het gezicht dat ze ons tonen. Wij zijn verantwoordelijk, niet voor hun aanleg, maar voor het blijven uitputten van die aanleg. Wij zijn het die in de weg staan van de vriend wiens rigiditeit ons stoort. En wel omdat onze mening dat hij verstard is, de volgende schakel is van de ketting die hem ketent en langzaam wurgt. We wensen hem weliswaar toe dat hij verandert. We wensen het van ganser harte. Maar dat betekent nog niet dat we in staat zijn om de voorstelling die we van hem hebben op te geven. We zijn zelf de laatsten om te veranderen. We denken dat wij de spiegel zijn en hebben er slechts zelden een vermoeden van dat de ander op zijn beurt de spiegel is van ons verstard beeld, onze creatie en ons slachtoffer.'

In een liefdesrelatie wil je dat je de ander bevalt en niet teleurstelt. Je wil voldoen aan alle verwachtingen die hij in je stelt, zodat het op jou geprojecteerde beeld kan uitgroeien tot je eigen wensbeeld. Robin Norwood (1986) geeft een indrukwekkende beschrijving van hoe vrouwen die te zeer liefhebben, alles willen opofferen om de wensen van hun geliefde man te vervullen en zelfs bereid zijn zich daarvoor te laten vernederen en ontmoedigen.

In hoeverre de waarneming van iemand anders wordt bepaald door de innerlijke beelden van de waarnemer, hangt in grote mate af van degene die men waarneemt. De partner is er mee verantwoordelijk voor dat we niet vastroesten in een vertekend beeld van zijn persoonlijkheid. Hij draagt mee de verantwoor-

delijkheid om dat beeld te corrigeren en net zo lang met ons in discussie te treden tot zijn verduidelijkingen onze waarnemingen hebben uitgebreid en aangevuld, tot zijn zelfbeeld compatibel is met ons beeld.

Liefdesrelaties dagen dus de ene partner uit om zich duidelijker te definiëren en de andere partner om zijn innerlijke beelden over de partner te modificeren.

Projectie als een interactionele poging tot zelfgenezing

In psychotherapeutische vakterminologie betekent projectie niet de algemene waarneming van uiterlijke objecten op basis van geïnternaliseerde schemata of constructen. In de psychoanalyse is projectie omschreven als een afweermechanisme. Typisch voor een pathologische projectie is dat de naar buiten verlegde intrapsychische inhouden niet worden erkend en beleefd als de eigen inhouden (zie Mentzos 2000, blz. 182). Het zijn emoties zoals agressieve impulsen, ondraaglijke gevoelens zoals angst, jaloezie, afgunst, schaamte, ontkende wensen of zuchtige verlangens waarvan je niet wilt toegeven dat ze eigen zijn aan jou, maar ze toeschrijft aan de ander. Je stoort en ergert je eraan en wilt ze in de ander bestrijden. Projectie als afweermechanisme dient om een eigen, onaanvaardbaar deel van jezelf te ontkennen. Projecties worden pathologisch als ze leiden tot waanbeelden, in die zin dat ze de vorm aannemen van een niet meer te corrigeren foutief gegeven. Overtuigd van het waandenkbeeld doet men geen enkele poging meer om waarnemingen die tegenstrijdig zijn met waarnemingen van de sociale omgeving kritisch te ontleden en te onderzoeken. Ziekelijke jaloezie en ziekelijke liefde zijn projectieve processen die tot in het pathologische worden overdreven. De betrokkenen denken te weten hoe de ander in elkaar zit en laten zich van dat idee niet afbrengen.

Projecties worden in de psychoanalyse vooral bestudeerd aan de hand van de op de therapeut overgedragen relatie. De patiënt neemt de therapeut waar op een manier die overeenstemt met zijn innerlijke beeldvorming. Dat beeld heeft hij zich gevormd op basis van zijn vroegere ervaringen met belangrijke relaties, meestal de vader of moeder. De vertekende waarneming wordt gestimuleerd door de onthechte, terughoudende houding van de therapeut. Het doel van deze analyse is dat de patiënt zich geleidelijk van zijn projecties bewust wordt en uit zijn relatie met de psychoanalist een corrigerende emotionele ervaring put. In sommige gevallen kan de relatie tussen patiënt en therapeut enkel blijven voortbestaan als de therapeut zijn gedrag ten dele met de projecties laat overeenstemmen. Hetzelfde geldt voor projecties op een liefdespartner. Hij voelt zich in bepaalde gevallen daardoor verkeerd waargenomen, ingeperkt en op een bepaald beeld vastgepind.

Een liefdesrelatie stimuleert de innerlijke beelden van vroegere liefdeservaringen op een bijzondere wijze. Niet in de laatste plaats staat de herinnering aan vroeger opgelopen vernederingen centraal, hand in hand met de hoop dankzij de liefde te zullen genezen. Projecties die niet psychotisch van aard zijn, zijn niet alleen een middel om ondraaglijke, emotionele psychische inhouden af te weren of deze op een andere persoon te verleggen. De kans dat aan de vertekende waarnemingen en voorstellingen van de partners kan worden gewerkt en dat die kunnen worden gecorrigeerd, is dankzij hun intermenselijke projectie bijzonder groot. De partner die zich verkeerd beoordeeld voelt, zal het op hem geprojecteerde beeld afwijzen. Hij biedt degene die projecteert op die manier een corrigerende, emotionele ervaring in de relatie aan. Zo zal hij zich er bijvoorbeeld tegen verzetten als de slechte vader of moeder te worden beschouwd en zich inzetten voor een meer adequate waarneming.

Als de ontvanger van de projecties echter geneigd is om zich met de projecties te identificeren, of de relatie tot elke prijs in stand wil houden, zal hij tegen de projecties niet de noodzakelijke weerstand bieden. Een dergelijke houding werkt collusionele ontwikkelingen in de partnerrelatie in de hand (zie hoofdstuk 9).

In het volgende praktijkvoorbeeld schetsen we hoe de man op zijn vrouw de strenge en bestraffende gewetensinstantie (Über-Ich) projecteert en zij zich door hem in een overeenkomstig gedrag laat duwen. De therapeutische driehoeksrelatie tussen man, vrouw en therapeut stelde hen in staat om een corrigerende ervaring op te doen.

Praktijkvoorbeeld 9:
Koenraad en Susanne zijn bijna dertig jaar getrouwd. Ze hebben drie kinderen, van wie alleen de jongste nog thuis woont. Het relatieprobleem bestaat erin dat de man zich om de twee maanden stevig bedrinkt, wat dan vaak gepaard gaat met een seksueel avontuurtje. Beide gebeurtenissen leiden tot hoog oplaaiende ruzies binnen het huwelijk.

Koenraad is bij het begin van de therapie werkloos en zeer onzeker over zichzelf. Hij had met succes een grote zaak tot bloei gebracht, waarvoor hij vaak en lang weg was van huis of naar het buitenland moest. Twee jaar geleden werd hij plots ziek. Een zware longontsteking deed hem op het randje van de dood balanceren. Hij werd opgenomen op de intensive care van het ziekenhuis. Hij genas, maar viel ten prooi aan een zware depressie die hem het werken onmogelijk maakte. Hij kon daarna het werk niet meer aan en had de indruk dat jongere medewerkers beter waren dan hij. Uiteindelijk stapte hij uit de zaak die hij had opgebouwd, die hij als 'zijn kind' ervaarde. Hij beleefde dat als een zware, persoonlijke nederlaag. Sindsdien houdt hij zich bezig met kleinere opdrachten, maar is daar niet tevreden mee en is vaak prikkelbaar.

Susanne had de indruk dat ze in die moeilijke periode naar elkaar waren toegegroeid. De relatie was inniger geworden. Koenraad had haar in zijn nood meer nodig, hij was opener en relationeel meer betrokken. Recent waren zijn alcoholuitspattingen en buitenechtelijke slippertjes echter toegenomen, die telkens volgens hetzelfde scenario verliepen. Gedurende enkele weken raakte Koenraad bijna geen druppel alcohol aan, was aangepast en vriendelijk. Dan verdween hij opeens voor twee of drie dagen. Bij zijn terugkeer was hij gesloten en weigerde hij een verklaring te geven. Susanne probeerde hem ter verantwoording te roepen, wond zich op en schreeuwde dan allerlei verwijten naar zijn hoofd.

Koenraad gedroeg zich tegenover mij in de therapie aanvankelijk wantrouwig en ambivalent. Hij vreesde dat hij door de therapie in een burgerlijk keurslijf zou worden gedwongen. Hij was al zijn hele leven een rebel geweest, zowel op de middelbare school als tijdens zijn hogere studies. Later hield hij het in geen enkele job lang uit. Steeds opnieuw kwam hij in het verzet tegen de burgerlijke rechtsorde en hiërarchie.

De periodieke uitzonderingstoestanden werden zo begrijpelijker. Koenraad was zijn vrouw dankbaar voor haar steun, maar voelde zich daardoor tegelijk in beslag genomen en vernederd. Vroeger genoot hij tijdens zijn buitenlandse reisjes alle vrijheid. Nu had hij het gevoel dat zijn vrouw hem controleerde. Zijn uitbarstingen waren gerichte provocaties aan het adres van Susanne als behoedster van de kleinburgerlijke moraal. Zijn vrouw gedroeg zich zodanig dat ze voldeed aan het op haar geprojecteerde beeld. Voor Susanne hadden de seksuele escapades een andere betekenis. Ze vreesde dat ze wegens haar leeftijd niet langer aantrekkelijk was. Ze vreesde dat ze hem pas goed in de armen van een andere vrouw zou drijven als ze zich verzette. Aan de andere kant achtte ze zich niet in staat om die excessen te verdragen. Ze paste haar houding aan door te zeuren en zijn gedrag aan te klagen.

De sessies waren voor Koenraad stresserend. Hij sliep slecht, kon zich moeilijk concentreren op zijn werk, was depressief en voelde het kriebelen in zijn hele lijf. Dat zijn escapades nu in de spotlights stonden, maakte het voor hem moeilijker om ze te herhalen. Tijdens de vierde sessie barstte de bom. Koenraad verscheen niet op tijd op de afspraak, Susanne wel. Toen hij een kwartier te laat ten tonele verscheen, was hij teleurgesteld dat ik de sessie nog niet met Susanne was begonnen. Ik had dat echter bewust vermeden. Koenraad vroeg geërgerd waarom Susanne in godsnaam een professor en auteur wilde opzoeken. Hij zag een gewone therapeut veel beter zitten. Het hele gedoe met academische titels en hiërarchie vond hij maar niks. Toen kwam hij ter zake. Hij had zich gisteren weer in de drank gestort en was pas om vijf uur 's morgens dronken thuisgekomen. Susanne had de slaap niet kunnen vatten en had hem opgewacht in de living. Dat had hem erg gestoord. Hij had geëist dat ze bij hem in bed kwam, wat ze weigerde. Blijkbaar had hij alles in scène gezet met de bedoeling om mij te provoceren. Hij had gehoopt dat ik me bij zijn vrouw zou aansluiten en hem de les zou spellen. Hij pochte dat hij zich door mij niets zou laten voorschrijven, dat niemand zijn vrijheid zou beknotten.

Ik confronteerde hem met het spontane gevoel dat in mij opwelde, namelijk de behoefte om hem terecht te wijzen. Ik had het gevoel dat ik in de val was gelokt. Als ik hem onbedachtzaam zou terechtwijzen, dan maakte ik van mezelf de moraliserende instantie die hij in mij wou zien. Aan die verleiding wilde ik niet toegeven. Ik maakte hem duidelijk dat het zijn eigen keuze was om zijn vrijheid te willen onderstrepen door middel van dergelijke escapades. Doordat ik de verantwoordelijkheid voor zijn uitspattingen duidelijk bij hem legde en me niet liet identificeren met zijn projectie van een straffende autoriteit, verschafte ik ook aan Susanne een model waarnaar ze zich in dergelijke situaties kon gedragen.

Vanaf die sessie deed Koenraad iets aan zijn gewoonte om zijn vrouw te beschouwen als de moraliserende gewetensinstantie waartegen hij zich moest verzetten. Gezien vanuit de invalshoek van de projectieve identificatie maakte hij zijn vrouw tot een negatief object dat hij moest vervolgen en bevechten. In wezen ging het echter om een strijd met zijn eigen persoonlijke gewetensinstantie. Susanne droeg haar steentje bij tot die collusie door de rol die hij haar in de schoot wierp daadwerkelijk te spelen, in plaats van te eisen dat hij zelf meer verantwoordelijkheid zou dragen. Koenraad zei dat het voor hem gemakkelijker zou zijn als ze duidelijk zou zeggen wat ze voelde en waar ze de grens trok, dan hem betuttelend voor te houden hoe hij bij haar in de schuld stond. De therapie werd beëindigd na zes sessies. Susanne schreef me een half jaar later een brief, mede in naam van haar man, waarin stond: 'Ik ben blij dat we als paar deze gesprekken bij u hebben gehad. Ze hebben me veel verduidelijkt en me met Koenraad verzoend. Het is alsof er bij mij iets is verdwenen dat als een vloek op onze relatie rustte... De paar korte vragen die u me hebt gesteld, zoals: "Hoe denkt u dat een zelfbewuste vrouw in die situatie zou handelen?" of wat u aan mijn man hebt gezegd: "Het is uw eigen onvrijheid die u opvalt", spelen nog altijd door mijn hoofd. In elk geval is de manier waarop ik de oude problemen bekeek veranderd. Ik heb tegenover Koenraad de rekening ongedaan gemaakt, zie mijn aandeel beter en stel me soepeler op tegenover hem. We zijn overeengekomen dat we de gesprekken bij u op dit moment niet meer nodig hebben.'

Uit het praktijkvoorbeeld blijkt dat de man het verkrampte beeld van een bestraffende gewetensinstantie projecteert op zijn vrouw. Zij nam de rol die haar werd toebedeeld daadwerkelijk op zich. De partners traden in een collusie (zie hoofdstuk 9), waarbij de man kon zeggen: 'Ik breek alleen maar uit omdat jij me zo beknot.' En de vrouw stelde: 'Ik beknot je alleen maar omdat je anders elk houvast verliest.' In plaats van zich door de man tot een gelijkaardige collusie te laten provoceren, biedt de therapeut weerstand aan de collusietendens van de man en wijst hem op zijn eigen verantwoordelijkheid. Op die manier krijgt de vrouw een voorbeeld aangereikt van de wijze waarop ze op de provocaties van haar man kan reageren. De projectie van de gewetensinstantie op de therapeut wordt omgevormd tot een interactionele poging tot zelfgenezing.

Samengevat kunnen we het als volgt stellen. Doordat het beeld dat men zich van de partner vormt in reële confrontaties met hem voortdurend wordt gecorrigeerd, worden de eigen constructensystemen, schemata of verinnerlijkte, verankerde relationele ervaringen uitgebreid en meer genuanceerd. Negatief is niet dat men zich een beeld vormt van de partner, wel dat men hem daarop vastpint.

Wat nu met de verwijten die men aan zijn partner richt? Zijn dat geen niet-corrigeerbare, generaliserende, algemene veroordelingen die de partner steeds opnieuw op dezelfde manier worden aangewreven en die gepaard gaan met heftige emoties zoals woede of haat, maar geen effect sorteren? De destructiviteit ervan roept vaak ook bij de therapeut afweer en afwijzing op. In de psychotherapeutische praktijk worden verwijten frequent opgevat als het ontgoochelde beeld dat men van de partner overhoudt. Er is daarbij weinig aandacht voor de vraag of wat men de partner verwijt misschien terecht is, en overeenstemt met de eigen therapeutische waarnemingen. Tijdens mijn vele jaren als relatietherapeut stelde ik vast dat ik het zelf eens kon zijn met de kern van de verwijten die de vrouw haar man maakte, maar dat ik evengoed kon akkoord gaan met de verwijten die de man aan zijn vrouw richtte. De agressieve en vernederende vorm van de verwijten maakt het voor de therapeut echter moeilijker om ernaar te luisteren.

'Een heeft altijd ongelijk, maar met twee begint de waarheid'

In hoofdstuk 5 had ik het reeds over onze enquête over de psychologie van de wederzijdse verwijten tussen partners. We konden vaststellen dat die verwijten heel geslachtsgebonden waren. Het doel van de enquête was echter na te gaan in hoeverre de proefpersonen vonden dat de verwijten die de partners elkaar maken terecht waren. De meer dan 400 proefpersonen dienden zich een concreet paar voor te stellen dat ze goed kenden (hun eigen relatie, die van vrienden of patiënten). Om te beginnen moesten ze het verwijt opschrijven dat de vrouw gewoonlijk aan de man maakt en de man aan de vrouw, bij voorkeur in de bewoordingen van de betreffende persoon. Daarna moesten ze over dat paar bijkomende vragen beantwoorden. Bijna 90% van de proefpersonen vond dat de verwijten van de vrouw aan de man terecht waren. Een even groot percentage vond dat eveneens van de verwijten van de man aan de vrouw. Partners richten dus blijkbaar geen onzinnige, projectief vertekende en overdreven verwijten aan elkaar, maar lijken bijzonder competent te zijn in wat ze elkaar verwijten. Op de vraag of het verwijt kon worden gerealiseerd, was het antwoord in 80% van de gevallen positief. Of nu de man dan wel de vrouw het voorwerp van de verwijten was, beiden konden hun gedrag veranderen om aan de verwijten tegemoet te komen. De partners verwijten elkaar dus niets wat niet vervulbaar is, zoals 'je bent te dom, te introvert, te klein, te lelijk'. Schijnbaar in tegenspraak daarmee was de helft van de proefpersonen het ermee eens dat men in het verwijt de partner een probleem aanwreef dat eigenlijk een eigen probleem was. De ondervraagden zagen daarin blijkbaar geen tegenstrijdigheid met de vraag of de verwijten terecht waren. Bij de verwijten speelt een eigen deel van het zich-gestoord-voelen door de partner mee, maar toch probeert men door het verwijt de partner op iets belangrijks te wijzen. Hoe staan de verwijten van de partners met elkaar in verband?

De verwijten van de ene zijn terecht in het licht van de verwijten van de ander

Hoe is het mogelijk dat verwijten die elkaars tegenpool lijken, allebei kloppen? Moet de ene niet gelijk hebben en de ander ongelijk?

Daarover bestaat een mooi verhaaltje. Een man gaat zich bij de rabbijn beklagen over zijn vrouw. De rabbijn zegt: 'Je hebt gelijk.' Tevreden keert de man naar zijn vrouw terug en meldt haar: 'De rabbijn zegt dat ik gelijk heb.' Waarop de vrouw zich naar de rabbijn begeeft om zich over haar man te beklagen. De rabbijn antwoordt: 'Je hebt gelijk.' Triomfantelijk vertelt de vrouw aan haar man wat de rabbijn heeft gezegd. De man wordt kwaad en gaat opnieuw naar de rabbijn: 'Eerst zeg je dat ik gelijk heb en dan zeg je dat zij gelijk heeft.' Waarop de rabbijn antwoordt: 'Je hebt gelijk.'

Als we de verwijten niet beschouwen als afzonderlijke uitspraken van man en vrouw, maar als uitspraken die met elkaar in verband staan, stellen we vast dat het verwijt van de ene weliswaar terecht is, maar alleen in het kader van het verwijt van de ander. Het is alsof de 'waarheid' schuilt in deze dialectiek. Michael L. Moeller leidt zijn boek *Die Wahrheit beginnt zu zweit* (1988) in met een zin van Friedrich Nietsche (*Die fröhliche Wissenschaft*, 3de boek, nr. 200): '*Einer hat immer unrecht: aber mit zweien begin die Wahrheit*' ('Een heeft altijd ongelijk, maar met twee begint de waarheid'). De Franse dichter Colardeau (1732-1776) formuleerde het op een gelijkaardige manier: '*Du choc des opinions jaillit la vé-*

rité' ('Uit de botsing der meningen ontspringt de waarheid'). Het gaat om het vinden van de waarheid als een dialectisch proces van these, antithese en synthese. Vergelijk het met de zoektocht naar de waarheid in het strafrecht: aanklager, verdediging en rechter.

In de therapie komt het er voor de therapeut niet op aan de 'waarheid' te ontdekken, maar gaat het om de vraag of de therapeut zich in de wederzijdse verwijten kan inleven en deze kan aanvoelen. De dialectiek van de verwijten dient men te bespreken aan de hand van voorbeelden.

Vinden van de waarheid in de dialectiek van de verwijten tussen de partners

Voorbeeld 1:

Vrouw: Je kunt je fouten niet toegeven.

Man: Je wilt me heropvoeden.

Commentaar: De vrouw verwijt de man terecht dat hij zijn fouten niet kan toegeven. De man heeft echter eveneens gelijk als hij denkt dat zijn vrouw hem zal willen heropvoeden volgens haar verwachtingen indien hij zijn fouten toegeeft. 'Als je toegeeft dat het verkeerd is, waarom doe je dan niet wat ik zeg?'

Voorbeeld 2:

Vrouw: Je bent te weinig geëngageerd in de relatie.

Man: Je wilt me continu controleren.

Commentaar: De vrouw heeft gelijk als ze zegt dat de man zich te weinig in de relatie engageert. Hij ziet dat als een val omdat ze eigenlijk wil bepalen hoe hij zich in de relatie dient te gedragen.

Voorbeeld 3:

Vrouw: Je onttrekt je aan je verantwoordelijkheid voor de kinderen.

Man: Je wilt de verantwoordelijkheid niet met me delen.

Commentaar: De vrouw beklaagt zich erover dat ze de verantwoordelijkheid voor de kinderen alleen moet dragen. De man verwijt haar dat ze die verantwoordelijkheid helemaal niet wil delen maar alles zelf wil beslissen.

In de drie voorbeelden willen de partners elkaar wijzen op iets dat terecht en belangrijk is. Het klopt vaak dat de man zijn fouten niet wil toegeven, zich niet voor de relatie of de kinderen engageert. Maar het klopt even vaak dat de vrouw de man wil heropvoeden, bepalen en controleren of dat ze hem slechts wil laten delen in de verantwoordelijkheid voor de kinderen als hij haar voorschriften opvolgt.

De partner als stem van het onbewuste

De partners kunnen terecht zeggen: 'Ik merk iets bij je op dat je zelf niet kunt zien.' Je bent niet alleen blind voor jezelf omdat je, als een 'blinde vlek', een deel van jezelf niet onder ogen durft of kunt nemen. Je bent tegelijkertijd blind voor de boodschap van de partner die je een spiegel voorhoudt voor de aspecten die je bij jezelf niet wilt of kunt zien. Met andere woorden je partner verwijst naar aspecten van jezelf die je hebt verdrongen en ontkent. Je bent met andere woorden op twee verschillende manieren blind. De partner kan aan die aspecten echter niet voorbijgaan en zal ze niet willen ontkennen omwille van de lieve vrede. Hij zal wat wordt ontkend onverbiddelijk aanwijzen omdat het een invloed heeft op zijn eigen ontplooiing in de relatie.

Als we zoals Sigmund Freud het onbewuste gelijkstellen met het verdrongene, dan kan de partner als een stem van het eigen onbewuste, van het verdrongene, worden beschouwd. De verwijten van de partner krijgen zo een totaal andere betekenis dan wanneer we ze als louter projecties interpreteren.

Toch is de uitspraak van Carl Rogers dat we de ander onvoorwaardelijk moeten aanvaarden gerechtvaardigd, evenals de eis van C.G. Jung dat we onze schaduwzijde niet op de ander mogen projecteren maar moeten waarnemen als een eigen aandeel. Ze passen in onze these dat de verwijten slechts de halve waarheid bevatten en pas geldigheid verwerven wanneer we ook oog en oor hebben voor de tegenverwijten. Wie zijn partner iets verwijt is aan één oog blind, maar is met het andere oog op een unieke wijze scherpzinnig juist. Het geprojecteerde eigen deel van de verwijten overlapt meestal met het tegenverwijt van de partner.

Wat iemand nu stoort, heeft hem oorspronkelijk aangetrokken

In hoofdstuk 5 over de wederzijdse ambivalentie van aantrekking en conflict tussen de geslachten heb ik er al op gewezen dat wat mannen nu stoort aan hun vrouw en omgekeerd, vaak een ongewenste bijwerking is van wat hen oorspronkelijk bijzonder aantrekkelijk leek. Een te introverte, rationele man die zich afsluit voor zijn emoties, kiest vaak een vrouw die te chaotisch, impulsief en emotioneel is. Dan rijst de vraag: Waarom heeft hij uitgerekend die vrouw gekozen? De eigenschappen die hem nu zo ergeren waren al duidelijk toen hij haar als partner koos. Het huidige conflict was zelfs voorspelbaar. Was hij toen blind? Het antwoord is neen! Men heeft de karaktertrekken waaraan men zich nu ergert heel goed gezien. Alleen kregen ze toen een andere betekenis.

Wat iemand oorspronkelijk aantrok kan na verloop van tijd zijn uitgegroeid tot een storende factor om volgende redenen:

A) Men hoopte zich dankzij de karaktertrekken van de partner persoonlijk beter te kunnen ontplooien, maar ervaarde ze naderhand als bedreigend of ergerlijk.

De man die zijn vrouw aanvankelijk wist te bekoren met zijn tederheid, introvertie en schuchterheid, wordt na een tijdje vervelend, verlammend en futloos. Oorspronkelijk zag de vrouw in hem een man die geen bedreiging kon vormen, een goede luisteraar kon zijn en waaraan men zich volledig kon blootgeven. Een man die zijn vrouw aanvankelijk imponeerde door zijn dominant optreden, zodat ze zich beschermd voelde door zijn sterkte, zal na verloop van tijd als patriarchaal en dominant worden ervaren. Een vrouw die haar man door haar emotionele openheid deed herleven, vraagt te veel van hem als ze wil dat hij zich emotioneel volledig blootgeeft. Een vrouw wier toewijding eerst als een bijzondere vorm van liefde werd geïnterpreteerd, zal de man na verloop van tijd domineren met overstelpende moederlijkheid. Wat in het begin meegaandheid leek, is nadien afhankelijkheid en aanklampen. Wat aanvankelijk bijzonder mannelijk scheen, is nadien machogedrag. Wat eerst getuigde van ernst verwordt nadien tot zwartgallig pessimisme. Wat eerst een stil water leek, blijkt nadien desinteresse en luiheid. Wat men aanvankelijk als betrouwbaarheid zag, wordt nadien beleefd als controlerend gedrag. De eigenschappen die men eerst positief beoordeelde, bieden de partner aanvankelijk inderdaad een betere persoonlijkheidsontplooiing binnen de relatie. Nadien voelt men zich evenwel door die eigenschappen bedreigd en beknot. De houding tegenover die karaktertrekken van de partner blijft echter ambivalent, zelfs al stelt men ze nu uitsluitend negatief voor.

B) De tekortkomingen van de ander leken bijzonder aantrekkelijk omdat men dacht hem te kunnen helpen om ze te overwinnen.

Men stelt vast dat de partner helemaal niet wil worden geholpen. Men is gefrustreerd over de ontoegankelijkheid van de ander en over zijn neiging om confrontaties uit de weg te gaan. Men heeft aanvankelijk veel in de relatie geïnvesteerd. De relatie geeft misschien zelfs zin en een doel aan het leven, zodat men zich door de weigering van de partner bedreigd voelt in de zinvolheid van zijn bestaan. Men heeft toch alleen maar het beste met hem voor, wil hem alleen maar gelukkig maken. Waarom wil hij dat niet aanvaarden? Moet men ermee akkoord gaan dat iedereen recht heeft op zijn eigen ongeluk?

C) Het opnieuw opduiken van gezamenlijk verdrongen ontwikkelingen.

Het kan zijn dat men in een soort verdoken, collusionele verstandhouding hoopte latente ontwikkelingsopdrachten gezamenlijk te vermijden. Die vermijdingstendens blijkt nu net een hinderpaal te zijn voor de noodzakelijke persoonlijkheidsontwikkeling. Het aanvankelijk begripvol en vergevensgezind lijkende gedrag van de partner, wordt nu verworpen als zijnde een verkeerde uitdaging en wordt niet meer als steun ervaren voor latente ontwikkelingen. Een vrouw kan haar man trouw en opmonterend terzijde staan, ondanks zijn moeilijk karakter. Na een tijd moet ze echter vaststellen dat hij zich inlaat met andere vrouwen door wie hij zich persoonlijk meer uitgedaagd en gestimuleerd voelt. Hij had de indruk dat hij door de houding van ontzien en sparen vanwege zijn vrouw te weinig werd gestimuleerd in zijn ontwikkeling.

Partners richten hun relatie zo in, dat de ene van de ander de ontwikkeling vereist die de ander net probeert te vermijden

Vaak kun je vaststellen dat een persoon zich tegenover zijn partner zo gedraagt dat de partner hem confronteert met tendensen die deze persoon uit de weg wil gaan. Soms wil men de verantwoordelijkheid blijven afschuiven op anderen, vernederingen niet onder ogen zien, persoonlijke mislukkingen verdringen en lafhartig terugdeinzen verbergen voor zichzelf. Aan de basis van foutieve ontwikkelingen in het leven ligt meestal de weigering om in te gaan op wat wordt aangedragen. *Vaak geldt dat de liefdespartner iemand de weg wijst.* Het begint al met de partnerkeuze. Men kiest een partner die een stokje steekt voor de eigen vermijdingstendensen en voor de eigen neiging tot laffe compromissen. De partner biedt weerstand, verlangt iets, strijdt en vecht voor wat hij wezenlijk acht. Georges Simenon (1989) beschreef dat heel mooi in zijn roman *La Marie du port*. Een psychopaat met onnoemelijke geldingsdrang, die gewoon is vrouwen aan zich te onderwerpen en ze vervolgens lafhartig laat vallen, stuit op een 17-jarige cafédochter. Ze is ogenschijnlijk totaal niet onder de indruk van hem. Hij lokt haar in de val. Hij leidt haar naar een kamer waarvan hij de deur op slot draait, steekt de sleutel weg en wil haar verkrachten. Hij verwacht dat het meisje heel angstig en woedend zal reageren, maar die reactie blijft uit. Ze blijft rustig zitten en wacht af wat hij met haar zal doen. Lachend zegt ze: 'U bent de sterkere, nietwaar?' Hij wil haar een uitvoerige uitleg beginnen doen. Ze onderbreekt hem en zegt: 'Doe maar wat u wilt, ik kan u toch niet tegenhouden, maar bespaar me uw verklaringen.' Waarop hij in elkaar stort. De kritische afstandelijkheid van het meisje vergt het uiterste van zijn krachten. Tijdelijk haat hij haar omdat ze zoveel in hem losmaakt. Ze biedt hem echter de weerstand die voor zijn ontwikkeling nodig is. Hij maakt een fundamenteel persoonlijke ommekeer door en kan haar na een lang, aangrijpend proces toch voor zich winnen als de eerste vrouw wier vrijheid hij respecteert.

Intuïtief stellen veel mensen bij hun partnerkeuze vast: Dat is de mens die mij kan uitdagen tot een ontwikkeling die ik tot dusver heb vermeden. Die uitdaging gaat echter gepaard met het krenkende besef dat men het niet alleen af kan. Daarom haat men zijn partner soms, hoewel men de uitdaging als noodzakelijk erkent.

Uiteindelijk moet iedereen zelf uitmaken of en in hoever hij op de aanspraken van de partner wil ingaan. Het staat de persoon vrij te allen tijde te weigeren om op een verwijt of aanspraak van de partner in te gaan.

Waarom is het zo moeilijk om de verwijten van de partner te aanvaarden?

Uit ons onderzoek blijkt dat een heel groot percentage van de ondervraagden van mening is dat de verwijten van de partner terecht en vervulbaar zijn. Waarom is het dan zo moeilijk deze verwijten te aanvaarden en het gedrag in de relatie overeenkomstig te veranderen?

Men weigert de vereiste verandering door te voeren omwille van volgende redenen:

1. *Als men aan het verwijt van de partner toegeeft, wordt aan de partner superioriteit toegestaan.* Degene aan wie het verwijt is gericht, vreest dat het machtsevenwicht binnen de relatie verstoord zal worden als hij aan het verwijt toegeeft. Degene die het verwijt maakt zou daardoor aanspraak kunnen maken op een grotere competentie en superioriteit. De toegeving zou door de partner kunnen worden misbruikt om zijn invloedssfeer uit te breiden en hem kunnen verleiden tot nog meer verwijten. De verwijten in een psychologisch kleedje steken helpt niet. De bewering dat men de ander alleen maar wil helpen gaat niet op, want uiteindelijk is ook de partner zelf erbij gebaat als de verwijten ter harte worden genomen. De ontvanger van de verwijten voelt zich gedegradeerd tot een hulpbehoevende patiënt of een kind dat moet worden opgevoed.

2. *Degene die het verwijt maakt heeft vaak onvoldoende respect voor de verantwoordelijkheid van de partner.* Degene aan wie het verwijt is gericht heeft de indruk dat de partner zich aanmatigt om te weten hoe hij zou moeten zijn of zou kunnen zijn als hij wou. De ontvanger verzet zich koppig tegen wat hij als een beschikking van een ander ervaart. Hij voelt zich gechanteerd door de verwachtingen en beschuldigingen. Hij wil

zelf verantwoordelijkheid opnemen en in zijn autonomie worden gerespecteerd.

3. *De verwijten neutraliseren elkaar.* Het gevaar bestaat dat men vanwege bovengenoemde redenen de verwijten van de partner van de hand wijst en die tegenverwijten dan weer gewoon gebruikt om het eigen verkeerde gedrag te rechtvaardigen. De ene rechtvaardiging roept de andere op.

Er ontstaat een vicieuze cirkel van verwijten die elkaar neutraliseren.

Vrouw	**Man**
Ik wil je enkel heropvoeden omdat jij geen fouten kunt toegeven.	Ik kan geen fouten toegeven omdat jij me wilt heropvoeden.
Ik wil je enkel onder controle houden omdat jij je niet engageert in de relatie.	Ik engageer me niet in de relatie omdat jij me wilt controleren.
Ik neem de verantwoordelijkheid voor de kinderen op mij omdat jij geen verantwoordelijkheid wilt nemen.	Ik neem geen verantwoordelijkheid voor de kinderen op mij omdat jij alle verantwoordelijkheid opeist.

Het gevaar bestaat dat verwijten en tegenverwijten elkaar uitlokken, escaleren en elkaar neutraliseren. Hoe meer druk de partners op elkaar uitoefenen, hoe minder er verandert. Men is dan niet aanspreekbaar voor degene die de verwijten maakt als een stem van het eigen onbewuste.

Omgang met verwijten in de therapie

Paren die in relatietherapie gaan bevinden zich met hun verwijten meestal in een patstelling. Het verwijt van de ene wordt in het verwijt van de ander omgebogen tot de reden waardoor het eerste verwijt wordt geneutraliseerd.

Hoe kan men een dergelijke, zinloze interactiecirkel doorbreken? Vroeger probeerden we die interactiecirkel aan de partners duidelijk te maken en poogden we stap voor stap de partners naar een tussenpositie te doen bewegen. Vandaag gebruik ik veeleer de techniek van *een gescheiden exploratie in aanwezigheid van de partner*. Die techniek heeft zijn nut al bewezen bij de constructendifferentiatie (Willi et al., 1992, Frei et al., 1997). Gedurende tien tot twintig minuten praat ik in aanwezigheid van de ander met slechts een van de partners. Ik verhinder daarbij dat de eerste tussenbeide komt. In het veilige kader van een individueel gesprek kan de exploratie veel dieper gaan. Tot dusver verborgen gevoelens van angst, schuld en schaamte, samen met de diepere verlangens en hoop op een eigen ontwikkeling of op een persoonlijkheidsontwikkeling van de partner, kunnen worden geopenbaard. Het gaat vooral om de angsten die zouden worden versterkt indien men aan de verwijten van de partner zou toegeven. Nadat ik dat gesprek heb gevoerd en daarbij de partner van actieve deelname aan het gesprek heb uitgesloten, wend ik me nu tot hem voor een gelijkaardige individuele exploratie. Bij mannen gaat het vaak om de lijdzame berusting dat ze het hun vrouw toch nooit naar de zin kunnen maken. Sommige mannen kunnen uppercuts incasseren zonder een spier te vertrekken. Overweldigd door schuldgevoelens denken ze dat ze zich niet mogen verdedigen. Als ze zich wel verdedigen, doen ze dat vaak met grove middelen. Ze hebben geen vertrouwen in de waarde van een verbale discussie. Ze denken dat hun vrouw daarin toch de bovenhand zal halen. De eerste stap voor deze mannen is dat ze moeten leren dat ze het recht hebben om hun eigen positie te verdedigen. Mannen dienen vaak te leren dat ze hun eigen argumenten in de discussie moeten inbrengen en duidelijk moeten opkomen voor hun eigen mening en behoeften. Vrouwen vrezen dan weer dat hun man helemaal niets zal veranderen als de druk van de ketel is. Ze denken dat hij dan zeker niet echt naar hen zal luisteren en nog onbereikbaarder zal zijn. Ze moeten leren dat ze vaak meer bereiken als ze minder druk uitoefenen. De belangrijkste doelstelling is dat de partner aanspreekbaar wordt voor de verwijten van de ander. Om dat te bereiken moet de communicatie van de verwijten anders. Men kan de verwijten van de partner beter aanvaarden als daaruit een persoonlijke betrokkenheid blijkt. 'Het stoort me dat je dit doet of zegt, het maakt me boos, het kwetst me. Het is voor mij persoonlijk om die of gene reden belangrijk dat je dat anders doet. Ik zou je er dankbaar voor zijn.' Degene die de verwijten maakt, plaatst zichzelf daarmee niet op een voetstuk van superioriteit, maar definieert zichzelf als betrokken partij. Hij formuleert een vraag of een verzoek waarop de ontvanger al dan niet kan ingaan. Hij beperkt zich tot zijn eigen verlangens, angsten en gevoelens die als dusdanig een verklaring behoeven. De partners kunnen nu als gelijken discussiëren over wat wordt verweten. Ze zullen bij een dialectisch gesprek vaststellen dat de verwijten deels gegrond zijn en deels voortspruiten uit de eigen behoeften van de degene die het verwijt maakt. Het aanmatigende karakter van het verwijt wordt afgezwakt door het te formuleren als een persoonlijke wens. Op die manier neemt de kans aanzienlijk toe dat het wordt aanvaard.

Iemand zal vooral bereid zijn om iets te doen aan hetgeen verweten wordt, indien hij de vrijheid krijgt om daar zelf de verantwoordelijkheid voor te dragen en zich verzekerd weet van de liefde van zijn partner zelfs als hij niet volgens diens zienswijze verandert.

De kritiek van de partner kan de belangrijkste uitdaging zijn voor de persoonlijkheidsontwikkeling in het volwassen leven. Destructieve escalaties, zoals verwijten waarmee men chanteert, zichzelf rechtvaardigt of tegenaanvallen lanceert, kunnen de belangrijkste blokkade vormen voor de persoonlijkheidsontwikkeling in het volwassen leven. Positieve en negatieve aspecten liggen in de partnerrelatie vaak heel dicht bij elkaar.

Hoofdstuk 11

Het onbewust creëren van omstandigheden die veranderingen uitlokken

Waarom treedt de crisis precies nu op? Als we gaan kijken naar de periode die aan de crisis voorafgaat, blijkt vaak dat er toen iets veranderde in de partnerrelatie en in de levensomstandigheden waardoor een tot dusver vermeden ontwikkeling noodzakelijk is geworden. Vaak hebben de partners de omstandigheden die een verandering uitlokken zelf onbewust gecreëerd. Relatie-ecologisch gezien komt de ommekeer in de relatie niet tot stand door een inzicht of besef, maar omdat gewijzigde externe omstandigheden een ommekeer noodzakelijk maken.

De door beïnvloeding bepaalde levensloop in de co-evolutie van de partners

In de ecologische psychotherapie is de omschrijving 'door beïnvloeding bepaalde levensloop' van centraal belang (Willi, 1996). We bedoelen daarmee dat de persoonlijkheid zich niet alleen ontwikkelt door een innerlijk proces, maar tevens in grote mate wordt bepaald door het effect dat een persoon sorteert in zijn omgeving, en dan vooral binnen de persoonlijke niche die hij creëert. Het bereikte effect is niet alleen het resultaat van zijn appel, maar tevens het uitgangspunt voor nieuwe intenties, plannen en handelingen. De ontwikkeling van persoonlijke structuren, schemata, constructen of innerlijke objecten staat in wisselwerking met de in ontwikkeling zijnde persoonlijke niche. Personen, levenloze voorwerpen zoals de inrichting van het huis, het werk of vruchten van die arbeid maken de persoonlijke niche uit. De objecten van die persoonlijke niche zijn de dragers van de herinneringen van een persoon.

Net zoals het persoonlijke constructensysteem (G. Kelly) of de schemata (J.Piaget) een innerlijke structuur vormen, is de persoonlijke niche de uiterlijke structuur van een persoon. Het zijn de vangrails waarbinnen de ontwikkeling verloopt. Bij een partnerrelatie zijn de verhoudingen enigszins gecompliceerd. De partners zijn namelijk enerzijds een belangrijk onderdeel van de door henzelf gecreëerde persoonlijke niche, maar anderzijds bouwen ze gezamenlijk een dyadische niche op, ontstaat er een gezamenlijke leefwereld. Het dyadische interne constructensysteem met de gezamenlijke waardeoordelen en doelstellingen van de partners, alsook de spelregels voor het samenleven, vormt samen met de gezamenlijk gecreëerde externe dyadische niche de sporen waarbinnen het leven in de relatie zich ontwikkelt. Ze bepalen de koers van de gezamenlijke rit. Binnen dat spectrum zijn slechts beperkte afwijkingen mogelijk. Men kan heel wat samen beleven en ontwikkelen, maar tegelijkertijd blijft ook veel van wat men alleen zou kunnen ontplooien onontgonnen en onbeantwoord.

Beide partners worden in hun persoonlijke ontwikkeling continu beantwoord binnen de partnerrelatie. Ze ondervinden dat hun partner hen in hun ontwikkeling steunt, uitdaagt en structureert, maar tevens beperkt, verkeerd begrijpt en niet beantwoordt. De dagelijkse strijd met elkaar verbreedt en verfijnt de persoonlijkheidsontwikkeling, maar vormt tevens een belemmering. De partners veranderen continu. De persoonlijke ervaringen moeten steeds worden ingebracht in de gemeenschappelijke schat aan ervaringen. Het dyadische constructensysteem, dat als basis dient voor de opbouw van de dyadische niche, moet voortdurend worden aangepast aan deze nieuwe ervaringen. De individuele en dyadische ontwikkelingen verlopen echter niet in een regelmatig tempo, maar sprongsgewijze. Onvermijdelijk doen zich gebeurtenissen voor waardoor nieuwe ontwikkelingen in de liefdesrelatie nodig zijn. Deze nieuwe ontwikkelingen waren misschien al sinds lang noodzakelijk maar werden tot dusver uitgesteld. Dergelijke gebeurtenissen kunnen de partners in een diepe crisis storten.

Waarom doet de crisis zich net nu voor?

Vanuit ecologisch standpunt is een belangrijke vraag in de relatietherapie: *Wanneer is de huidige crisis begonnen?* Wanneer kwam het tot een climax? Wanneer besloten de partners een therapeut te consulteren? De meeste paren weten het begin van de crisis nog te situeren. Dat kan een paar maanden tot een paar jaar geleden zijn.

De volgende vraag luidt: *Wat is er in uw leven veranderd in de periode die aan de crisis voorafging?* De veranderingen zijn vaak duidelijk te identificeren: de geboorte van een kind, de dood van een van de ouders, het aan de weet komen dat de partner een buitenechtelijke relatie heeft, het betrekken van een eigen woning, een andere job, het laatste kind dat het huis verlaat, de dood van een hond, een abortus, het begin van een ernstige ziekte enzovoort.

De derde vraag is: *Wat heeft die gebeurtenis in uw relatie veranderd?* Waarom was het niet meer mogelijk om zoals voordien met elkaar verder te leven? In welke mate is het ideaalbeeld van de relatie veranderd? Verdwenen door die nieuwe omstandigheden bepaalde compensaties, zodat nieuwe ontwikkelingen nodig werden?

Interessant om vast te stellen is:

Het zijn niet zozeer innerlijke inzichten die tot veranderingen in het samenleven leiden, maar wel externe omstandigheden en gebeurtenissen, waardoor het noodzakelijk wordt om in de relatie in zijn huidige vorm een latente ontwikkelingsfase te voltrekken.

Het kan gaan om spelingen van het lot waardoor men buiten zijn wil om wordt getroffen. Voorbeelden zijn: ziekte, ongeval, sterfgeval of politieke veranderingen. Net zo goed kan het gaan om gebeurtenissen die men zelf heeft geënsceneerd of die te voorspellen waren, zoals een zwangerschap, een huwelijk, volwassen worden van de kinderen of pensionering.

De externe omstandigheden die de latente ontwikkeling noodzakelijk maken, zijn vaak door de betrokkene zelf of mee door hem in het leven geroepen. Vooral de relationele aspecten die men bij de partnerkeuze heeft vermeden of opzij geschoven, zullen zich in die gewijzigde omstandigheden voor ontwikkeling aandienen.

Het is alsof een innerlijke stem, een innerlijke gids de omstandigheden heeft gecreëerd, waardoor minstens een van beide partners binnen de relatie moet veranderen. Het is alsof men jarenlang verschoond is gebleven van bepaalde aanspraken en de tijd heeft gekregen om bepaalde afweermechanismen in stand te houden en dan onherroepelijk wordt geconfronteerd met een aanspraak die een nieuwe ontwikkelingsstap noodzakelijk maakt.

Praktijkvoorbeeld 10:
Therese kampt met depressies en maakt een afspraak voor individuele therapie. Ze is al twintig jaar gehuwd met een zakenman. Tot voor enkele jaren leidden ze samen het bedrijf. Sindsdien is ze niet langer actief in het beroepsleven en voelt ze zich onvoldaan. Ze heeft haar universitaire opleiding niet voltooid en had voor haar huwelijk niet gewerkt. Haar twee dochters zitten in de puberteit. Vooral de 15-jarige dochter rebelleert heftig tegen haar moeder. Moeder en dochter verkeren in een pijnlijk proces van afstand nemen tegenover elkaar. Therese staat in tweestrijd of ze haar dochter moet verbieden om met haar even oude vriend samen te slapen of dat ze deze vriend integendeel in het gezin moet verwelkomen. Het feit dat ze nu minder voor de kinderen moet doen dan vroeger versterkt haar oriëntatiecrisis. Ze zoekt een nieuwe professionele uitdaging. Dankzij de therapie voelt ze zich gemotiveerd om haar studies opnieuw op te nemen.

Tot mijn grote verbazing komt Therese na een onderbreking van een maand met de mededeling dat ze van haar man weg is en een eigen woning heeft gezocht. De relatie met haar man was tot op die dag geen onderwerp van de therapie. Aanleiding voor de scheiding was dat haar man een vriendin had die wilde dat hij elke week een nacht bij haar zou doorbrengen. Daar kon voor Therese geen sprake van zijn en ze eiste dat zij en haar man uit elkaar zouden gaan. Thereses echtgenoot was door de snelle en consequente reactie van zijn vrouw van zijn stuk gebracht en betreurde het al dat hij het zover had laten komen. Therese was echter zelf ook verrast, namelijk over het feit dat de scheiding haar niet deprimeerde maar integendeel nieuwe energie schonk. Ze voelde zich bevrijd en opgelucht. Voor het eerst had ze de indruk dat ze zelf over haar leven kon beslissen. Ze twijfelde of ze nog wel met haar man wilde samenleven, zelfs als hij het uitmaakte met zijn vriendin. Ze wilde echter wel een vriendschappelijke relatie met hem onderhouden en wilde vooral vermijden dat de kinderen de dupe zouden worden van de scheiding. Tot haar verbazing verbeterde de relatie met haar dochter eveneens. Haar dochter was met haar vriend naar bed geweest en had daarna een punt gezet achter de relatie.

Therese bemerkte duidelijker dan ooit tevoren het verschil in opleiding tussen haarzelf en haar man. Om geen twisten uit te lokken had ze zich aangepast aan zijn intellectueel niveau en haar licht onder de korenmaat gezet. Het was haar nu zonneklaar dat hij het moeilijk had kunnen verkroppen als ze een job op universitair niveau had gehad. Dus had ze dat niet gedaan. De voorbije jaren was haar man, die bijna vijftig is, opnieuw beginnen te sporten. Zijn vriendin is eveneens heel sportief en hij kan zijn sportactiviteiten met haar samen beoefenen.

Oppervlakkig bekeken is de buitenechtelijke relatie van de man de aanleiding om uit elkaar te gaan. Therese merkte echter dat ze die verandering van de externe omstandigheden eigenlijk zelf had bewerkstelligd. Ze had jaren geleden al innerlijk afstand genomen van haar man en op die manier zijn behoefte aan een buitenechtelijke relatie in de kaart gespeeld. Ze zegt: 'Misschien heb ik hem onbewust wel geprovoceerd om een vriendin te nemen.' Therese had haar man vaak gevraagd om samen een culturele manifestatie te bezoeken, maar kon hem er niet toe vermurwen. Al jarenlang wil ze eens een city-trip maken. Nu ze uit elkaar zijn kan dat. Ze heeft een reis geboekt. 'Maar natuurlijk zou het leuker zijn samen met een partner.' Op mijn vraag of ze alleen gaat, antwoordde ze dat ze sinds een paar weken een relatie heeft met een historicus die haar zal vergezellen.

Uit het voorbeeld blijkt dat Therese in een depressieve leegte verkeert die in verband staat met een latente nieuwe oriëntering in haar leven. Het zijn de veranderende externe omstandigheden die de ommekeer uitlokken, namelijk het gevecht om afstand met de rebellerende dochter, de buitenechtelijke relatie van haar man, het ervaren van vrijheid door de scheiding van haar man en de nieuwe relatie met een man die haar in staat stelt een door haar tot dusver onbenut intellectueel potentieel te ontplooien. Natuurlijk is de ommekeer daarmee nog niet voltooid. Therese zal moeten afwegen of ze definitief uit de echt wil scheiden, dan wel haar huwelijk voortzetten en tegelijk haar intellectuele capaciteiten compenserend verwerkelijken in een universitaire loopbaan.

Welke latente ontwikkeling is noodzakelijk in de partnerrelatie?

Als vierde stap in de relatietherapie proberen we de functie van de huidige crisis te achterhalen. Op welke uiterlijk en innerlijk uitgestelde en in te halen ontwikkelingen duidt de crisis? Wat betekent ze en wat verklaart ze?

Dat is de essentie van het ecologische uitgangspunt in de psychotherapie. **De levensomstandigheden wijzen iemand de weg. Ze nopen tot vaak pijnlijke veranderingen, die men niet zelden, vanuit een dieper inzicht, zelf in het leven heeft geroepen. Men wil ze uit de weg gaan, maar bemerkt tevens dat ze noodzakelijk zijn.**

Niet alle mensen moeten eenzelfde ontwikkeling doormaken. De ene wordt al zwaarder door het noodlot getroffen dan de ander; sommigen vroeg, anderen laat. De enen zoeken uitdagingen. De anderen laten die op zich afkomen. De vereiste ontwikkelingen kunnen ook betrekking hebben op het overwinnen van persoonlijke beperkingen. Dat geldt tevens voor beperkingen die men zichzelf vrijwillig oplegt ten gunste van de partner, bijvoorbeeld omdat deze ziek is of een ongeval heeft gehad. Soms gebeurt het dat niet de gebeurtenis op zich relevant is, maar het belang dat men eraan hecht. Soms bestaat de persoonlijkheidsontwikkeling erin dat men aan het onvermijdelijke een andere en nieuwe betekenis moet verlenen. Als twee geliefden elkaar ondersteunen, vormen ze voor elkaar een sterke hulpbron om tegenslagen te kunnen overwinnen. Als ze elkaar kwijtraken, kunnen ze de belangrijkste bron van hun ontwikkeling verliezen. Het is vooral problematisch als een van beiden de uitdaging waarvoor de crisis hem stelt wil aangaan en de ander dat weigert. Moet men afzien van een persoonlijkheidsontwikkeling als de relatie gevaar loopt omdat de partner in deze ontwikkeling niet wil of kan meegaan? Moet een vrouw, die carrière wil maken nu de kinderen het huis uit zijn, haar aspiraties laten varen als haar man jaloers is op haar professioneel succes? Als men er niet in slaagt een oplossing te vinden die voor beiden aanvaardbaar is, zal alles draaien om een duidelijk afwegen van de persoonlijke belangen die op het spel staan. Men kan zichzelf niet blijvend zwaar te kort doen om de partner te sparen. De partner wordt nadien gemakkelijk verantwoordelijk gesteld voor alles wat men in zijn persoonlijke leven niet heeft kunnen ontplooien.

Er zijn zeker veel gevallen waar de persoonlijkheidsontwikkeling pas kan worden verwezenlijkt als de relatie wordt beëindigd. Uit elkaar gaan en scheiden bestaat sinds een aantal jaren in talrijke nieuwe vormen. Zolang men ervan uitging dat er een schuldige was, moest een van beide partners worden geïdentificeerd als degene die de crisis had veroorzaakt. Vandaag raken de partners het er vaak na een langer, pijnlijk proces over eens dat de relatie nog onvoldoende draagkracht heeft. Men stapt ervan af om een zondebok aan te wijzen, gaat respectvol uit elkaar en blijft vrienden. Daaruit blijkt dat de partners hun relatie vormgeven volgens het principe van eigenbelang. Als de liefde onvoldoende speelruimte biedt om wederzijds door de partner in zijn ontplooiing te worden beantwoord, bestaat er geen dragend fundament meer om de relatie verder op te bouwen.

Aan de hand van twee voorbeelden wil ik illustreren hoe de (zelfgecreëerde) gewijzigde levensomstandigheden van de partners een tot dusver vermeden verandering in hun relatie vereisen.

Praktijkvoorbeeld 11:

Hans is een 70-jarige man die me consulteert wegens seksuele problemen. Sinds een drietal maanden heeft hij het moeilijk om bij seksuele betrekkingen te ejaculeren (ejaculatio deficiens). Het ejaculatieprobleem heeft geleid tot een verwachtingsangst waardoor de stoornis werd gefixeerd. Hij is gelukkig getrouwd met een vrouw die aanzienlijk jonger is. Ze hebben geen kinderen. Hans voelt zich lichamelijk en psychisch gezond. Hij heeft een brede belangstelling en is tevreden met zijn leven. Hij heeft niet het gevoel dat zijn vrouw hem wegens zijn stoornis onder druk zet. Ze is op seksueel gebied altijd al zeer begripvol en terughoudend geweest. Tijdens de verdere exploratie blijkt dat hij goed zonder seks zou kunnen leven en zijn seksuele behoefte beperkt is. Ik vond dat hij op de leeftijd van 70 jaar het recht had om niet langer seksueel actief te zijn. Ik probeerde hem van zijn eigen seksuele verwachtingen te bevrijden, maar merkte dat hij dat niet aanvaardde. Hij was de mening toegedaan dat de tijd nog niet rijp was om af te zien van zijn seksleven. Blijkbaar was iets in zijn persoonlijkheidsontwikkeling tot nog toe uitgesteld en vermeden, waar Hans wilde aan toekomen.

Hans was opgegroeid in een streng protestants en puriteins gezin. Seksuele voorlichting had hij van zijn ouders niet gekregen. Zelf was hij alle seksuele vra-

gen eveneens uit de weg gegaan. In zijn jonge jaren was hij op aanraden van een priester getrouwd zonder dat hij daar zelf zin in had. Het huwelijk bleef seksueel onvoltrokken. Zijn vrouw beledigde hem wegens zijn seksuele onervarenheid. Na twee jaar draaide het huwelijk uit op een echtscheiding. Daarna had hij heel lang geen vaste relatie meer, blijkbaar omdat hij bang was voor nieuwe teleurstellingen. Hij wijdde zich volledig aan zijn werk. Pas toen hij 42 was begon hij door middel van lectuur zich over seksualiteit grondiger te informeren. Masturberen deed hij enkel tussen waken en dromen. Hij vermeed alle seksuele 'onbetamelijkheden' zoals porno of andere seksueel-erotische stimuli. Vervolgens leerde hij via een advertentie zijn huidige vrouw kennen.

Al na de eerste therapiesessie had hij twee keer normaal geslachtsverkeer. Hans wou mijn sussende houding ten opzichte van zijn seksuele problemen niet accepteren en wilde zijn seksuele probleem verder verkennen en onder de loep nemen. Het was de eerste keer in zijn leven dat hij zo open en direct met iemand over seksualiteit kon praten. Hij had zich altijd ingespannen om zijn vrouw seksueel te bevredigen, maar ervaarde het als een gemis dat zijn vrouw seksueel niet meer ondernemend was. Zij durfde dat niet uit angst om hem in het nauw te drijven. Ze hadden heel wat dingen op seksueel gebied (zoals orale seks) nog niet uitgeprobeerd, hoewel hij daar wel zin in had. Over pikante lingerie was hij al evenmin geïnformeerd.

Hij moedigde zijn vrouw aan om mee te komen naar de volgende sessie. Zijn vrouw sprak vol liefde over hem. Ook zij had zin gehad in een opener en vrijer seksleven, maar wilde hem niet te zwaar belasten en vreesde dat hij dan zijn achting voor haar zou verliezen. Het open gesprek had op seksueel gebied een heel stimulerend effect. Ze hadden nu deugddoende seksuele betrekkingen waarbij ze veel nieuwe dingen ontdekten en nieuwe ervaringen opdeden. Ze waren me uiterst dankbaar voor de amper vier therapeutische sessies.

In dit voorbeeld gebruikt de man het symptoom van de ejaculatio deficiens als een verandering van de externe omstandigheden waardoor een ontwikkeling van hem wordt opgevorderd. Het symptoom blokkeert zijn seksualiteit, maar provoceert tegelijkertijd een discussie die hij 70 jaar lang nog nooit heeft gevoerd. Nu, net voor het einde van zijn seksueel actieve leven, moet die ontwikkeling alsnog worden ingehaald. Het waren de externe omstandigheden van het symptoom die hem in therapie deden gaan en hem ertoe aanzetten om voor het eerst openlijk over seksualiteit te praten. Hij zette die stap eerst met zijn therapeut en nadien met zijn vrouw. Zijn vrouw stond open voor die ontwikkeling zonder dat ze haar man met expliciete verwachtingen onder druk had gezet.

Praktijkvoorbeeld 12:

Raf is ongeveer 45 jaar en consulteert me op aandringen van zijn vrouw. Hij bevindt zich in een midlifecrisis. Zijn vrouw Esther is ongeveer even oud. Raf houdt er een passionele buitenechtelijke liefdesrelatie met een zeer temperamentvolle vrouw op na. De minnares wordt beschreven als een vurige Carmen van Rafs leeftijd. De relatie is zeer emotioneel. Hevige ruzies wisselen elkaar af met verzoeningen. Op seksueel gebied heeft hij nog nooit zo een intense relatie beleefd. Zijn vriendin is strijdbaar, confronteert hem en daagt hem uit. Hij heeft al twee keer voor een korte periode met haar samengewoond, maar dat ging niet goed. Hij twijfelt daarom of ze wel permanent moeten gaan samenwonen, maar zijn vriendin wil dat hij kleur bekent.

Zijn huwelijk met Esther was altijd harmonieus verlopen. Er waren geen conflicten en geen ruzies. Het was een relatie zonder spanning. Ze waren bewust kinderloos gebleven. Beiden verdienden goed en konden zich op recreatief gebied veel permitteren. De laatste jaren bemerkten ze echter beiden een toenemend gevoel van innerlijke leegte.

Esther is sinds een jaar op de hoogte van de verhouding van haar man. Ze maakte geen scène, maar was teder en diplomatisch. Ze toonde zich begripvol en gaf hem tijd omdat het in haar ogen een midlifecrisis was die wel zou voorbijgaan. Er kwamen dus geen discussies op gang tussen hen beiden. Ze leefden volgens het motto: 'Leven en laten leven.' Raf lijdt echter onder het komen en gaan van beide vrouwen. Hij heeft een tweede woning en woonde de laatste maanden nauwelijks nog met Esther onder één dak. Esther knoopte al snel eveneens een buitenechtelijke relatie aan en maakte daar ongeveer hetzelfde mee als Raf: een emotioneel pittige relatie met veel ups en downs en veel seksuele bevrediging. Raf kon zich echter niet verzoenen met de buitenechtelijke relatie van Esther. Toch waren ze vriendelijk tegen elkaar en gedroegen ze zich vrolijk tegenover elkaar. Ze gingen uit eten of brachten het weekend samen door. Uit wat Raf me tijdens de individuele sessies vertelde was me niet duidelijk wat hem nog aan Esther bond. Hij lijkt zich noch van de ene, noch van de andere vrouw te kunnen losmaken. Evenmin kan hij voor een van beide kiezen. Esther is voor Raf de betrouwbare en zorgende figuur. Zijn minnares fungeert als de opwindende en uitdagende partner.

Raf heeft de indruk dat hij een oppervlakkig leven leidt. Hij staat aan de zijlijn van het leven en vindt dat hij zich ondanks zijn drukke bezigheden nog nooit ergens echt voor heeft geëngageerd. Hij wil zijn vrijheden vrijwaren en van het leven met Esther genieten. Voor mij is het duidelijk dat Raf een diepere zin aan zijn leven wil geven, maar daar tegelijk bang voor is. Zijn afstandelijkheid tegenover het leven vindt zijn oorsprong in de angst dat hij de controle zal verliezen als hij zich ermee inlaat. Zowel zijn vader als moeder is meermaals met psychiatrische problemen in het ziekenhuis opgenomen. Zijn ouders hebben hem als kind geen houvast geboden en hij moest al vroeg op eigen benen leren staan. Het huwelijk van zijn ouders was chaotisch en deed in hem de behoefte ontstaan naar een stevige en harmonieuze verbintenis zonder ruzies of discussies. Tijdens onze gesprekken gedraagt hij zich enerzijds zeer geëngageerd en anderzijds zeer behoedzaam om de controle over het gesprek in handen te houden.

Ik probeerde hem te stimuleren om de confrontatie met Esther aan te gaan. Het duurde lang voor hij op dat voorstel inging. De gesprekken in de relatietherapie dreigden zinloos te worden. Voor hem was het belangrijk om ruzies en discussies met Esther te vermijden. Als hij met haar samen was, gedroegen ze zich als broer en zus en gaven elkaar zelfs raad over hun conflictrijke buitenechtelijke verhoudingen. Vooral gevoelens van gekwetstheid en jaloezie werden gebannen. Als de minnaar en minnares geen druk hadden uitgeoefend, waren ze nooit dieper ingegaan op het probleem tussen hen.

Voor de 14de sessie bracht Raf Esther mee. Ze maakte een bedaarde indruk en leek alles onder controle te hebben. Het bleek echter al snel dat ze zeer gekwetst was door de buitenechtelijke verhouding van Raf. Toen ze er een jaar geleden achter kwam was ze ten zeerste verrast geweest omdat ze dacht dat haar relatie met Raf goed was. Haar wereld stortte in. Ze wilde echter niet voor een lijdende vrouw doorgaan en was vastbesloten haar geluk niet van Raf afhankelijk te maken. Als hij een persoonlijke crisis doormaakte, kon zij daar immers niets aan doen. Hij moest zelf zijn weg zien te vinden. Ze had in haar leven ruzies en leed altijd gemeden en was daar wel bij gevaren. De discussies die ze nu met haar nieuwe vriend beleefde waren weliswaar emotioneel, maar hadden veeleer het karakter van een rollenspel. Dergelijke confrontaties met Raf zouden veel zwaarder zijn omdat ze reële gevolgen zouden hebben. Ze had Raf ontzettend geïdealiseerd. Sinds ze op de hoogte is van zijn affaire bekijkt ze hem kritischer en is ze opmerkzamer voor zijn zwakheden, vooral voor de moeite die hij heeft om beslissingen te nemen. Dat had ze voordien nooit willen zien. In zaken heeft hij eveneens de neiging om conflicten uit de weg te gaan en te hopen dat alles zich wel vanzelf zal oplossen. Na de gemeenschappelijke sessie gingen ze 's avonds op restaurant en kwam het tot een eerste confrontatie. Raf kon het echter al snel niet meer aan, zodat Esther spijt had dat ze zich niet zoals steeds vrolijk en zonder muizenissen had gedragen. Ze vreesde dat dergelijke gesprekken te veel energie zouden opslorpen. Het werd duidelijk dat ook bij Esther een achterliggende reden bestond waarom ze de discussie collusioneel mee uit de weg ging en vermeed. Esther was al twee keer door haar partner voor een andere vrouw in de steek gelaten. Dit was gebeurd telkens na meerdere jaren samenwonen. Ze overtuigt zichzelf dat ze een man niet tot een relatie kan dwingen. Ze lijdt er slechts korte tijd onder en wijdt zich dan snel aan iets nieuws, zeggende dat het leven verder gaat, relaties vergankelijk zijn en de tijd van de relatie voorbij is. Mondjesmaat en zeer gecontroleerd durfden Esther en Raf het aan om in discussie met elkaar te treden, waarbij Esther uitkwam voor haar behoeften en voor haar gekrenktheid. Raf heeft nog steeds geen beslissing genomen. Wat opvalt is dat hij veel belang hecht aan het voortzetten van de therapie.

Ook in dit voorbeeld heeft Raf niet uit zichzelf een innerlijke ommekeer doorgemaakt noch zich uit eigen inzicht verder ontwikkeld. Hij heeft uiterlijke omstandigheden gecreëerd waardoor hij de tot dusver vermeden confrontatie met zijn problemen moest aangaan. Die ontwikkeling is onvermijdelijk en kan niet meer uit de weg worden gegaan, hoe groot de angst die ze veroorzaakt ook is. Bij Esther is het net zo.

C. Het relatie-ecologisch perspectief in de relatietherapie

Dit deel is vooral bestemd voor psychotherapeuten. Toch kunnen ook leken er iets van opsteken, temeer daar ik mijn best doe om een voor iedereen begrijpelijk taalgebruik te hanteren.

De relatiegeschiedenis, gaande vanaf de partnerkeuze tot aan het huidige conflict, is de basis om inzicht te verwerven in elke case in relatietherapie. Centraal staan latente, tot dusver vermeden ontwikkelingsopdrachten in de relatie. In een aantal gevallen houdt de volgende ontwikkelingsstap in dat de partners uit elkaar gaan. In de volgende hoofdstukken belichten we welke aspecten uit andere therapeutische benaderingen in ons concept worden geïntegreerd, wat het effect is van relatietherapie, hoe vaak die uitmondt in een scheiding en in hoeverre relatietherapie de persoonlijkheidsontwikkeling stimuleert.

Hoofdstuk 12

De ecologische benaderingswijze in de relatietherapie

De ecologische benaderingswijze in de relatietherapie legt een link tussen de verlangens en angsten die werkzaam waren bij de partnerkeuze en het huidige partnerconflict. We formuleren een focus die betrekking heeft op een latente ontwikkelingsstap in de onderlinge relatie van man en vrouw die af te leiden is uit hun relatiegeschiedenis. We bekijken bovendien welke omstandigheden en factoren deze ontwikkeling begunstigen dan wel bemoeilijken.

Als ik het in de volgende hoofdstukken heb over 'we' en 'ons', bedoel ik daarmee de docenten van het Instituut voor Ecologische Systeemtherapie in Zürich, die al sinds jaren meewerken aan de ontwikkeling van dat therapeutische concept en daarin een groot aandeel hebben.

Onze relatietherapeutische benaderingswijze in de praktijk is een logisch gevolg van de uitgangspunten en vaststellingen uit de vorige hoofdstukken. Deze ecologische visie heeft geleid tot de formulering van een samenvattende ecologische focus. Dit schema kan toegepast worden op elke concrete partnerrelatie die zich aanmeldt voor partnerrelatietherapie.

Doelstelling van de ecologische relatietherapie

In de vorige hoofdstukken werd de theoretische basis van de ecologische relatietherapie geschetst. We beschrijven hier de benaderingswijze die de kern vormt van de behandeling. Relatietherapie is volgens ons een kortdurende therapie. De kunst van kortdurende therapie bestaat erin om beperkte doelstellingen te formuleren. Het doel van de relatietherapie is niet in eerste instantie het in stand houden van de relatie of om louter een inzichtelijke verduidelijking te geven van wat er relationeel gaande is. Volgens onze therapeutische opvattingen volstaat het evenmin om alleen de communicatie te verbeteren of vastgelopen en verkrampte relatiepatronen opnieuw soepeler te maken. We gaan uit van de veronderstelling dat een individu zich ontwikkelt door relaties vorm te geven en dat de beantwoording in de liefdesrelatie daarbij primordiaal is. De partnerrelatie is de relationele niche die een individu tot belangrijke persoonlijkheidsontwikkelingen kan stimuleren, maar hem die eveneens kan ontzeggen. Het doel van onze relatietherapie is om geblokkeerde ontwikkelingen in de onderlinge relatie te deblokkeren. Wat die ontwikkeling zou kunnen inhouden valt in de meeste gevallen af te leiden uit de relatiegeschiedenis. Het gaat in essentie om de ondersteuning van de persoonlijkheidsontwikkeling en persoonlijkheidsontplooiing in een liefdesrelatie. Ervoor zorgen dat de relatie blijft bestaan is een tweede doel, dat impliciet volgt uit de stimulans die een liefdesrelatie vormt voor de persoonlijkheidsontwikkeling. Een constructieve therapeutische relatie vormt de randvoorwaarde en vereiste om een dergelijk therapeutisch proces op gang te brengen.

De relatiegeschiedenis als basis om de voorliggende case te begrijpen

De relatiegeschiedenis begint vanaf het moment dat de partners elkaar voor het eerst ontmoeten. We zijn geïnteresseerd in het spanningsveld tussen de partnerkeuze en het huidige conflict. Twee fasen zijn daarbij van belang: het begin van de relatie en het begin van de huidige crisis.

A) Beginfase van de relatie

We vertrekken van de relationele verlangens en angsten die tijdens de partnerkeuze meespeelden. Die verlangens en angsten moeten niet worden herleid tot onrijpe en infantiele elementen. Ze worden tevens sterk beïnvloed door de relationele ervaringen die onmiddellijk aan de huidige relatie voorafgingen. Meer bepaald gaat het om ontgoochelingen in de liefde, scheidingen, een uitgesteld separatieproces van de ouders of een langere periode van eenzaamheid. Dit zijn allemaal ervaringen die men als volwassene heeft opgedaan en waaruit krenkingen en frustraties zijn voortgesproten die een voedingsbodem vormen voor nieuwe verwachtingen. Wat moet met de nieuwe relatie tot elke prijs worden vermeden en wat moet in de nieuwe relatie worden verbeterd? Wat betreft de partnerkeuze interesseert het ons in welke psychische gemoedstoestand de partners verkeerden toen ze elkaar ontmoetten. Welke eerste indruk hadden ze van elkaar? Wanneer werden ze verliefd? Welke fantasieën en angsten koesterden ze over een leefgemeenschap? Op welke persoonlijkheidsontwikkelingen bood de relatie uitzicht en wat waren de nieuwe beloften? Het interesseert ons welke gevreesde herhalingen men met deze relatie heeft kunnen vermijden. Hoe gingen de partners om met de ontgoocheling van de verliefdheid en met de beperkingen als gevolg van eigen zwakheden en van die van de partner? Wat was de leidraad van de relatie, de noemer waaronder de relatie kon worden samengevat? Welke dyadische niche hebben de partners gecreëerd door hun woonsituatie, door een gezamenlijke zaak, door het stichten van een gezin, door hun vriendenkring? Welke *bijzondere voorvallen* in de latere relatiegeschiedenis groeiden vervolgens uit tot struikelblokken in de relatie? We denken daarbij ondermeer aan huwelijk, geboorte, abortus, problemen op school of met de opvoeding van de kinderen, ziekten, werkloosheid, professionele of financiële kopzorgen of buitenechtelijke relaties.

B) Verloop van de huidige crisis

Bij dit deel van de relatiegeschiedenis gaan we terug in de tijd. We hadden het er al over in hoofdstuk 11. Wanneer brak de huidige crisis uit of verslechterde die aanzienlijk? Wanneer vonden de partners het noodzakelijk om een relatietherapeut op te zoeken? De belangrijkste volgende vraag is dan: Wat is er veranderd in de relationele omstandigheden in de tijd voor de crisis (weken of maanden)? Heel regelmatig constateren we dat er in de periode die aan de crisis voorafging in de relatieniche ingrijpende veranderingen plaatsvonden die de relatie van het paar belastten. Voorbeelden zijn een andere woning, wijziging in de relatie met de ouders, kinderen, buren of vrienden, de dood van een huisdier. Vóór die gebeurtenis bestond een dyadische niche die veel latente problemen van de partners binnen bepaalde perken hield. Nu de omstandigheden zijn gewijzigd kan dat niet meer en noopt de verandering in de relatieniche tot nieuwe ontwikkelingen (zie hoofdstuk 8). Ofwel is de onderlinge verhouding tussen de partners veranderd, zodat het ideaalbeeld van de relatie in vraag wordt gesteld ofwel is het evenwicht tussen de partners verbroken. De oorzaak kan een buitenechtelijke verhouding zijn, een verandering in het beroepsleven (promotie, werkloosheid), een geboorte of ziekte, waardoor de functies en taken binnen de partnerrelatie wijzigen en nieuwe ontwikkelingen noodzakelijk worden.

Wat betekent persoonlijkheidsontwikkeling binnen een partnerrelatie?

Welke persoonlijkheidsontwikkeling in de therapie moet worden nagestreefd, zal blijken wanneer de cliënten hun problemen hebben geschetst. Men kan werken aan de innerlijke objectrelaties, aan de oorzaken uit de vroege kindertijd en proberen die te corrigeren door de overdracht van nieuwe relationele ervaringen. Op die manier legt men de lat wel hoog en zullen de doelstellingen nooit volledig kunnen worden gehaald. De patiënt kan daardoor het gevoel bekruipen dat hij gevangen zit in zijn gebreken en de therapeut kan ertoe gebracht worden om een eerder pessimistische houding aan te nemen. Men kan echter proberen om, net zoals wij, uit te gaan van de levensloop van de patiënt. Een levensloop is een geschiedenis vol onvolkomenheden en fouten, maar tegelijk met veel mogelijkheden om te corrigeren en om verwonderd op te kijken naar wat gerealiseerd werd ondanks alles. De veranderingen die men dankzij de relatietherapie in de relatie wil realiseren zijn doorgaans niet onterecht. Veel partners kennen hun persoonlijke zwakheden en neurotische gebreken. Ze hebben de ander er oorspronkelijk om gekozen en bemind. Velen kennen elkaars grenzen en mogelijkheden wat persoonlijkheidsontwikkeling betreft en zijn bereid te lijden om de karaktertrekken van de ander. Die bereidheid is echter begrensd. Die bereidheid stopt als het gevoel van eigenwaarde blijvend aangetast wordt, als het zelfrespect onderuitgehaald wordt of als de zin van de relatie en de identificatie ermee een hinderpaal wordt en verwordt tot een uitbuiting waarbij de inzet van de ander wordt miskend.

Latente ontwikkelingen zijn tegelijk vaak ontwikkelingen die men via een collusie vermijdt. Het verdrongen deel van de persoon dat werd gedelegeerd aan de partner, steekt opnieuw de kop op, wat zich uit in ontevredenheid en onvervuldheid in de relatie. Vanuit therapeutisch standpunt is het aangewezen niet te spreken van verdringing, maar wel van uitgestelde of opgeschoven ontwikkelingen, waarmee het voorlopige karakter van de verdringing wordt beklemtoond. Het kan zijn dat bepaalde ontwikkelingen niet werden voltrokken omdat ze niet vereist waren of nodig waren. Het ontwikkelingspotentieel van een mens is immers veel groter dan wat hij in zijn leven daadwerkelijk verwezenlijkt. In de loop van het leven moet men steeds nieuwe persoonlijke mogelijkheden tot realisatie brengen, maar die zijn pas noodzakelijk als het juiste moment is aangebroken. De Oude Grieken gebruikten het woord *'kairos'* om te verwijzen naar 'het gunstige ogenblik'. Ook tijdens een therapie zullen alleen die ontwikkelingen kunnen worden bewerkstelligd waarvoor de tijd nu rijp is. Een persoon kan een inadequaat idee hebben van zijn eigen ontwikkelingsmogelijkheden. Hij kan denken dat hij alleen door de partner een latente en rechtmatige ontwikkeling niet kan realiseren. Hij kan ervan overtuigd zijn dat hij de nodige speelruimte voor die ontwikkeling zal krijgen als hij een punt zet achter de relatie. Het kan echter ook zijn dat iemand een latente ontwikkeling uitstelt omdat de partner dat volgens hem niet aankan. Men denkt dat de partner door die ontwikkeling te zwaar zal worden belast en men dan bij hem in het krijt zal staan.

Het is vaak niet zo gemakkelijk om het antwoord te vinden op de vraag waaruit die *latente ontwikkelingsstap dan wel mag bestaan, indien die eigenlijk behelst dat men van een bepaalde ontwikkelingsmogelijkheid moet afzien.* Dat kan het geval zijn als de partner wordt getroffen door een chronische ziekte of als de gevolgen van een ongeval zijn fysieke mogelijkheden beperken. De gezonde partner moet dan zijn eigen levensdoelstellingen terugschroeven met het oog op de ander. Alleen de betrokkene zelf kan in een dergelijke situatie weten wat de latente ontwikkelingsstap is. Misschien doet hij afstand van zijn eigen expansieve ontwikkeling uit solidariteit, consideratie en liefde voor de partner. Misschien vindt hij het voor zijn persoonlijkheidsontplooiing belangrijker dat hij positief wordt beantwoord door de partner dan dat hij zijn eigen ontwikkelingsmogelijkheden maximaal benut. Misschien beschouwt hij zelfverwezenlijking als een aanspreekbaar zijn voor wat er gebeuren zal. Inherent aan het concept van de door beïnvloeding bepaalde levensloop is dat het verloop ervan niet alleen door het individu zelf wordt bepaald, maar dat het individu veeleer participeert aan processen die zijn persoonlijk lot overstijgen. Een levensloop is geen rechte lijn, maar een constellatie van het wisselspel tussen het individu en zijn niche. De persoonlijkheidsontwikkeling gaat met horten en stoten. Er doen zich immers onvoorspelbare en onverwachte gebeurtenissen voor. De levensloop is een unieke en eenmalige geschiedenis, een avontuur dat het individu zelf nooit volledig in de hand heeft. Wat op het eerste gezicht een catastrofe lijkt, kan de aanzet zijn van een positieve ontwikkeling. Wat voor de ene partner totaal zinloos schijnt, kan door de ander tot een zinvol gebeuren omgevormd worden en indirect op de partner toch ook nog een zinvolle uitwerking hebben. Een religieuze ingesteldheid kan een belangrijke steun zijn om de verlangde aanspreekbaarheid op te brengen.

De ecologische theorie gaat ervan uit dat een mens over een aanzienlijk groter potentieel beschikt dan hij in zijn leven kan verwezenlijken. Welk potentieel hij realiseert wordt in grote mate bepaald door de niche, door het wederzijds geboden beantwoorde appel. Als de valenties van de niche veranderen, zal potentieel worden geactiveerd dat tot dusver braak lag. Veranderingen in de niche tengevolge van gewijzigde levensomstandigheden kunnen leiden tot nieuwe vormen van ontplooiing en van zelfontwikkeling omdat nieuwe valenties werden aangereikt.

Volgens de traditionele psychoanalyse daarentegen hebben de latere externe omstandigheden slechts een uitlokkende functie (Hohl, 1995). Volgens dit orthodoxe denkkader worden de infantiele conflicten in het volwassen leven opnieuw geënsceneerd. Een conflict groeit uit tot een neurose als onder druk van een toegenomen behoefte of onder druk van een gemis de minimale bevrediging niet langer wordt bereikt en de voor de verwerking van gebeurtenissen gehanteerde strategie ontoereikend wordt. Op klinisch vlak wordt dat duidelijk door het optreden van symptomen en op gevoelsmatig vlak door het ontstaan van lijdensdruk. De psychoanalist Hohl bekritiseert evenwel het feit dat aan post-oedipale conflicten geen reële waarde op zich wordt gehecht. 'Men meet ze enkel belang toe als uitlokkende factoren. Voor het overige worden ze beschouwd als een heractualisering van infantiele conflicten.' Een dergelijke zienswijze behelst volgens hem het gevaar dat het belang van latere conflicten in het leven van de cliënt schromelijk wordt onderschat. (Hohl, 1995, blz. 178).

Optreden van symptomen als uiting van een geblokkeerde ontwikkeling van de partners

De externe veranderingen in de niche stellen nieuwe ontwikkelingen en ontplooiingsmogelijkheden voor de partners in het vooruitzicht. De verleiding om op die nieuwe ontwikkelingsmogelijkheden in te gaan confronteert de partners echter met een relationeel dilemma: ofwel grijp ik de kans en permitteer ik me de vrijheid om nieuwe ontwikkelingen te verwezenlijken, met het risico onze relatie daardoor in gevaar te brengen, ofwel ga ik niet in op de ontwikkelingsmogelijkheid om de relatie in stand te houden zoals ze nu is.

De relatie laten voortbestaan zoals ze is kan echter niet. In het bestaande zal de dynamiek, de spankracht ervan en de energie wegebben. Daardoor zal de verdere ontwikkeling van de relatie veel meer gevaar lopen dan door de verandering. Men riskeert de eigen ontwikkelingsmogelijkheden te zullen onderdrukken en op te offeren in het belang van de gemeenschap. Aan de andere kant bestaat eveneens het gevaar dat men een ommekeer te bruusk en te radicaal wil bewerkstelligen omdat men zelf onzeker is. Een dergelijk gedrag zal bij de partner afweer en behoudsgezindheid oproepen. De stress van dit dilemma, dat zowel dyadisch als intrapsychisch is, kan symptomen uitlokken zoals depressie, angsten, psychosomatische stoornissen of alcoholisme. Enerzijds zijn de symptomen het resultaat van een ondraaglijke spanning tengevolge van een geblokkeerde ontwikkeling. Anderzijds wijzigt het symptoom op zich de omstandigheden waardoor een ommekeer noodzakelijk wordt en het paar vaak zijn toevlucht zoekt tot relatietherapie. Dankzij het symptoom realiseren de partners zich dat het zo niet langer kan, dat er iets moet gebeuren, wat de gevolgen ook mogen zijn: 'Erger dan het nu is kan de verandering in onze relatie niet zijn!'

Uiteraard zijn er ook gevallen waarbij de symptomen een functioneel karakter hebben. Ze neutraliseren de agressieve spanning tussen de partners. Het symptoom legitimeert de partners om elkaar te ontzien en te sparen, waarbij ze discussies uit de weg kunnen gaan. Vanzelfsprekend zijn er tevens gevallen waarin men zich gewoon neerlegt bij de symptomen, die daardoor chronisch worden. Toch proberen de meeste paren tegenwoordig op een of andere manier een einde te maken aan de onleefbare spanning.

In de relatietherapie kan men benadrukken dat een symptoom pas optreedt als het veranderingsproces al op gang is gekomen. Angst, schuldgevoelens of het vermijden van pijn en verdriet hebben er echter toe geleid dat de partners niet langer de moed kunnen opbrengen om de begonnen ontwikkeling daadwerkelijk te voltooien.

De ecologische focus in de gezins- en relatietherapie

Al jarenlang bewijst in onze therapeutische benadering de onderstaande schriftelijk geformuleerde focus zijn deugdelijkheid. We gaan er in elk geval en *als eerste stap* van uit dat de partners zich hadden ingesteld op een ideaal waarbij ze hun persoonlijkheidsontwikkeling in de relatie konden realiseren, maar tevens bepaalde uitdagingen konden terzijde schuiven en vermijden. Tijdens het samenleven deden zich dan een aantal wijzigingen voor, die een verandering in de relatie noodzakelijk maakten. Die relationele verandering werd uit angst voor de gevolgen ervan halverwege stopgezet, wat leidde tot de huidige crisis of symptomen. *Als tweede stap* proberen we van de patiënt aan de weet te komen wat de huidige, latente ontwikkelingsopdracht in de relatie kan zijn. *Ten derde* moeten we definiëren welke factoren bemoeilijken of verhinderen dat die ontwikkelingsopdracht wordt voltrokken. In wezen weten de patiënten zelf wel welke ontwikkeling eigenlijk noodzakelijk is. Als het echter zo gemakkelijk zou zijn om die te realiseren, zouden ze geen relatietherapeut moeten consulteren. Er zijn dus omstandigheden die deze ontwikkeling belemmeren. Het kan gaan om rationeel verklaarbare omstandigheden, maar meestal worden de latente ontwikkelingen geblokkeerd door inadequate angsten. Er is ons veel aan gelegen dat de formulering van de focus zich niet te veel richt op de pathologie, en meer bepaald op de afweerprocessen, maar eveneens de ressources of hulpbronnen benadrukt. Vandaar dat we *als vierde en volgende stap* nagaan onder welke voorwaarden de realisatie van de latente ontwikkelingsopdracht wordt begunstigd. We moeten dus de persoons- en situatiegebonden aspecten identificeren die de therapeutische effecten zullen kunnen ondersteunen. Ten slotte dienen we *als vijfde en laatste stap* te beschrijven welke concrete eerste stappen de partners moeten zetten met het oog op de nagestreefde ontwikkeling. Het moet gaan om stappen die uiterlijk waarneembaar en derhalve evalueerbaar zijn.

De focus moet worden opgesteld in ik- of wij-vorm, om zo dicht mogelijk bij de taal van de patiënt aan te leunen. We konden telkens opnieuw vaststellen dat psychopathologisch vakjargon een vernederende uitwerking heeft op de patiënt. De focus moet zodanig worden geformuleerd dat hij aan de patiënt kan worden voorgelezen zonder dat die zich daardoor gekwetst voelt.

De ecologische focus in de gezins- en relatietherapie:

1. Relationele constellatie waarin het probleem optrad:	Nadat we onze relaties volgens het volgende ideaal hadden ingericht…, wat voor ons volgende persoonlijkheidsontwikkeling mogelijk maakte… en waardoor volgende uitdagingen konden worden verwaarloosd en vermeden …, deden zich in onze relatie volgende veranderingen voor…, die leidden tot volgende relationele situatie…
2. Latente ontwikkelingsstap in de relatie:	… zodat in onze relatie volgende ontwikkelingen op handen zijn…
3. Bemoeilijkende factoren:	die worden bemoeilijkt door volgende persoons- en situatiegebonden omstandigheden…
4. Begunstigende factoren:	die worden begunstigd door volgende persoons- en situatiegebonden omstandigheden…
5. Eerste stappen in de beoogde ontwikkeling:	Eerste stappen in de beoogde ontwikkeling in onze relatie zouden kunnen zijn…

Praktijkvoorbeeld 13:

Mark en Roos zijn een succesvol stel dat sinds vijf jaar is gehuwd. Het is voor allebei hun tweede huwelijk. De aanleiding waarom ze een therapeut consulteerden was een buitenechtelijke verhouding van Mark. Roos maakte telefonisch een afspraak. Mark verscheen met tegenzin en vol scepticisme op de eerste sessie.

Roos is sinds drie maanden op de hoogte van de buitenechtelijke relatie. Ze had het gevoel dat de grond onder haar voeten wegzakte. Ze viel ten prooi aan een zware depressie en immense vertwijfeling. Haar artistieke bezigheden kon ze niet langer uitoefenen. Mark merkte provocerend op dat hij zich niet verantwoordelijk achtte voor haar creativiteit.

Op de vraag wat er in hun relatie was veranderd vóór hij de buitenechtelijke verhouding aanknoopte, antwoordde hij het volgende. Mark had tot dan een groot deel van de tijd in een andere stad gewerkt, waar hij een eigen kantoor en een eigen appartement had. Een aantal maanden terug had hij die buitenpost opgedoekt. Sindsdien werkte hij meestal thuis. Daardoor was hij veel vaker samen met Roos. De computer staat in de woonkamer. Wonen en werken zijn op die manier voor hem niet langer gescheiden. Daarbij kwam nog dat de dochter van Roos, die tot dan bij hen had gewoond, het huis had verlaten en dat de hond was gestorven (verdwijnen van compenserende relaties). Door die gewijzigde omstandigheden ontstond een grote en niet extern afgedekte nabijheid, die de kern vormde van Marks onbehagen in het samenleven met Roos. Hij voelde zich beknot en gecontroleerd.

Zowel Roos als Mark had een traumatiserende echtscheiding achter de rug. De herinnering aan die ongelukkige gebeurtenis heeft bij allebei de wens versterkt om in een nieuwe relatie harmonie te zoeken en ruzie te vermijden. Ze idealiseerden elkaar en zagen meningsverschillen over het hoofd. Mark beschreef zichzelf als een man die zijn succesvolle carrière dankt aan zijn vermogen om verwachtingen van anderen in te lossen. Roos had vroeger een ander beroep uitgeoefend en ontpopte zich pas tot een succesvolle beeldhouwster nadat ze met Mark ging samenleven. Hij heeft van haar iemand gemaakt en dat verleende hun relatie een bijzondere inhoud en diepere zin.

Mark was bereid om zijn minnares gedurende drie maanden niet meer te zien en zo betere randvoorwaarden voor de therapie te creëren. Dat vergemakkelijkte het therapeutische werk aanzienlijk. De eerste uiterlijke verandering die ze aanbrachten was dat ze een andere woning zochten, waar Mark een deel van het huis voor zich had. Hij wilde er een eigen slaapkamer en bureau inrichten en hechtte er veel belang aan dat hij zelf de inrichting kon uitkiezen. Het probleem zat echter dieper en kon niet worden opgelost door een betere afgrenzing van levenssferen. Mark had de indruk dat Roos te zeer op hem betrokken was, dat hij haar levensenergie schonk en zij op hem teerde. Roos was vroeger heel zelfstandig geweest. In de liefde ging ze echter volledig op in haar relatie met Mark. Ze is blij hem 's morgens te zien, hem nu en dan in zijn kantoor op te zoeken en in totale innerlijke verbondenheid met hem te leven. Hij had een belangrijk aandeel in haar professioneel succes als kunstenares.

Na de vijfde sessie formuleerde ik de onderstaande focus:

1. We zijn een succesvol koppel. Uit angst dat onze vorige scheiding zich zou kunnen herhalen, hebben we ons ingezet om discussies en meningsverschillen te vermijden. Ik (Roos) heb Mark bewonderd en geïdealiseerd. Ik (Mark) heb Roos in staat gesteld succes te boeken als kunstenares. We hadden ons leven zo ingericht dat Roos mij een mooie thuis bood en ik (Mark) toch nog mijn vrijheid kon behouden. Doordat we tijdens de week gescheiden woonden moesten we ons niet bezighouden met het probleem van een te grote nabijheid.

Toen veranderden de uiterlijke omstandigheden. Roos' dochter verliet het huis, de hond stierf en ik (Mark) doekte mijn kantoor buitenshuis op en kwam thuis werken. Daar voelde ik me overmatig gecontroleerd.

De huidige crisis ontstond drie maanden geleden toen mijn (Mark) buitenechtelijke verhouding bekend werd.

2. De ontwikkeling die op handen is, is dat we nabijheid en afstand in een voor beiden aanvaardbare vorm moeten regelen, ik (Mark) niet langer door Roos moet worden geïdealiseerd en ik (Roos) meer op eigen benen ga staan en dat we leren kritisch met elkaar in discussie te treden.

3. Wat wordt bemoeilijkt door mijn (Mark) behoefte om te worden geïdealiseerd en door onze angst dat onze relatie zonder die idealisering stuk zal lopen.

4. Wat wordt vergemakkelijkt door het besef dat ik (Roos) onafhankelijk van het resultaat van de crisis zelfstandiger moet worden en dat ik (Mark) met mijn minnares een beslissing moet nemen.

5. De eerste stappen in deze ontwikkeling zouden kunnen zijn dat ik (Roos) stop met Mark te controleren en me beperk tot de verklaring dat ik die buiten-

echtelijke verhouding niet langdurig zal tolereren en dat ik (Mark) bereid ben een moratorium van drie maanden in te stellen om me in alle rust over het probleem te buigen.

Markt eiste van Roos dat ze meer op eigen benen zou staan, onafhankelijker van hem haar leven zou leiden en hem niet meer kritiekloos zou idealiseren. Aangezien Roos aansluiting kon vinden bij haar vroegere autonomie, was die ontwikkeling voor haar veel gemakkelijker dan verwacht. Ze merkte echter dat er daardoor iets verloren ging in haar relatie. Ze werd heel wat kritischer tegenover Mark en distantieerde zich van zijn verwachting hem in het openbaar te vergezellen. Mark was zelf verrast dat de de-idealisering door Roos hem meer aangreep dan hij had gedacht. Door haar kritiek gaf ze hem meer tegenkracht. Roos nam zo een risico, want ze wist niet of hij de kritiek zou kunnen verdragen dan wel dat hij daardoor nog meer in de armen van haar rivale zou worden gedreven. Roos had echter geen andere keuze. Het was haar duidelijk dat ze zich niet wilde verzoenen met de buitenechtelijke verhouding van Mark. Het was niet eenvoudig om alle subtiele controles en observaties, die ze gewoon was geweest, op te geven. Naarmate Roos echter voor Mark een echte gesprekspartner werd, kon hij in alle vrijheid voor haar kiezen en zijn buitenechtelijke relatie verbreken.

Het voorbeeld toont aan dat de veranderde externe omstandigheden voor de man de aanleiding vormden om een buitenechtelijke verhouding aan te gaan. Die verhouding zette op haar beurt de partners onder druk om latente ontwikkelingen in hun relatie daadwerkelijk te realiseren. De formulering van de focus vormt de rode draad doorheen de therapie.

Normaal gesproken lezen we het paar de focus niet voor. De focus is veeleer een werkhypothese die de therapeut in het achterhoofd heeft om zijn werk consistentie te verlenen. Ik verwijs hierbij naar mijn boek *Ökologische Psychotherapie* (1996), waarin ik de focusmethode gedetailleerd beschrijf. Een groot voordeel van de focus is de mogelijkheid om de resultaten van de therapie te evalueren. Therapeuten tonen zich op het einde van de therapie nogal eens teleurgesteld omdat niet alle verhoopte doelstellingen werden bereikt. Voor het persoonlijk welbehagen van de therapeut is het belangrijk om te kunnen vaststellen dat de doelstellingen die men aan het begin van de therapie in de focus heeft geformuleerd veel realistischer zijn dan de verwachtingen die men tegen het einde van de therapie koestert over de verdere evolutie van de partnerrelatie in de jaren na afloop van de relatietherapie (zie hoofdstuk 14 over de effecten van relatietherapie 1 tot 8 jaar na het afsluiten van de therapie).

Een ander voorbeeld illustreert duidelijk hoe door een verandering van relationele omstandigheden de noodzaak ontstaat om tot nog toe vermeden ontwikkelingen te voltrekken. De door de vermijding veroorzaakte symptomen wijzen het paar de weg naar een therapeutische verwerking.

Praktijkvoorbeeld 14:
Het gaat om een consultatief gesprek in het kader van een bijscholingscursus in een seksueel adviescentrum. Het paar maakt een afspraak wegens het toenemende seksuele falen van de man door ejaculatio praecox en een verminderde libido. De man is ongeveer 55 jaar en kreeg van zijn uroloog eerst Viagra voorgeschreven. Dat kwam zijn erectie wel ten goede, maar remde zijn libido af. De behandeling met Viagra werd stopgezet. Het paar heeft ongeveer tien sessies achter de rug in een relatietherapie die voornamelijk psychoanalytisch was georiënteerd en werd aangevuld met Sensate Focus-oefeningen volgens de methode van Masters en Johnson. Die streeloefeningen ervaarden ze als zeer positief omdat ze de seksuele prestatiedruk verminderden.

De vrouw is ongeveer even oud als haar man. Ze hebben allebei al meerdere ongelukkige ervaringen in de liefde achter zich. Ze zijn gescheiden en hebben allebei een zoon uit een vorig huwelijk. Ongeveer twintig jaar geleden hebben ze elkaar leren kennen bij de A.A. Zowel voor hem als voor haar is het de langste liefdesrelatie in hun leven. Hij voelde zich tot haar aangetrokken omdat ze vrolijk, knap en aantrekkelijk was. Zij gedroeg zich na haar vorige ontgoochelingen echter stug en wilde toetsen hoezeer hij haar genegen was. Ook bij hem waren de wonden uit de vorige relaties nog niet geheeld. Na zijn echtscheiding was hij opnieuw bij zijn moeder ingetrokken. Hij wilde er blijven wonen tot hij zeker was dat de nieuwe relatie duurzaam was. Beide partners konden elkaar steunen in de geheelonthouding. Vooral de man was een grote hulp voor haar. Dat ze samen hun drankprobleem hebben overwonnen is voor beiden een belangrijke hulpbron. In hun streven om een nieuwe relationele mislukking te vermijden, gingen ze elke discussie en ruzie uit de weg en zochten ze harmonie. De relatie kabbelde voort zonder grote crisissen of moeilijkheden, maar verloor aan spanning en werd meer en meer beleefd als een lege doos. Ze vervreemdden van elkaar.

Opeenvolgende gebeurtenissen deden het tot dan bevredigende arrangement in duigen vallen. De vrouw kreeg zes jaar geleden borstkanker. Ze werd geopereerd, maar haar borst bleef gespaard. Toch reageerde haar man daarop met seksuele onthouding, wat haar diep kwetste omdat ze vooral nu nood had aan bevestiging van haar vrouwelijkheid. Aangezien hij haar bij haar zware ziekte ook op andere vlakken nauwelijks steun had geboden, ging ze een relatie aan met een jeugdvriend, die haar sex-appeal bevestigde. De buitenechtelijke relatie was voor de man een volgende zware schok, die hij niet te boven kwam. De vrouw kreeg anonieme brieven waarin ze werd uitgescholden voor lichtekooi. Tot vandaag verdenkt ze haar man ervan die brieven te hebben geschreven. Het gevolg was dat de vrouw psychotisch decompenseerde en in een psychiatrisch ziekenhuis belandde. Ze kreeg te kampen met depressies en angstaanvallen. Daarop trok ze een streep onder de buitenechtelijke relatie. Toch gaat het tussen het paar op seksueel gebied sindsdien slechter. Blijkbaar voelt de man zich verplicht tot meer seks, terwijl zijn seksuele behoeften zijn gedaald. Wat ook een rol kan spelen is dat bij hem drie jaar geleden een te hoge bloeddruk en suikerziekte werden vastgesteld. Twee jaar geleden verliet de ondertussen volwassen zoon van de vrouw het huis, waardoor beide partners het gevoel hadden meer met elkaar geconfronteerd te worden. De onbevredigende sekssituatie was voor de vrouw nauwelijks te dragen en zette tegelijk de man steeds meer onder druk.

De werkgroep formuleerde onderstaande focus:

Nadat we, onzeker geworden door onze vroegere mislukte relaties, geprobeerd hadden om in onze relatie harmonie na te streven en discussies te vermijden, en we elkaar hadden geholpen om blijvend geen alcohol meer aan te raken en een nieuw leven op te bouwen op een solide basis, ontstond na verloop van tijd in ons samenleven een vervreemding en verveling. Toen ik (vrouw) zes jaar geleden borstkanker kreeg, leed ik ten zeerste onder de seksuele onthouding van mijn man en zocht bevestiging voor mijn vrouwelijkheid in een andere relatie, wat mij (man) van mijn stuk bracht en mij (vrouw) in een depressie deed belanden en angstaanvallen uitlokte. Sindsdien voel ik mij (man) gedwongen om seksueel actiever te zijn dan mijn behoeften me ingeven, wat uiteindelijk leidde tot mijn erectiestoornissen.

De ontwikkeling die zich aandient is dat we moeten leren meer open met elkaar te discussiëren en seksualiteit zonder prestatiedruk te beleven,

wat wordt bemoeilijkt door onze verschillende seksuele behoeften,

wat wordt vergemakkelijkt door onze gezamenlijke wil om de relatie in stand te houden, door onze gezamenlijke trots dat we geheelonthouder zijn geworden en door de noodzaak om te leren openlijk met elkaar in discussie te treden.

De eerste stappen kunnen zijn dat we moeten oefenen om onze verwachtingen terug te schroeven en via therapeutische gesprekken vertrouwen opbouwen dat we allebei persoonlijk gebaat zijn bij openlijke discussies.

De dispositie voor alcoholisme bracht beide partners ertoe om confronterende discussies te vermijden. Aanvankelijk was dat een positief element omdat op die manier een bevredigende ontwikkeling in verband met alcoholisme in stand werd gehouden en persoonlijke stabiliteit kon worden bereikt. Toen deden zich echter gebeurtenissen voor die een nieuwe ontwikkeling in de richting van meer open persoonlijke discussies noodzakelijk maakten.

Hoofdstuk 13

Integratie van elementen uit andere therapeutische modellen in de ecologische relatietherapie

Wat draagt het ecologische concept bij tot de relatietherapie en hoe staat dit concept in relatie tot de psychoanalytische, gedragsgeoriënteerde en systemische inzichten? De psychoanalyse heeft vastgesteld dat verinnerlijkte ervaringen uit de kindertijd opnieuw worden geënsceneerd in de actuele volwassen liefdesrelaties. Het zijn echter niet alleen de verinnerlijkte relatiepatronen met de vader of moeder die belangrijk zijn voor de huidige liefdesrelatie, maar ook de huidige relatie met de ouders, broers en zusters. Openstaande rekeningen, schulden en afhankelijkheid tegenover de dramatiek van het gezin voeden de hoop dat een nieuwe relatie deze eens en voorgoed zullen oplossen. Een liefdesrelatie wekt de verwachting dat scheefgetrokken familiale ontwikkelingen zullen worden gecorrigeerd en dat men het gemis nu zal kunnen inhalen.

De gedragsgeoriënteerde stroming pakt rechtstreeks de destructieve communicatie en de communicatieve gebreken van de partners aan en probeert die door middel van oefeningen en door het opstellen van regels te corrigeren. Het achterwege laten van krenkingen, de invoering van faire en vertrouwenwekkende spelregels en randvoorwaarden zijn vaak de vereisten voor een relatietherapeutische behandeling.

De systemische benaderingswijzen, waartoe we ook onze methode rekenen, zijn onderling zeer verschillend. Gemeenschappelijk kenmerk is dat ze de actuele relaties bekijken en behandelen. Bepaalde systemische methoden leggen meer de nadruk op de actuele relatiepatronen en op de actuele constructie van de dyadische leefwereld of van de leefwereld van het hele gezin. Wij beklemtonen daarentegen het historisch proces van de co-evolutie. We hebben derhalve oog voor de persoonlijkheidsontwikkeling in wisselwerking met de ontplooiing van de partners in een langetermijnperspectief.

De psychoanalytische klemtoon: de verinnerlijkte relationele ervaringen

De objectrelatietheorie en de hechtingstheorie

De psychodynamische benaderingen in de relatietherapie gaan uit van een belangrijk verband tussen de relationele ervaringen in de kindertijd en de vormgeving van de liefdesrelaties op volwassen leeftijd. Centraal staan de innerlijke objectrepresentaties, waarmee de verinnerlijkte relaties met de belangrijkste contactpersonen uit de kindertijd worden bedoeld. Bovendien wordt ook de verinnerlijkte relatie van de ouders onderling als een verklaring voor de latere vormgeving van de eigen relatie gezien. Ik beperk me tot aspecten van de psychoanalytische objectrelatietheorie, die vooral voor het collusieconcept en het ecologisch co-evolutionele perspectief van essentieel belang zijn.

De objectrelatietheorie heeft betrekking op de relatie tussen de vroegkinderlijke en de actuele intrapsychische en interpersoonlijke objectrelaties. Ze focust op de enscenering van geïnternaliseerde objectrelaties in de huidige partnerrelatie. Deze verinnerlijkte objectrelaties kunnen vorm krijgen op basis van vroegkinderlijke frustraties (Fairbairn, 1952). Als de moeder de relationele behoeften van het kind niet kan bevredigen en het kind dit in de realiteit niet kan veranderen, introjecteert het kind de frustrerende aspecten van de moeder. Ze vormen de basis van de verwachtingen en relaties die hij nadien op andere menselijke objecten zal richten. Een nieuwe stap in de ontwikkeling van deze objectrelaties kan maar worden bereikt, als deze innerlijke objecten aan de realiteit worden getoetst en aansluitend worden genuanceerd, opnieuw geïntegreerd en gewijzigd. Als dat veranderingsproces mislukt, worden de huidige relaties waargenomen, beoordeeld en gevormd op basis van een 'oud' prototype (Simon, Clement, Stierlin 1999).

Liefdesrelaties tussen volwassenen vertonen veel gelijkenissen met de relatie tussen moeder en kind. Als volwassene zoekt en verwacht men op een gelijkaardige manier intimiteit, emotionele nabijheid en een gevoel van geborgenheid in een liefdesrelatie. Liefdesrelaties zijn derhalve een geschikt medium om herinneringen uit de vroegste kindertijd te actualiseren. Niet alleen de aangename beelden uit de kindertijd komen opnieuw naar boven. Ook gevoelens van woede, frustratie en wraak ten opzichte van een moeder die men als onbetrouwbaar, niet-empathisch en afwezig heeft ervaren, worden herbeleefd. Door deze sterke gevoelsmatige herbeleving worden de vroegkinderlijke ervaringen en conflicten uit de eerste levensjaren in de partnerrelatie gemakkelijk opnieuw geactiveerd. Gevolgen daarvan zijn onder meer inadequate woede-uitbarstingen om pietluttigheden, onaangepaste regressietendensen en een onbegrijpelijke ambivalente relationele ingesteldheid volgens het principe: 'Kom dichter bij mij, maar blijf liever weg want ik heb te veel schrik als je komt hoewel ik niets liever zou willen dan dat' (Bauriedl, 1995).

In de hechtingstheorie van John Bowlby (1975) en Mary Ainsworth (1978) worden die aspecten verder verduidelijkt. Deze theorie krijgt trouwens steeds meer aandacht in de wetenschappelijke literatuur over relatietherapie. Het verlangen naar hechting is een centraal onderdeel in ons psychisch leven. Karpel (1994) beschouwt de tendens om een intieme band met iemand op te bouwen als een universeel principe van het menselijk leven. Deze tendens komt primair tot uiting in de relatie tussen moeder en kind en secundair in de relatie tussen partners. De partnerrelatie erft echter de nalatenschap (*legacy*) van alles wat de persoon aan hechtingservaringen heeft meegemaakt in zijn leven. Er is met andere woorden niet alleen de aangeboren behoefte tot hechting, maar ook de specifieke concrete ervaringen met hechting in de vroege kindertijd, die mee vormgeven aan de partnerrelatie. Daardoor zijn er overeenkomsten tussen de vroegste relationele hechtingservaringen en de vorm van hechting die ontwikkeld wordt in de volwassen partnerrelatie. Tekortkomingen in de hechting in de vroege kinderjaren kunnen uitmonden in het onvermogen om iemand nog te vertrouwen, in een vastklampend gedrag, in een vertekende waarneming van de partners, in een onbewust afweren van intimiteit en van het risico om opnieuw gekwetst te worden. Het onvermogen om intimiteit toe te laten en om zich in een relatie te engageren, valt doorgaans te verklaren door pijnlijke ervaringen in vroegkinderlijke hechtingsrelaties. Men is bang opnieuw te zullen worden verlaten of uitgebuit.

In de relatietherapie is de hechtingstheorie vooral belangrijk om de ambivalentie tussen de hunkering naar en het afweren van intimiteit en nabijheid te begrijpen. Golden (1991) verklaart de stabiele verbondenheid van paren in een destructieve relatie door het feit dat de partners hechtingsfiguren voor elkaar zijn en elkaar dus een vorm van zekerheid bieden, zelfs als ze elkaar veel narigheid, verdriet en pijn bezorgen. Hij verwijst daarmee onder meer naar paren die elkaar dag in dag uit kwetsen maar niettemin niet zonder elkaar kunnen. Een dergelijke partnerrelatie wordt problematisch als de persoon die bijdraagt tot de zekerheid van de ander, die ander tegelijk kwelt en vernedert. Als de 'mishandelende' persoon tegelijk een belangrijke hechtingsfiguur is, zal het vooruitzicht van een mogelijke scheiding steeds gepaard gaan met een grote overlevingsangst. Men doet er dus alles aan om die scheiding te vermijden. Het hechtingsgedrag wordt sterker als iemand zich bedreigd voelt, omdat hij verwacht dat de hechtingsfiguur hem tegen die bedreiging kan beschermen.

De kritiek op de hechtingstheorie is dat de levenslange stabiliteit van de hechtingsstijl te veel wordt beklemtoond, terwijl de situatiegebonden variabiliteit, de mate waarin de afhankelijkheid naargelang de relatie kan variëren, wordt onderschat. Men heeft nauwelijks oog voor de manier waarop de relationele mogelijkheden van een paar in de loop van de geschiedenis van een partnerrelatie kunnen veranderen.

Hoewel de objectrelatietheorie wezenlijke en belangrijke bijdragen heeft geleverd voor een beter begrip van partnerrelaties, moet ze mijns inziens echter worden gerelativeerd en getoetst aan de hand van volgende vragen:

- Bepaalt de vroege kindertijd de richting van de vormgeving van latere liefdesrelaties?
- Welke betekenis hebben de huidige relaties tot de ouders voor de vormgeving van de partnerrelatie?
- Hoe beïnvloedt de co-evolutionele dynamiek van het hele gezin van herkomst de liefdesrelatie?
- Waar dient men in de therapeutische behandeling van partnerconflicten te beginnen: bij de verinnerlijkte objectrelaties, bij de relatie met het gezin van herkomst of bij de actuele partnerrelatie?

Bepaalt de vroege kindertijd de richting van de vormgeving van latere liefdesrelaties?

Hoewel heel wat empirische studies uitgaan van een levensbepalend belang van de vroegkinderlijke objectrelaties, zal het moeilijk zijn om de invloed ervan op de huidige partnerrelatie in te schatten. Het belang dat de vraagsteller ze toemeet zal niet los te koppelen zijn van zijn eigen overtuiging. Bovendien zijn ze onderhevig aan veel interveniërende variabelen. In de praktijk van de relatietherapie rijst de pragmatische vraag welke therapeutische houding men op basis van de objectrelatietheorie moet aannemen. Wat is men ermee gebaat en wat kan daardoor worden veranderd? Het positieve ervan is dat men een gestoord en onaangepast gedrag kan verklaren dat vaak voor de patiënt zelf evenzeer onbegrijpelijk is. Het risico is echter reëel dat men dat gedrag eenzijdig toeschrijft aan ervaringen die de patiënt in zijn kinderjaren opdeed door destructief ouderlijk gedrag. Het therapeutische proces kan enerzijds worden ondersteund door de aldus betoonde empathie en door het aangereikte inzicht dat ermee gepaard gaat. Anderzijds kan het therapeutisch proces worden belemmerd door de berusting dat het lot van iemand wordt bepaald in de vroege kindertijd en dat daaraan toch niets te verhelpen valt. Er zijn onderzoeken die aangeven dat de vroegkinderlijke ervaringen weliswaar belangrijk zijn, maar dat de effecten daarvan door de continue, nieuwe relationele ervaringen te allen tijde kunnen worden gecorrigeerd (Ernst en von Luckner, 1985; Hemminger, 1982). Als dat niet gebeurt, moet men dat echter niet automatisch toedichten aan de onomkoombare en krachtige invloed van de vroege kinderjaren. De verklaring kan net zo goed schuilen in het feit dat de destructieve relationele situatie op volwassen leeftijd gewoon wordt voortgezet. Uit onze therapeutische ervaringen blijkt dat talloze mensen erin slagen om de vroegkinderlijke angsten en destructieve tendensen in hun volwassen intieme relaties om te buigen en te overwinnen. Deze hoeven zich niet eindeloos te herhalen. Ieder mens heeft op elk moment constructieve en destructieve gedragsmogelijkheden ter beschikking. De actuele relationele constellatie bepaalt welke disposities worden geactiveerd. In de relatietherapie kan men als een bevoorrechte getuige zien hoe dezelfde mensen die zich in een bepaalde relatie onrijp, regressief en primitief-destructief gedragen, zich in een andere relationele context sensitief, emotioneel open en relatievaardig kunnen opstellen.

Afgaande op de levensloop van mensen zijn er velen in staat om ook zonder relatietherapie in hun relatie door te groeien naar een rijper en volwassener relatiegedrag. Het zijn vooral mensen die in een impasse zijn verzeild die in therapie gaan. Heel wat mensen slagen er nochtans in om relationele voorwaarden te creëren waarbij tegenkracht wordt gegeven aan hun regressieve, onrijpe tendensen en een gezond, rijp relationeel gedrag in de hand wordt gewerkt. De daadwerkelijke ontwikkeling van een individu kan retrospectief worden geduid door de vroege kinderjaren onder de loep te nemen, maar kan van daar uit niet worden voorspeld.

Welke betekenis hebben de huidige relaties tot de ouders voor de vormgeving van de partnerrelatie?

In de psychoanalyse worden de actuele relaties met de ouder geworden vader en moeder verwaarloosd. Zijn die relaties nog even belastend als in de kindertijd? Is er in de huidige relatie tot de ouders sprake van zware, niet-vereffende schulden, van ambivalentie van liefde en haat, van afwijzing en afhankelijkheid? Welke ontwikkelingen hebben de ouders zelf doorgemaakt? Proberen ze zichzelf te rechtvaardigen of zijn ze opener geworden en in staat tot zelfkritiek?

De huidige relatie met de ouders kan een partnerrelatie blokkeren. Een sterke binding met de moeder kan een man belemmeren om zich over te geven aan de liefde voor zijn vrouw. Die man kan geneigd zijn om zijn echtgenote in de eerste plaats als de moeder van zijn kinderen te zien en wil zijn moeder misschien blij maken met kleinkinderen. Misschien kan hij zich niet hechten, beklemtoont hij in relaties met vrouwen het seksuele aspect om te vermijden dat ze rivalen worden in de relatie met zijn moeder. Mannen laten hun vrouw vaak de separatiestrijd met hun moeder uitvechten. Zelf bevinden ze zich tussen twee vuren en kunnen noch voor de ene, noch voor de andere partij kiezen. Veel moeders voeren een waar gevecht met hun rivale. Als ze erin slagen het huwelijk van hun zoon te doen spaak lopen, verkondigen ze triomfantelijk: 'Ik heb je toch gezegd dat ze geen vrouw voor jou is.' Een analoge, maar veel minder uitgesproken situatie, kan zich afspelen tussen vader en dochter.

De huidige relatie met de ouders kan echter ook een belangrijke hulp zijn in de partnerrelatie. Vooral voor de vrouw neemt de moeder soms heel wat emotionele kwaliteiten van een intieme relatie voor haar rekening die in de relatie van de vrouw met haar echtgenoot ontbreken. Een goede relatie met de schoonouders heeft eveneens een stabiliserend en ondersteunend effect op een partnerrelatie.

Het belang van de relatie met de ouders zoals ze nu zijn, wordt vaak pas duidelijk als ze overlijden. De dood van de ouders kan belangrijke, tot dan toe uitgestelde en vermeden ontwikkelingen mogelijk maken of het paar in een diepe crisis storten die zelfs kan uitdraaien op een echtscheiding.

Misschien werd het paar wel bijeengehouden door de conflicten die ze met de ouders uitvochten en slaat na hun dood de haat voor de ouders om in liefde en schuldgevoelens. Veel van wat de ouders voorgeleefd hebben, wordt na hun dood geïnternaliseerd. Daardoor wordt een ontwikkeling versterkt die afwijkt van die van de partner. De materiële erfenis, het huis en de bezittingen, worden vaak pas op dat moment een deel van de eigen relatie en geïntegreerd in de dyadische niche. De uitgestalde voorwerpen en foto's van de ouders maken hun aanwezigheid in de eigen leefruimte zichtbaar, niet altijd tot vreugde van de partner.

Naar mijn idee is er nog te weinig onderzoek verricht naar de wijze waarop de geïnternaliseerde moeder- en vaderrepresentaties interfereren met de actuele relatie tot moeder en vader. Het blijft voorlopig een open vraag in welke mate ze elkaar overlappen en versterken. Evenzeer onduidelijk blijft in welke mate deze representaties door de actuele relatie met de ouders worden gecorrigeerd. Een onderhoud met de ouders kan in bepaalde gevallen leiden tot verbazingwekkend open gesprekken die resulteren in verzoening. Vaak lopen dergelijke gesprekken evenwel uit op een fiasco. Toch kan zelfs een mislukte poging tot gesprek het gemakkelijker maken om zich te bevrijden uit het verstrikkende web van in de schuld staan en destructieve bindingen met de ouders.

Hoe beïnvloedt de co-evolutionele dynamiek van het hele gezin van herkomst de liefdesrelatie?

Niet-vereffende relationele schulden en onopgeloste conflicten zijn er niet alleen met de ouders maar ook met de broers en zusters, met andere woorden met het gezin van herkomst in zijn geheel. Het is een thema waarvoor de belangstelling slechts heel recent op gang gekomen is.

In *Ökologische Psychotherapie* (1996) heb ik de co-evolutionele gezinsdynamiek gedetailleerd beschreven. Laat me hier gewoon wijzen op het belang ervan voor de partnerrelatie. De dynamiek tussen broers en zusters is het beste te begrijpen als we ervan uitgaan dat elk kind een bijzondere plaats bij zijn ouders wil innemen. De kinderen moeten de ouderlijke liefde en toewijding delen, wat het beste lukt als ze de verschillende relationele gevoeligheden en aanspreekbaarheden van de ouders naar zich toe trekken. Als het ene kind het bijzonder goed doet op school, kan het andere lof toegezwaaid krijgen om zijn sportieve prestaties. Als de een bijzonder sociaal is, kan de ander uitpakken met zijn boekenwijsheid. Wie op geen enkel gebied speciaal uitblinkt kan zich nuttig maken door bijzondere hulpvaardigheid. Wie geen manier vindt om zich door zijn prestaties te laten opmerken, kan door schoolverzuim, gestoord gedrag of door te weigeren om te presteren de aandacht van zijn ouders trekken. Wie zich overschaduwd voelt door zijn succesvolle broers en zusters, kan zich door een ziekte (bijvoorbeeld anorexia nervosa) in het centrum van de familiale belangstelling plaatsen. Het verlangen om door de ouders op een concrete en bijzondere manier te worden opgemerkt en aandacht te krijgen, draagt er in grote mate toe bij dat broers en zusters onderling zo verschillend zijn. Hoewel de kinderen door hun verscheidenheid een zeker evenwicht in de aandacht van de ouders weten te bereiken, blijven er toch ongelijkheden bestaan in de betekenis die ze voor de familiegeschiedenis hebben. Er zijn de lievelingen van vader en moeder. Er zijn de kinderen die als vertrouweling van een van beide ouders fungeren. Er zijn kinderen die bij hun ouders bijzondere vormen van hoopvolle verwachting oproepen. Er zijn kinderen die vaak mislukken en kinderen waarmee de ouders zich in hoge mate identificeren. De manier waarop men zijn partnerrelatie vormgeeft kan sterk worden bepaald door de openstaande familiale rekeningen en onvereffende schulden. De vorming van een partnerrelatie kan erg worden beïnvloed door de behoefte om de rechtvaardigheidsbalans te herstellen en schadeloos te worden gesteld of te stellen. Wie door zijn ouders werd bevoorrecht zal hogere verwachtingen moeten inlossen, die ook in de partnerrelatie en in de stichting van een gezin moeten worden waargemaakt. De partner zal zich tegen die hoge verwachtingen verzetten en de betrokkene helpen om zich sterker van zijn ouders af te grenzen. Benadeelde broers en zusters hopen dat ze door de partnerkeuze uit de schaduw van de anderen kunnen treden en eindelijk zullen kunnen schitteren. Door middel van hun partnerrelatie en hun kinderen willen ze van hun ouders alsnog bijzondere erkenning krijgen. Of ze hopen dat ze zich dankzij de hulp van hun partner eindelijk zullen kunnen losmaken van een ongelukkige jeugd en samen met hem een nieuwe, gelukkige en onafhankelijke leefwereld kunnen creëren. Men hoopt samen met de partner of de eigen kinderen een sociaal prestige te verwerven dat men voordien nooit heeft gehad, of de broers en zusters te overvleugelen en zich te kunnen verheugen in deze laattijdige bewondering van de ouders. Vaak zijn het de kinderen die werden achtergesteld die later de zorg voor de bejaarde ouders op zich nemen, in de hoop zo alsnog erkenning te verwerven. Ivan Boszormenyi-Nagy (1981 en 1986) heeft in zijn werken gewezen op de balans van schulden en verdiensten, van onbewuste opdrachten en erfenissen in het gezin.

De nauwe band met broers en zusters kan de partnerkeuze en het proces van de partnerrelatie eveneens beïnvloeden. Broers en zusters beschouwen de partner, zeker wanneer die van het andere geslacht is, als een indringer die hun speciale band met de broer of zuster bedreigt of verbreekt. Dat roept heftige, vaak verborgen gevoelens van jaloezie en afgunst op. Het kan zijn dat men zich daardoor minder gemakkelijk kan engageren in een relatie. Ook de bewondering en idealisering van een broer of zuster kan de relatie met de partner bemoeilijken en de identificatie met de partnerrelatie schaden. Nu vrouwen de vrije keuze hebben of ze hun eigen naam behouden dan wel die van de partner aannemen, kunnen ze duidelijk maken dat de identificatie met het gezin van herkomst blijft bestaan.

De dramatiek van het gezin, met zijn openstaande rekeningen, schulden en vormen van afhankelijkheid, stimuleert het verlangen om een partnerrelatie aan te knopen. De hoop groeit dat men dankzij deze relatie een nieuwe wereld kan creëren waarin men inhaalt wat men tot hiertoe heeft gemist, waarin negatieve familiale ontwikkelingen kunnen worden gecorrigeerd en vroegere krenkingen kunnen worden gecompenseerd. Nochtans is het aangewezen dat de therapeut zich niet te zeer concentreert op de negatieve en pathologische aspecten van het gezin van herkomst, maar tevens oog heeft voor de positieve en gelukkige facetten uit het gezin van herkomst, die in de vormgeving van de eigen partnerrelatie als bouwstenen kunnen worden gehanteerd.

De praktische vraag kan gesteld worden: Waar dient men bij de behandeling van partnerconflicten te beginnen? Dient men te beginnen bij de verinnerlijkte objectrelaties, bij de relatie tot het hele gezin van herkomst of bij de huidige partnerrelatie?

Wat zal therapeutisch het heilzaamst inwerken? Dient men als relatietherapeut vooral oog te hebben voor de behandeling van verinnerlijkte objectrelaties die aan de basis liggen van en de achtergrond vormen voor de partnerkeuze en het huidige partnerconflict, of voor de behandeling van de huidige relatie van de partners, waarvan de veranderingen een corrigerende invloed kunnen hebben op de geïnternaliseerde relationele ervaringen? Het gaat daarbij om een kwestie van setting. Om geïnternaliseerde objectrelaties te behandelen is het veilige kader van een individuele psychotherapie meestal beter geschikt. Men heeft op die manier meer tijd en ruimte om zich in de verdrongen individuele herinneringen te verdiepen. Een dergelijke benaderingswijze is minder geschikt voor relatietherapie omdat relatietherapie zich veeleer richt op de wisselwerking tussen de persoonlijkheidsontwikkeling van de partners. Dat wil echter niet zeggen dat de relatietherapie minder diepgang heeft. Essentiële persoonlijke inzichten worden doorgaans verworven via relaties. Dat is het uitgangspunt van relatietherapie.

Psychoanalytisch georiënteerde relatietherapeuten zoals Almuth Massing en Günther Reich (2000) bekijken de huidige relatie met de respectievelijke gezinnen van herkomst vanuit een transgenerationeel perspectief. Ze gaan uit van de hypothese dat paren in ernstige conflicten vaak relatieconflicten of compensatiewensen uit de respectievelijke gezinnen van herkomst opnieuw ensceneren. De veronderstelling is dat zich binnen het gezin over de generaties heen in wezen steeds weer dezelfde conflicten zullen afspelen (intrafamiliale herhalingsdwang) indien deze transgenerationele continuïteit niet wordt doorbroken. Psychische stoornissen zullen optreden als gezinnen zich tengevolge van onverwerkte conflicten niet met tijds- en levensgebonden veranderingen willen inlaten. Op die manier blijven ze op een bepaald punt in hun ontwikkeling steken. Een partnerrelatie is vanuit dat standpunt niet alleen een ontmoeting tussen twee individuen met verinnerlijkte objectrelaties, maar tevens een ontmoeting tussen twee familiale systemen. Bij de partnerkeuze bestaat de neiging om de conflicten uit het gezin van herkomst te herhalen, hoewel de partners er zich samen willen van bevrijden. Door een relatie aan te gaan proberen de partners relatiepatronen met personen uit hun kindertijd achter zich te laten. Om dat te kunnen is een loyaliteitstransfer van het gezin van herkomst naar de nieuwe relatie en het nieuwe gezin nodig. Met andere woorden, de partner en het nieuwe samenleven moeten belangrijker worden dan de ouders, broers en zusters.

Conflicten tussen partners kunnen derhalve worden beschouwd als te verwachten herhalingen van conflictrijke patronen uit de ouder-kindrelatie van beide partners, evenals als herhalingen van conflictrijke patronen uit de echtelijke relatie van de ouders. Het probleem is dat men met het gezin van herkomst verbonden blijft door loyaliteit en wegens de onduidelijke afgrenzing. Het kan zijn dat het paar geen eigen, nieuwe levensstijl kan ontwikkelen omdat de beide families van de partners te sterk verschillen en de stijl van de respectieve gezinnen van herkomst te sterk uiteenloopt.

Ook in de familieopstellingen van Bart Hellinger (1994) gaat het om het in scène brengen van intergenerationele familiale patronen van stagnatie en verstrikt zijn. Volgens hem zijn deze vormen van verstrikt zijn het gevolg van wat hij noemt 'een gestoorde ordening van de liefde'. Het gaat bijvoorbeeld daarbij over de uitsluiting van bepaalde gezinsleden of over een niet-adequate waardering van bepaalde gezinsleden, waardoor deze kinderen voor hun leeftijd ongepaste familiale opdrachten toegewezen krijgen en op zich moeten nemen. Dergelijke vastgelopen familiale vormen van verstrikt zijn kunnen de ontplooiing van de partnerrelatie in de weg staan en tevens de zelfverwezenlijking in de relatie belemmeren.

In mijn ogen is de verankering van de partnerrelatie in de familiale achtergrond en in de familiegeschiedenis belangrijk en theoretisch interessant. Toch denken wij dat het in de praktijk meer effect sorteert wanneer we ons focussen op de zelfverwezenlijking van de partners in de co-evolutie van hun huidige liefdesrelatie.

De gedragstherapeutische klemtoon: de dynamiek van een destructieve communicatie op zichzelf

De gedragstherapeutische stroming concentreert zich minder op de inhoud van het conflict dan op de interacties en op het (on)vermogen om problemen op te lossen (Lindenmeyer, 2000). Ongelukkige paren raken vaak telkens opnieuw verstrikt in wederzijds uitgelokt en versterkt negatief gedrag. Op die manier ontstaat een destructieve dynamiek, die net zoals een ritueel op steeds dezelfde manier verloopt en ondanks de weerkerende goede intenties geen verandering teweegbrengt. Het destructieve proces verwordt tot een dwangmatig gebeuren. A probeert dat wat hem in het gedrag van B stoort te corrigeren, aanvankelijk met een vriendelijke wenk, een verzoek dat aanzwelt tot kritiek, dreigementen en druk en verder escaleert in schreeuwen, huilen, weglopen en chantage. De verwijten worden veralgemeend en naar andere situaties en tijdstippen getransponeerd (je bent altijd zo geweest... ook toen heb je... je houdt niet meer van me, anders zou je wel...). B had het verzoek van A aanvankelijk bijna ingewilligd, maar kan dat niet meer zodra A hem toenemend onder druk zet. Een inwilliging van het verzoek zou dan immers worden ervaren als een onderwerping. B moet zich nu op zijn beurt rechtvaardigen, verdedigen en in de tegenaanval gaan of A vernederen door hem te negeren, cynische opmerkingen te maken of te compromitteren. Zodra de escalatie een bepaald niveau heeft bereikt, zijn er geen bijzondere gebeurtenissen meer nodig om ruzies uit te lokken. De carrousel van woord en wederwoord zet zich steeds gemakkelijker in beweging en neemt alsmaar meer vaart. Het duurt niet lang of de partners vliegen elkaar voor elke futiliteit in de haren. Tussen de ruzies door verzoenen ze zich niet meer, maar onttrekken zich aan de liefde, wijzen elkaar seksueel af en wenden zich af van elkaar. Toch zijn al die gedragingen eigenlijk een kreet om hulp. Men hoopt dat de partner in de ruzies de verborgen hunkering naar liefde en aandacht zal kunnen ontdekken. Men is er daarbij van overtuigd dat men de noodkreten heel nadrukkelijk moet slaken opdat de partner ze zou kunnen horen. Er ontstaat gemakkelijk een machtsstrijd waarin beiden denken dat ze zich tegenover de ander niet kunnen doorzetten. Ze hebben de beleving van voor een verloren zaak te strijden en als gevolg daarvan hebben zij angst om door de ander overheerst en onderworpen te zullen worden. Luisteren naar elkaar zou al kunnen worden geïnterpreteerd als een teken van zwakte en toegeving.

De gedragstherapeutische stroming is gebaseerd op het model van het instrumenteel leren. Volgens dat model verbetert een beloning of een positief gedrag van de partner de algemene beoordeling van de relatie en stimuleert deze tot constructief gedrag. Een straf of een negatief gedrag doet de relatie verslechteren. Gottman en Levenson (2000) wisten op basis van omvangrijk experimenteel onderzoek de predicatoren voor de stabiliteit van een huwelijk, respectievelijk scheiding, te identificeren. Ze vonden geen aanwijzingen voor een spontane remissie van disfunctionele echtelijke interacties. De interactiepatronen bleven gedurende vier jaar overwegend stabiel. In een stabiel huwelijk moeten de partners minimaal vijf keer meer positieve dan negatieve gevoelens en interacties vertonen. Positieve interacties zijn interesse hebben voor elkaar, tederheid betuigen, aan de ander denken, hem waarderen, betrokkenheid tonen, meelevend zijn, de partner accepteren, vreugde delen met elkaar, met elkaar grappen maken. Negatieve interacties zijn volgens Gottman kritiek op de persoonlijkheid en het karakter van de partner, minachting, zelfrechtvaardiging, negatieve interpretatie van gedachten, geweeklaag en afwijzing ('de vier apocalyptische ruiters van het huwelijk'). Doorslaggevend is het vermogen om aan een escalerende ruzie een einde te kunnen maken. Gottman stelde een balansmodel op: investeringen in de relatie die een positief gevoelssurplus genereren, zoals engagement, aandacht, bewondering en respect, kunnen het belang van negatieve gevoelens in het conflict afzwakken en relativeren. Het hangt van dat positief gevoelssurplus af of de herstelprocessen in de relatie al dan niet succesvol kunnen zijn. Dat geldt ook voor de relatietherapie. De in de therapie losgemaakte affecten zijn soms schadelijk in plaats van constructief. Volgens Lebow (2000, blz. 47) is het niet aangewezen om paren tijdens de therapeutische sessies steeds opnieuw hun problemen te laten oprakelen, tenzij dat proces zich kan afspelen binnen een context van positieve gevoelens.

De logische gevolgtrekking uit die onderzoeken is dat de relatietherapie in de eerste plaats moet proberen om iets te veranderen aan het interactiepatroon. Het is heel nuttig als de destructieve manieren van handelen door de partners zelf kunnen worden herkend nog voor ze zijn gefixeerd. De partners moeten zich trainen in alternatieven voor het destructieve patroon van interageren.

De resultaten van het grootschalig experimenteel onderzoek van Gottman en Levenson zijn interessant. Ik vraag me echter af of er geen gevaar bestaat dat oorzaak en gevolg worden verwisseld. Een destructieve handelswijze is niet alleen de oorzaak van een latere scheiding, maar tevens de uitdrukking van de voorafgaandelijke relationele crisis. Het valt mij ook op dat een gedragsgeoriënteerde relatietherapeut zoals Revenstorf (2000) kritiek uit op Gottman. Hij beschuldigt hem ervan geen visie te hebben op een partnerrelatie, geen inzicht te hebben in wat liefde tussen partners wezenlijk op gang brengt. 'Moet men dan gewoon een beetje vaker beschaafd zijn en een paar boosaardigheden slikken om te voorkomen dat de relatie wordt ontbonden?' (blz. 53)

Het gedragstherapeutische concept van de relatietherapie (Lindenmeyer, 2000) legt het accent op de communicatie. Het destructieve interactiegedrag van de partners moet worden doorbroken en beide partners moeten tijdens de zitting na elkaar aan het woord komen. In de gedragsanalyse wordt dan gediagnosticeerd hoe het negatieve interactiegedrag van de partners wederzijds wordt uitgelokt en in stand gehouden. De partners leren via trainingsopdrachten in en buiten de therapiesessies door positieve interacties het wederzijdse vertrouwen en het wederzijdse respect terug op te bouwen. Men vraagt de partners om elkaar tijdens de sessie te complimenteren, positieve gevoelens te uiten, verwendagen in te lassen, een beloningsdagboek bij te houden enzovoort. Die eenvoudige oefeningen kunnen een sterke invloed uitoefenen en een gevoel van genegenheid en begrip opwekken dat de partners lange tijd hebben ontbeerd. Men kan ook overgaan tot echte communicatietraining, waarbij de partners de specifieke regels van praten en luisteren wordt bijgebracht.

De gedrags- en cognitiegeoriënteerde stromingen hebben volgens mij echter een te sterk pedagogisch tintje en spreken derhalve niet alle patiënten en therapeuten aan. Sommigen zullen de op positieve attitudes en gevoelens gerichte oefeningen ervaren als te directief en te beperkt. De therapeut speelt de rol van de leraar die weet welk gedrag goed en juist is en derhalve ook welk gedrag slecht en fout is. De relatie kan razend snel verbeteren als beide partners een gecontroleerd, constructief en welwillend gedrag nastreven. De vraag is echter hoe lang ze dat kunnen volhouden. Als blijkt dat de positieve resultaten van de gedragsgeoriënteerde relatietherapie niet echt duurzaam zijn, is dat misschien wel te wijten aan die geforceerde normalisering. Paren van wie de relatie dankzij gedragstherapie verbeterde, hervallen vaker dan paren die een op inzicht georiënteerde therapie volgden (Alexander et al., 1994).

Aan de andere kant is het vaak onvermijdelijk dat men zich bij het begin van de therapie concentreert op het destructieve aspect van de communicatie. Zolang de partners te gekwetst zijn, zullen ze geneigd zijn om de ander voortdurend dieper te kwetsen. Zolang de angst overheerst dat luisteren naar de ander als een bekennen van de eigen zwakheden en van het eigen ongelijk kan worden opgevat, heeft het geen zin om de problemen aan te snijden. De vraag is echter of men een constructiever communicatiegedrag op schoolse wijze moet trainen met oefeningen. Ik geef de voorkeur aan een iets andere methode, waarbij de partners in het begin in de aanwezigheid van de ander alleen met mij en niet met elkaar praten. Terwijl ik met een van beiden praat, verbied ik elke tussenkomst van de ander. Op die manier is het veel gemakkelijker agressief gedrag te herleiden tot de eigen betrokkenheid en gekwetstheid en in de verwijten het persoonlijk verlangen naar liefde duidelijk te maken. Deze gestructureerde aanpak geeft de patiënt het vertrouwen dat de therapeut de gesprekken onder controle heeft en hem kan beschermen tegen nieuwe krenkingen en vernederingen. Die techniek helpt vooral mannen, die aan het begin van een therapie veel afwijzender en sceptischer zijn dan vrouwen om zich bloot te geven en open te stellen voor mogelijke verandering. Als de relatietherapie zich zou beperken tot het verbeteren van de communicatieve vaardigheden, zou de therapie ons inziens in veel gevallen aan haar eigenlijke taak voorbijgaan. De crisis is nu eenmaal niet een kwaad dat uit de wereld moet worden geholpen, maar een uitdaging voor de zelfverwezenlijking in de liefde, die wordt geblokkeerd door angsten en afweermechanismen. Het komt erop aan deze crisis in de therapie om te buigen tot een vruchtbaar gegeven. Communicatieve vaardigheden zijn niet de oplossing, wel het middel.

Het uitbalanceren van de relatie en de rechtvaardigheidsbalans

Een gemeenschappelijk doel van alle stromingen binnen de relatietherapie is een betere balans in de partnerrelatie, een evenwicht tussen geven en nemen, tussen voorrechten en plichten, tussen schuld en verdienste. Enkele theorieën hebben dat uitbalanceren tot de centrale betrachting van de relatietherapie gemaakt.

Aanhangers van de ruiltheorie (Thibaut en Kelly, 1959) maken een onderscheid tussen kosten (*costs*) en baten (*rewards*). Volgens hen probeert elke partner in een relatie de kosten-batenbalans in zijn voordeel te laten doorslaan. Dat betekent dat hij zijn baten wil maximaliseren en zijn kosten minimaliseren. Ieder zal individueel beoordelen welke beloning hij in de relatie verwacht voor welke kosten. Hij zal de relatie eveneens vergelijken met alternatieven en de relatievorm kiezen die hem het beste lijkt. Als de relatie verslechtert, zullen volgens deze theorie de kosten stijgen en de baten afnemen.

Hoewel deze theorie voor zover ik weet vandaag niet onmiddellijk werd vertaald tot een therapeutisch concept, stemt ze tot op zekere hoogte overeen met het door mij beschreven principe van eigenbelang in de partnerrelatie. Zeker bij een permanente crisis stellen de partners zich de vraag: 'Wat levert de relatie me nog op?' Tegenwoordig zijn partners slechts beperkte tijd bereid om een relatie die hen niet bevredigt voort te zetten, zeker als ze een beter alternatief hebben. In een duurzame relatie groeit het lot van de partner wel steeds meer uit tot het eigen lot. Chronische ziekten, gepaard gaande met lichamelijke en psychische handicaps, of mislukkingen in het beroepsleven worden ervaren alsof men er zelf mee kampt of voor verantwoordelijk is (zie Willi, 1985).

Bij de verdere uitwerking van hun theorie hielden Thibaut en Kelley (1978) rekening met de kritiek dat partners niet alleen proberen hun winst te maximaliseren, maar dat ze tevens graag willen dat het goed gaat met de ander en dat de relatie voor allebei lonend is. De evenwichtstheorie van Walster et al. (1977) breidt de ruiltheorie uit met het aspect van de rechtvaardigheid. Volgens de evenwichtstheorie houdt de tevredenheid over intermenselijke relaties verband met de mate waarin men die relatie als evenwichtig, rechtvaardig en fair ervaart. Evenwichtig en rechtvaardig in de zin van de evenwichtstheorie betekent dat de partners elkaars relatieve nettoresultaten even groot moeten vinden. Als mensen denken dat ze deel uitmaken van een onevenwichtige relatie, steekt onbehagen de kop op (Mikula en Stroebe, 1991, blz. 72). Hoe groter de ongelijkheid, hoe sterker men aan de ene kant van de balans de schuld ervaart en aan de andere kant de ergernis. De betrokkenen zullen alles in het werk stellen om de balans terug in evenwicht te brengen door hun eigen inbreng in de relatie op te voeren of te verminderen. Bij een cognitieve herwaardering kunnen de bijdragen van beide partners echter opnieuw worden beoordeeld. In de evenwichtstheorie hangt de tevredenheid in de relatie af van de ruilwaarde. Als er geen aantrekkelijk alternatief voorhanden is of de kosten om aan de relatie een einde te maken te hoog zijn, zal de relatie stabiel blijven. Dat betekent dat wie oud, gebrekkig of financieel afhankelijk is of door materiële investeringen of kinderen aan de partner is gebonden, bij die partner zal blijven. Hoe dat in zijn werk gaat blijkt uit de traditionele huwelijksriten bij talrijke volkeren. Die riten hebben tot doel de duurzaamheid van het huwelijk te garanderen. Het huwelijk gaat gepaard met een grote schuldenlast, bruidsgiften van de schoonouders en wordt openbaar gevierd. Een ontbinding van het huwelijk zou een moeilijk te verantwoorden blamage zijn (Revenstorf en Freudenfeld, 2000).

Een theorie die vooral in de Verenigde Staten veel aandacht kreeg was de quid pro quo-theorie van Lederer en Jackson (1968,1972). De auteurs pleitten ervoor om het huwelijk te behandelen als een zakelijke deal, waarbij geven en nemen doorlopend worden gecompenseerd. Ze stelden communicatieoefeningen voor waardoor men kon leren dat evenwicht steeds opnieuw te herstellen. Volgens hen liepen huwelijken op de klippen door een verstoord machtsevenwicht.

Hoewel ze niet onder te brengen is bij de sociale ruiltheorieën, houdt ook de contextuele psychotherapie van Ivan Boszormenyi-Nagy (1987) zich bezig met evenwicht en meer bepaald met de rekening van schulden en verdiensten in het gezin en in de partnerrelatie. Dankzij verdiensten voor anderen verwerft men rechten (*entitlements*) op de vervulling van verwachtingen en aanspraken. Eenvoudiger gezegd: in de relatie krijgt men niets voor niets. Als iemand anders iets voor je doet, sta je bij hem in de schuld. Door die schuld ben je tot iets verplicht. Mannen en vrouwen beseffen intuïtief dat het noodzakelijk is om hun verdiensten voor het gezin en de partnerrelatie in evenwicht te brengen. Weliswaar doen ze dit via verschillende taken, maar de vervulling van die taken heeft voor de gemeenschap ongeveer een gelijke waarde. Intuïtief verhinderen ze dat ze bij de ander eenzijdig in het krijt komen te staan. Verdiensten gaan gepaard met macht, schuld met een slecht geweten en niet zelden met onmacht. Maar wat zijn verdiensten in een relatie eigenlijk? Als iemand voor de ander iets doet en in ruil daarvoor een bedankje krijgt, wie staat dan in de schuld bij wie? Degene voor wie men iets positiefs heeft gedaan of degene die wordt bedankt?

Ik heb reeds op het principe van de rechtvaardigheidsbalans gewezen bij de bespreking van de dilemma's tussen samenwerking en rivaliteit in de liefde (hoofdstuk 3). Niet toevallig beklemtoont Ivan Boszormenyi-Nagy de ethische dimensie van geven en nemen sterker binnen het gezin dan binnen een paar. Hij legt het accent met andere woorden op de verticale in plaats van op de horizontale as. De schuldproblematiek speelt bij een paar vooral een rol als er sprake is van buitenechtelijke verhoudingen en een scheiding na talloze jaren huwelijk. Niet dat de 'daders' zich daaraan storen. Enerzijds omdat het streven naar zelfverwezenlijking te groot is. Anderzijds omdat het opstellen van de schuld- en verdienstenrekening in een relatie uiterst complex is en men zich niet aan een ingewikkelde becijfering wil wagen. Veel 'slachtoffers' voelen zich bedrogen en uitgebuit; maar hebben ze niet zelf tot die uitbuiting bijgedragen in de hoop dat die hun baten zou opleveren?

Geven en nemen, schulden en verdiensten kun je niet in balans brengen door slechts rekening te houden met uiterlijke daden. Toch moet men er oog voor hebben dat er een evenwicht bestaat in de taken die men daadwerkelijk voor de relatie opneemt, zoals het huishouden, taken voor de kinderen, geld verdienen, contact met overheidsinstanties... Dat evenwicht moet worden gerespecteerd en bewust worden geregeld om te voorkomen dat de een zich benadeeld voelt en het gerechtvaardigd vindt om de ander verwijten te maken, terwijl de ander in de schuld staat of zich in de schuld laat zetten. Het herstel van het evenwicht kan een belangrijk onderdeel van de relatietherapie zijn. Nochtans moet dat thema een randvoorwaarde blijven en niet de eigenlijk inzet van de liefdesrelatie worden. De aanspraak op fairness en evenwicht kan men tevens als een soort morele legitimatie misbruiken om de partner in zijn ontplooiing te belemmeren en af te blokken en zo rivaliteit en afgunst te maskeren.

Het verschil met andere systemische stromingen door de klemtoon op de co-evolutie van de partners

De systeemtherapieën zijn niet gegroeid vanuit één enkele theoretische grondlegger, uit wiens model dan nieuwe varianten afgeleid en gegroeid zijn. Systeemtheoretische modellen vertrekken van diverse uitgangspunten. Oorspronkelijk stond systeemtherapie gelijk met relatie- en gezinstherapie. Het concept verschilde echter van de psychoanalytische en gedragsgeoriënteerde relatie- en gezinstherapie. De systeemtherapie concentreerde zich op het gezin en het koppel als een sociaal systeem en had daarbij vooral aandacht voor de organisatie, structuur en cybernetische regulering. De belangrijkste pioniers waren Don Jackson, Jay Haley, John Weakland en Paul Watzlawick. Reeds in de jaren vijftig hield deze groep van Palo Alto zich bezig met homeostase die een systeem via feedbackmechanismen probeert in stand te houden, of met het begrip circulaire causaliteit, volgens welke de wisselwerking van het gedrag van de personen die deel uitmaken van het systeem de oorzaak is van alle fenomenen (en dus ook van symptomen). Er is met andere woorden geen sprake van een lineair verband tussen oorzaak en gevolg. Ze kregen vanuit eigen rangen de kritiek te verduren dat niet het bewaren van homeostase een relevant therapeutisch perspectief was, maar wel de verandering, respectievelijk blokkering van de verandering in een pathologisch systeem. Rigide relatiepatronen moeten worden versoepeld. Hiërarchieën, regels en structuren moeten worden doorbroken. De interactionele 'spelen' die de storing in stand houden of verandering tegenhouden dienen te worden omgebogen. Door middel van paradoxale interventies, symptoomvoorschrijving of door positieve herformulering en herkadering werd het in stand houden van de huidige rigide relationele patronen bemoeilijkt en een verandering uitgelokt. Later breidde de systeemtheorie zich uit tot arbeidsorganisaties, tot psychiatrische ziekenhuizen, tot scholen of tot de interactie tussen school en gezin. Men stelde vast dat niet het gezin in zijn geheel in de therapie het relevante systeem was, maar wel het gehele problematische systeem. Het motto luidde dat het systeem geen probleem creëert, maar het probleem een systeem. Men besteedde meer aandacht aan de interacties waardoor therapeuten, artsen en andere zorgverleners elkaars inspanningen wederzijds neutraliseerden in plaats van samen te werken.

Aanvankelijk had het systeemdenken vooral oog voor de interacties tussen mensen. In de jaren tachtig verschoof de klemtoon, naar analogie met de cognitieve trend in de gedragstherapie naar de dyadische, respectievelijk familiale constructie van de werkelijkheid. Men onderzoekt welke gezamenlijke gedeelde overtuigingen en meningen ('constructies') binnen het gezin of paar de huidige, op handen zijnde ontwikkelingen blokkeren. Deze verstarde cognitieve structuren kunnen in beweging worden gebracht door meerdere opties aan te reiken voor een constructie van de werkelijkheid. In de systeemtherapie (Kowalczyk 2000) heeft men aandacht voor de verschillende manier waarop de partners de werkelijkheid zien en probeert men een gezamenlijk ontwerp van de werkelijkheid te creëren waarin beiden zich kunnen vinden. In de oplossingsgerichte therapie van Steve de Shazer (1989) staat niet het probleem centraal, maar wel de oplossing. Huidige, vroegere en mogelijke toekomstige oplossingen worden besproken. Fixerende omstandigheden en uitzonderingen, betere en slechtere tijden worden geïdentificeerd. Op die manier verhoogt de competentie om het symptoom te kunnen beïnvloeden en wordt men zich van zijn hulpbronnen bewust.

De verschillen tussen onze ecologische co-evolutionele benadering en het systemisch-constructivistische model, dat ruime aanhang heeft in het Duitse taalgebied, hebben we gedetailleerd beschreven (Limacher en Willi, 1998). Ze worden tevens duidelijk in de beschrijving van de systeemtherapeutische aanpak die Andrea Ebbecke-Nohlen (2000) schetst. Deze trainer aan het Opleidingsinstituut voor Systeemtherapie van Heidelberg schrijft dat ze als relatietherapeute opzettelijk een diepe exploratie van de probleemgeschiedenis vermijdt om niet het gevaar te lopen in een 'probleemhypnose' weg te glijden. Een overvloed aan informatie zou voor deze therapeute eerder verwarrend dan verhelderend zijn. Om pathologisering te vermijden legt ze de klemtoon op de activering van hulpbronnen en op de probleemoplossende competentie. De door haar geschetste therapie omvat slechts twee sessies. De taakstelling in de eerste sessie wordt gebruikt zowel om de verschillende behoeften van de partners afzonderlijk als om hun gezamenlijke wensen te achterhalen en om deze positief te herformuleren. De stelling daarbij is: 'Ik vind het goed dat jullie aan elkaar als partners, verschillen en overeenkomsten toestaan.' Ze vraagt hun bijna niet wat het probleem is, maar wel vooral waarvoor ze in de therapie bang zijn. Vanuit een meerpartijdige houding heeft deze relatietherapeute zowel oog voor de wens tot verandering, meestal vertegenwoordigd door de vrouw, als voor de angst voor verandering, meestal vertegenwoordigd door de man. De therapeute stimuleert de overgang van of-of naar zowel-als ook. Ze stelt: 'Ik wil op dit punt helemaal niet de hele geschiedenis horen. Ik ben al tevreden als ze me zeggen wie wat aan wie verwijt.' De man verwijt bijvoorbeeld de vrouw haar buitenechtelijke relatie. Zij verwijt hem dat hij te weinig zelfstandig is. Deze relatietherapeute behandelt het probleem vanuit het standpunt dat elk van beiden goede redenen heeft om zich te gedragen zoals hij/zij doet, en verduidelijkt op die manier de functie van het symptoom in de crisis. Ze concentreert zich dan op mogelijke oplossingen en weegt samen met de cliënten de voor- en nadelen af. In de tweede sessie bekijkt ze tevens nog de taken die het paar vanuit het gezin van herkomst in hun huwelijk op zich heeft genomen.

Een overeenkomstig element met onze methode is dat de crisis als de motor van de ontwikkeling wordt beschouwd. Het vreemdgaan van de vrouw is een poging om in een te beklemmende relatie een grotere afstand te scheppen. Het verschil schuilt daarin, dat wij groot belang hechten aan de relatiegeschiedenis, het spanningsveld tussen de verlangens en hoop bij de partnerkeuze en het huidige conflict. Het bekijken van de relatiegeschiedenis heeft vaak al een verzoenend effect op de partners en legt de diepere betekenis van de huidige crisis bloot. Of en wanneer de ene dan wel de andere benaderingswijze het efficiëntst is, is voorlopig nog een open vraag.

De systeemtherapie heeft talloze originele vernieuwingen opgeleverd voor de psychotherapie. Het enthousiasme in de jaren tachtig was groot en het effect werd vaak overschat. Vooral met het ondoordachte gebruik van paradoxale interventies werden therapeutische fouten begaan, wat de goede naam van de systeemtherapie schaadde.

We rekenen het concept van de ecologisch-co-evolutionele therapie tot de systeemtherapeutische benaderingen in zoverre dat de wisselwerking tussen de partners in de huidige, reële partnerrelatie centraal staat. Toch leggen we daarbij andere accenten. De ecologische benaderingswijze is sterker geïndividualiseerd en meer gericht op de ontwikkeling van de beide partners. In het middelpunt staat het individu, dat relaties als een medium voor zijn persoonlijkheidsontwikkeling gebruikt. Daarbij geldt dat niets de persoonlijkheidsontwikkeling zozeer stimuleert als een liefdes- en partnerrelatie, maar niets die zozeer blokkeert en verstoort als een destructief geworden relatie. We zijn vooral geïnteresseerd in het spanningsveld tussen het huidige conflict en de partnerkeuze. Met andere woorden in ons model staat de vraag centraal welke persoonlijkheidsontwikkelingen de partners bij elkaar mogelijk hebben gemaakt, welke omstandigheden dan zijn veranderd zodat nu een nieuwe ontwikkeling is vereist die echter wordt geblokkeerd. Het accent van het merendeel van de systemische modellen met aandacht voor het huidige relatiepatroon of de huidige constellatie van de gezamenlijk opgebouwde leefwereld, wordt in onze methode aangevuld met een historisch perspectief. Met andere woorden in ons model is eveneens aandacht voor het langetermijnproces van co-evolutie, het proces van persoonlijkheidsontwikkeling in wisselwerking met de ontwikkelingen van de partners.

Recent hebben ook andere systemische auteurs aandacht voor de aspecten 'tijd' en 'proces' in de evolutie van partnerrelaties. Voorbeelden in de Duitstalige literatuur zijn Hans Jellouschek (1995), Rosmarie Welter-Enderlin (1996) en Bert Hellinger (1994). Een systemische verklaring geven voor relationele crisissen betekent dat men ze in een relevante context moet plaatsen. Aangezien paren als menselijke systemen een geschiedenis hebben, is voor hen niet alleen de context van het heden relevant, maar ook de context van het verleden en van de toekomst. De crisis is een voorbode van verandering. In de crisis manifesteren zich thema's die in het leven nog niet aan bod kwamen. De crisis noopt tot de vraag: 'Tot welke ontwikkelingen daagt de crisis ons uit?' (von Tiedemann en Jellouschek, 2000)

Hoofdstuk 14

Het effect van relatietherapie

We gingen met een eigen onderzoek na hoe patiënten het resultaat van relatietherapie beoordelen. Relatietherapie geldt in het algemeen niet als een behandeling van stoornissen die de impact hebben van een ziekte en wordt door de ziekenfondsen meestal niet terugbetaald. Ten onrechte, zoals blijkt uit onze studie. De stress die met partnerconflicten gepaard gaat ondermijnt bij velen de lichamelijke en psychische gezondheid. We stelden vast dat de gezondheid als gevolg van de relatietherapie aanzienlijk verbeterde. Relatietherapie is een moeilijke behandelingsmethode. Als het behoud van de relatie als maatstaf voor het slagen of mislukken van de relatietherapie wordt genomen, zal men vaak ontgoocheld zijn. Bijna 40% van de behandelde paren gaat tijdens of na de therapie uit elkaar. Het positiefste resultaat was het effect van de relatietherapie op de persoonlijkheidsontwikkeling, zowel bij mannen als vrouwen, zowel bij degenen die bij elkaar bleven als bij degenen die uiteengingen. Dit resultaat sterkt ons in onze overtuiging om de relatietherapie te individualiseren, met andere woorden om de druk van het conflict therapeutisch te gebruiken als een stimulans voor de individuele ontwikkeling van de partners als persoon.

Is relatietherapie efficiënt voor de behandeling van gestoorde liefdesrelaties? Zal ze meer baten dan schaden? Hoe laten de baten zich afmeten? Als de therapie resulteert in een scheiding, is dat dan een mislukking of een succes? Is relatietherapie eigenlijk een therapie voor stoornissen met de impact van een ziekte of gaat het erom als raadgever te fungeren in moeilijke tijden? Voor de terugbetaling door de ziekenfondsen vormt deze vraagstelling overigens een wezenlijke overweging!

Naar het langetermijneffect van relatietherapie werd nog relatief weinig onderzoek verricht. Ik wijs hier op een eigen onderzoek, waarbij een aantal problemen wordt aangesneden die tot dusver onbeantwoord bleven (Meier, Röskamp, Riehl-Emde, Willi, *Familiendynamiek*,2002; Röskamp, 2001). In het betreffende werk worden literatuur, methodiek, resultaten en de bespreking ervan uitvoerig toegelicht. Ik bespreek hier alleen bondig de resultaten die belangrijk zijn voor de thema's die in dit boek aan bod kwamen. Patiënten kregen 1 tot 8 jaar na het beëindigen van de relatietherapie een gedetailleerde enquête toegestuurd. Door ze te betitelen als 'patiënten' en niet als 'cliënten' wil ik duidelijk maken dat in de relatietherapie stoornissen met de impact van een ziekte worden behandeld en niet alleen maar een reeks geordende adviezen worden verstrekt.

Wie onderzoek verricht naar psychotherapie begeeft zich op een bijzonder moeilijk onderzoeksterrein, een domein vol methodische valkuilen. Nochtans is dat onderzoek, ondanks de inherent moeilijke toegankelijkheid van dit onderzoeksdomein en ondanks de onoplosbaarheid van bepaalde methodische problemen, van groot belang. Een dergelijk onderzoek heeft er in grote mate toe bijgedragen dat de psychotherapie is geëvolueerd van een belijdenis naar een beroep (Grawe et al., 1994). Er is geen enkele studie waarbij niet een aantal zwakke punten in de methodiek aan te duiden zijn en derhalve is er geen enkele studie voorhanden waarvan de resultaten een sluitend bewijs vormen. De 'waarheid' moet altijd vanuit verschillende standpunten worden benaderd. In ons onderzoek gaat het om 'een catamnese'. Het gaat derhalve om een onderzoek over het verloop van een ziekte, dat gevoerd wordt na afloop van de behandeling. Het zwakke punt van een catamnese is dat het resultaat van de therapie en de motivatie voor de therapie pas achteraf nauwkeurig wordt bevraagd. Aldus bestaat het risico dat het resultaat van de therapie een invloed heeft op de herinnering en die misschien zelfs vertekent. Aangezien heel wat van de gestelde vragen evenwel in geen enkel ander onderzoek aan bod komen, kan ons onderzoek op zijn minst bijdragen tot de formulering van enkele nieuwe hypothesen.

Ons aposteriorisch onderzoek betreft 96 koppels die in relatietherapie gekomen waren. Ze werden ondervraagd door zes ervaren psychotherapeuten (twee vrouwen, vier mannen) van onze werkgroep 'Coevolutie'. De relatietherapie werd één tot acht jaar geleden afgerond. De gemiddelde afsluitduur bedroeg vier jaar. De therapie bestond uit 5 tot 23 sessies (het gemiddeld aantal sessies bedroeg 14).

Hoe beoordelen patiënten het resultaat van de relatietherapie één tot acht jaar na het afronden ervan?

De belangrijkste redenen waarom de paren een therapeut opzochten waren: communicatieproblemen/ruzies, gebrek aan respect en erkenning, vervreemding van elkaar en seksuele problemen. Uiterst zelden werden persoonlijke ontwikkelingsmogelijkheden, uiteenlopende interesses en te weinig samenhorigheid aangehaald. Eén derde had al maximaal één jaar problemen, de helft één tot vijf jaar. De helft van de ondervraagden was ooit al in therapie geweest, waarvan het merendeel in individuele psychotherapie.

Wat was het effect van de relatietherapie op de partnerrelatie? Het is niet eenvoudig om de antwoorden te interpreteren van de paren die ondertussen uiteen waren gegaan. Twee derde van de paren die nog samenleven is tevreden over het effect van de relatietherapie op de partnerrelatie. Drie vierde van hen geeft aan dat de problemen die hen in therapie deden gaan zijn verbeterd. Onze resultaten stemmen in grote lijnen overeen met die van andere onderzoeken.

Aangezien relatietherapie in de meeste gevallen een kortdurende therapie is, kan de vraag gesteld worden of later nog andere psychotherapieën werden gevolgd. Voor twee derde van de ondervraagden was dat niet het geval. Partners die uiteengingen/scheidden zochten echter beduidend vaker nadien nog een psychotherapeut op. Op één uitzondering na gaat het dan wel niet meer om relatietherapie maar om individuele psychotherapie of om andere therapeutische hulp.

Heel interessant zijn de verschillen tussen mannen en vrouwen. Mannen staan in het algemeen sceptischer en afwijzender tegenover psychotherapie. De ondervraagde mannen hadden vóór de relatietherapie aanzienlijk minder vaak individuele therapie geprobeerd dan vrouwen. De mannelijke ondervraagden waren van mening dat de relatieproblemen – indien ze al in een therapie moesten worden behandeld – het meeste waren gebaat bij relatietherapie. Men zegt vaak dat vrouwen hun man moeten meesleuren naar een relatietherapie om hem met zijn eigen problemen te confronteren. Mannen vinden therapie voor zichzelf overbodig, helemaal overeenkomstig het principe dat ze persoonlijke problemen alleen willen oplossen (zie hoofdstuk 5). De ondervraagde mannen zijn dan ook tevredener over het effect van de therapie op hun relatie dan vrouwen en slechts zelden minder tevreden. Ze gaan nadien minder vaak in individuele psychotherapie. Mannen zijn aan het begin van een relatietherapie veel meer afwijzend dan vrouwen, maar lijken hun houding in de loop van de therapie bij te sturen en kijken nadien positiever aan tegen deze vorm van therapie dan vrouwen.

Vrouwen gaan door voor veel gemotiveerder als het erop aankomt om een onbevredigende situatie in de partnerrelatie te veranderen. Meestal neemt de vrouw het initiatief om een relatietherapeut op te zoeken. Het kost hun vaak heel veel tijd en moeite voor ze hun partner kunnen overtuigen om mee te gaan. Vrouwen zijn niet in eerste instantie ontgoocheld over de therapie, maar wel over hun partner die zich in de therapie niet echt coöperatief opstelt. Mannen koesteren minder verwachtingen en vrezen bovendien dat de relatietherapie hen op het beklaagdenbankje zal doen belanden. Ze zijn positief verrast als blijkt dat de therapie hen in staat stelt om hun standpunt te formuleren zonder dat ze hun vrouw daardoor in het defensief drijven.

Gaat het in de relatietherapie om de behandeling van stoornissen met de impact van een ziekte?

Uit sociologische studies blijkt dat lichamelijke en geestelijke gezondheid positief correleren met gehuwd-zijn. Gehuwden hebben een hogere levensverwachting dan ongehuwden. Op het vlak van gezondheid lijken mannen meer voordeel te doen met een partnerrelatie dan vrouwen. Met kan met andere woorden verwachten dat de gezondheidsrisico's na een scheiding bij mannen groter zijn dan bij vrouwen. Gehuwde mannen vormen de gezondste groep. Het verlies van een partner door uiteengaan/scheiding is een van de meest belastende gebeurtenissen in het leven van een mens. Bij volwassenen die zijn uiteengegaan/gescheiden tekent men het hoogste percentage acute medische problemen, chronische ziekten en arbeidsongeschiktheid op (Verbrugge, 1979). Gescheiden mannen lopen een verhoogd risico: suïcide, een ongeval, een opname in een psychiatrisch ziekenhuis, hart- en bloedsomloopproblemen en andere lichamelijke ziekten zijn de meest vastgestelde feiten. Vrouwen zijn dan weer vatbaarder voor depressies en doen vaker een beroep op medische bijstand. Vrouwen benadrukken wel sterker de kansen die uiteengaan biedt. Sommigen verwerven daardoor meer zelfrespect, competentie en betere carrièrevooruitzichten. Stress in partnerrelaties gaat eveneens gepaard met een hoger risico op stoornissen bij de kinderen. Een gelukkige relatie blijkt een van de belangrijkste bronnen voor een goede gezondheid te zijn. Experts in sociale ondersteuning zijn het erover eens dat de partner de belangrijkste toeverlaat en vertrouwenspersoon is als er problemen opduiken. Toch geven recent steeds meer mannen en vrouwen te kennen dat uiteengaan/scheiden ook zijn positieve kanten heeft, zoals de stimulans die de autonomie en de persoonlijke rijpheid daardoor krijgen. De manier waarop men met de scheiding is omgegaan is van wezenlijk belang voor het effect dat ze heeft op de gezondheid.

Het is niet dankzij het huwelijk op zich dat men zich goed voelt. Doorslaggevend is de kwaliteit van de relatie. Er bestaat een duidelijk verband tussen langdurige partnerconflicten en een slechtere geestelijke en lichamelijke gezondheid. *Langdurige conflicten tussen partners vormen een relevante risicofactor voor de gezondheid.* Uit psychofysiologische en endocrinologische studies waaraan partners deelnamen die in een conflict zaten, blijkt dat een aantal belangrijke lichamelijke functies een opmerkelijke verandering hadden ondergaan. Het ging meer bepaald om cardiovasculaire stoornissen, veranderingen in de hormoonhuishouding en in het immuniteitssysteem. Gottman en Levenson (2000) konden op basis van experimenteel gemeten fysiologische variabelen een aversieve relationele attitude definiëren en aldus scheidingen voorspellen. Hun resultaten suggereren dat langdurige partnerconflicten een directe invloed hebben op de gezondheid. Bovendien bleken dergelijke conflicten eveneens ernstige psychiatrische ziektebeelden zoals depressie, bipolaire affectpsychosen en alcoholisme in de hand te werken.

Onopgeloste conflicten tussen de partners houden dus een duidelijk gezondheidsriciso in. Uit ons onderzoek blijkt dat een groot percentage van de proefpersonen met gezondheidsproblemen kampte voor het begin van de therapie. Die problemen waren aanzienlijk verbeterd ten tijde van de enquête. 70% van de proefpersonen klaagde in het jaar voor de relatietherapie over lichamelijke gezondheidsproblemen, een percentage dat onder de uiteengegane/gescheiden paren zelfs oploopt tot

80%. Het gezondheidsprobleem verbeterde bij 57% en verslechterde bij slechts 9%. 80% van de proefpersonen had psychische problemen, ongeacht of ze nu nog samenleefden dan wel gescheiden waren. Ongeveer 75% van hen voelt zich nu psychisch gezonder dan in het jaar voor de therapie, 13% voelt zich slechter. Eigenaardig genoeg vonden degenen die uiteen/gescheiden waren hun geestelijke en lichamelijke gezondheidsheidstoestand of algemeen welzijn nu niet slechter dan degenen die nog samenleefden. Gescheiden mannen voelen zich niet minder of meer gezond dan gescheiden vrouwen, wat een gevolg kan zijn van de relatietherapie.

De resultaten lijken er dus op te wijzen dat de stress die het conflict met zich bracht de lichamelijke en geestelijke gezondheid aantastte en dat de patiënten vandaag in een betere gezondheid verkeren. Hun verbeterde gezondheidstoestand kan weliswaar niet direct op rekening van de relatietherapie worden geschreven, aangezien sommigen de therapie al jaren geleden hadden beëindigd en er ondertussen andere invloeden kunnen meespelen (bijvoorbeeld andere vormen van psychotherapie). Toch kunnen we op zijn minst vermoeden dat de relatietherapie hun gezondheid een positieve wending gaf. Dat is niet vanzelfsprekend, want uiteindelijk omvat een gemiddelde therapie slechts 14 sessies. In de relatietherapie komen met andere woorden niet alleen levensvragen aan bod, maar worden tevens stoornissen behandeld die een invloed hebben op de gezondheid. Relatietherapie lijkt een bijzonder doeltreffende vorm van kortdurende therapie te zijn.

Hoe stonden de patiënten na de relatietherapie tegenover uiteengaan en echtscheiding?

We onderzochten 96 partnerrelaties. 51 paren leven vandaag nog samen, 45 (47%) zijn uiteen en 24 daarvan zijn uit de echt gescheiden. 8% van die 45 paren ging al voor de therapie uit elkaar, 18% deed dat na afloop van de therapie en 21% in de catamneseperiode. Bijna 40% ging dus uit elkaar tijdens of na de therapie. Het percentage paren dat uiteenging is lager dan het percentage echtscheidingen na relatietherapie dat uit andere onderzoeken naar voren komt.

Uiteengaan/echtscheiding na relatietherapie (op 96 ondervraagde paren)

	samenlevend	uiteen	daarvan gescheiden
vandaag	51 paren = 53%	45 paren = 47%	24 paren = 25%
aan het begin van de therapie		8 paren = 8%	
aan het einde van de therapie		17 paren = 18%	39% in of na de relatietherapie uiteen
in de catamneseperiode		20 paren = 21%	

Opvallend is dat relatief veel paren apart leven zonder dat ze gescheiden zijn. Het percentage echtscheidingen is weliswaar lager dan het landelijk gemiddelde (in Zwitserland in 1994: 38%), maar niettemin is het resultaat ontnuchterend. Men zou er immers kunnen van uitgaan dat dankzij de relatietherapie de verstandhouding tussen de partners verbetert en de relatie stabiliseert. De relatietherapie zou dan als 'redder van het huwelijk' naar voren geschoven kunnen worden. Relatietherapie lijkt echter nauwelijks iets te kunnen verhelpen aan scheidingen. Hoe komt dat?

Men zou kunnen aannemen dat de partners die later scheiden nooit echt van elkaar hebben gehouden. Dat geldt echter niet voor onze proefpersonen. De enquête was weliswaar retrospectief, maar vier vijfde van de ondervraagden gaf toe dat ze veel of vrij veel van hun partner hadden gehouden, zelfs al gingen ze nadien uiteen. Slechts 7% zei hun partner niet of nauwelijks te hebben bemind. Daarbij maakte het geen verschil of ze uiteen/gescheiden waren of nog samenleefden.

Het zou kunnen dat degenen die nu uit elkaar of gescheiden zijn dat al van tevoren van plan waren en de relatietherapie beschouwden als een alibi voor de scheiding. Ook die stelling gaat niet op. Op de vraag wat ze verwachtten van de relatietherapie antwoordde amper 5% dat ze de therapie zagen als de eerste stap om uiteen te gaan of te scheiden. Bij degenen die uiteen/gescheiden waren bedroeg dit percentage 11%.

Misschien dat relatietherapie uiteengaan/scheiden niet alleen niet verhindert, maar zelfs bevordert. Relatietherapie zorgt onvermijdelijk voor een confrontatie tussen de partners. Talloze verdrongen en onuitgesproken conflicten worden zichtbaar. Zelfs al probeert de therapeut in de therapeutische gesprekken wederzijdse krenkingen te vermijden en zich als onderhandelaar en vertaler tussen de partners op te stellen, dan nog zullen partners de balans opmaken en zich afvragen of er nog wel een basis is om verder samen door het leven te gaan.

De belangrijkste redenen voor het uiteengaan/de echtscheiding waren blijvende communicatieproblemen/ruzies. Vrouwen omschreven die problemen als een gebrek aan respect en erkenning, mannen als vervreemding. Vrouwen bleken in ons onderzoek vaker het initiatief tot een echtscheiding te nemen. Vrouwen zijn – zoals gezegd – vaker ontevreden over het effect van de relatietherapie op de relatie dan mannen. Ze verwijten hun partner dat deze zich te weinig heeft ingespannen om iets aan de relatie te verbeteren.

Uit elkaar gaan en scheiden kan ook voor de therapeut een ontgoochelend en belastend resultaat zijn. Bij ruziënde paren groeit tijdens de therapie de hoop dat ze toch nog samen de weg terug naar elkaar zullen kunnen vinden. Ze gaan meestal niet nuchter en rationeel uiteen. Op zijn minst een van beiden blijft vertwijfeld, verdrietig, woedend en vol verbittering en boosheid achter. De therapeut mag zichzelf dan wel rationeel voorhouden dat de relatietherapie in de eerste plaats duidelijkheid moet brengen in de relatie (wat trouwens de verwachting is die de meeste ondervraagden koesterden, namelijk 39%), het blijft moeilijk om afscheid te nemen van patiënten die vertwijfeld zijn en met hun emoties overhoopliggen. Toch blijkt uit onze catamnese dat patiënten uiteengaan en scheiden veel positiever beoordelen dan verwacht. 50% van de paren die uiteen/gescheiden zijn geeft aan dat de problemen die de aanleiding vormden voor de therapie nu beter zijn, 16% dat ze slechter zijn. Er is wel een significant verschil ($p<0.01$) met de beoordeling door de ondervraagden die samen bleven (78,8% beter; slechts 2% slechter). Twee derde van de mannen en vrouwen die uiteen/gescheiden zijn zou in een vergelijkbare situatie opnieuw hulp zoeken bij een relatietherapeut of relatietherapie combineren met individuele psychotherapie. We zijn eigenlijk bijzonder verrast dat in onze steekproef de gezondheid van gescheidenen niet slechter evolueerde dan bij proefpersonen die samen bleven en bij gescheiden vrouwen zelfs eerder verbeterde (verbetering: 58%; verslechtering: 8%). Op psychisch vlak is al evenmin een verschil op te tekenen. De geestelijke gezondheidstoestand verbeterde bij 78% van de paren die uit elkaar gingen en verslechterde bij 14%. Dat lijkt erop te wijzen dat de relationele stress ondertussen aanzienlijk was gedaald. Positief is dat de relatie met de vroegere partner bij meer dan de helft beter is dan voor de therapie en slechts bij één vierde slechter. Misschien heeft de relatietherapie ertoe bijgedragen dat men een duidelijk inzicht kreeg in de relatie, waardoor verbindende en scheidende factoren duidelijker op een rijtje konden worden gezet. Zo slaagde men erin om na het uiteengaan/de scheiding op een eerlijker en minder kwetsende manier met elkaar om te gaan. Als het onvermijdelijk en zelfs wenselijk wordt dat de partners uiteengaan, is het eerste doel van de relatietherapie ervoor te zorgen dat dit met wederzijds respect gebeurt. Zo kan men een zware emotionele belasting door conflicten na de scheiding voorkomen. *Helping couples divorce is a legitimate part of marital therapy and the therapy may help the adults have a better post-divorce adjustment (Bray, 1995).* Bij ons weten is Vansteenwegen (1998) de enige die onderzoek heeft verricht naar hoe patiënten het uiteengaan beoordelen. 7 jaar na het beëindigen van de relatietherapie beschouwden 13 van de 16 ondervraagden het uiteengaan/de scheiding als een positief gegeven, als een opluchting, als een einde van een ongelukkig-zijn, als de mogelijkheid om nieuwe perspectieven te geven aan het leven, als een kans om een nieuwe, meer bevredigende relatie op te bouwen. Slechts 2 personen evalueerden het uiteengaan negatief.

Effect van de relatietherapie op de persoonlijkheidsontwikkeling

In de onderzoeken die tot dusver werden uitgevoerd werd nauwelijks aandacht besteed aan het nut dat relatietherapie heeft voor de persoonlijkheidsontwikkeling en is dat derhalve geen valabel outcome-criterium. Christensen en Heavey (1999) vragen met nadruk dat de criteria waarmee de resultaten van relatietherapie worden beoordeeld, worden uitgebreid. In de toekomst moeten onderzoeken eveneens gegevens over de persoonlijkheidsontwikkeling incorporeren, zoals persoonlijk welbevinden, sociaal functioneringsvermogen en psychische symptomen. Dergelijke gegevens kunnen ook worden opgevolgd in verdere onderzoeken bij gescheidenen, zodat men een vollediger beeld krijgt van de effecten van de relatietherapie. In langetermijnonderzoeken naar uiteengaan na relatietherapie heeft alleen Vansteenwegen (1998) een belangrijk onderscheid vastgesteld in de beoordeling van gescheidenen en samengebleven patiënten over de hulp die relatietherapie voor de partnerrelatie bood. Hij vond echter geen significant verschil inzake de persoonlijke ontwikkelingsvoordelen.

In ons onderzoek vroegen we naar de *tevredenheid over het effect dat de relatietherapie had op de persoonlijkheidsontwikkeling.* Van de samengebleven patiënten is 80% tevreden over het effect van de relatietherapie op de persoonlijkheidsontwikkeling, tegenover slechts 68% die tevreden is over het nut van de therapie voor de partnerrelatie (68%). Dat is opmerkelijk, temeer daar een 'betere persoonlijkheidsontwikkeling' aan het begin van de therapie door slechts 1 persoon als verwacht resultaat werd genoemd. Ook in de relatietherapie valt het op dat patiënten – net als relatietherapeuten – in het begin gericht zijn op de partnerrelatie en pas in de loop van het therapeutische proces vaststellen hoe belangrijk de uitdagingen in de partnerrelatie zijn voor hun persoonlijkheidsontwikkeling. In hun commentaar over de tevredenheid zeggen de ondervraagden dat ze bewuster, zelfzekerder en competenter in conflicten zijn geworden, dat ze zich beter kunnen afgrenzen en hun behoeften beter kunnen formuleren, maar ook dat ze hebben ingezien wat hun eigen aandeel in de problematiek was en dat ze meer afstand kunnen nemen van de eigen hoge verwachtingen over de partnerrelatie. Van de paren die uiteen waren was slechts 55% tevreden over het effect van de relatietherapie op hun persoonlijkheidsontwikkeling. Dat is wel aanzienlijk minder dan de 80% van de ondervraagden die samenbleven die tevreden was met het resultaat voor de persoonlijkheidsontwikkeling. De paren die uiteen/gescheiden waren vermeldden naast bovenstaande bemerkingen nog de baten van de relatietherapie voor een volgende relatie.

In de groep van ondervraagden die samenbleven zijn evenveel mannen als vrouwen tevreden met het effect van de therapie op de persoonlijkheidsontwikkeling (80%). In de groep van paren die uiteengingen zien we wel een verschil tussen de geslachten: 60% van de vrouwen was tevreden, tegenover 50% van de mannen. Vrouwen zijn bovendien minder vaak ontevreden dan mannen: slechts 10% van de vrouwen was ontevreden, tegenover 20% van de mannen. Bij paren die uiteengingen beklemtonen vooral vrouwen in hun commentaar de toegenomen zelfbeschikking en de bevrijding van schuldgevoelens. Het lijkt wel alsof ze bij relatietherapie meer persoonlijk gebaat zijn dan mannen. Van degenen die uiteengingen gaat 50% later nog in individuele therapie voor dezelfde problemen als waarvoor ze een relatietherapeut opzochten. Dat is een groot verschil met de groep van ondervraagden die samenbleven. In de groep van paren die uit elkaar gegaan zijn, maakt het voor de tevredenheid over het effect van de relatietherapie op de persoonlijkheidsontwikkeling niets uit of men nadien nog in individuele psychotherapie ging.

De positiefste uitkomst in ons onderzoek is het voordeel dat de relatietherapie oplevert voor de persoonlijkheidsontwikkeling. De hoge mate van tevredenheid bevestigt onze opvatting dat de liefdesrelatie de belangrijkste uitdaging vormt voor de persoonlijkheidsontwikkeling, onafhankelijk van het feit of die relatie mislukt dan wel slaagt. Het is verrassend dat we na een catamneseperiode van 1 tot 8 jaar nog een dergelijke hoge mate van tevredenheid mogen noteren over het effect van de relatietherapie op de persoonlijkheidsontwikkeling. Het is niet onmogelijk dat relatietherapie een nog intensievere stimulans is voor de persoonlijkheidsontwikkeling dan individuele psychotherapie. Relatietherapie is, voorzichtig geformuleerd, een vorm van psychotherapie die naast een grote graad van efficiëntie na gemiddeld 14 sessies tevens een hoog rendement blijkt te bezitten.

Zowel therapeuten als patiënten moeten zich bewust zijn van het voordeel dat relatietherapie oplevert voor de persoonlijkheidsontwikkeling, ongeacht of men samenblijft of niet. Het is en blijft een ongewenst en pijnlijk proces als geliefden uit elkaar gaan, maar dat proces is vaak noodzakelijk om opnieuw krachten vrij te maken voor nieuwe persoonlijke ontwikkelingen en vormen van zelfontplooiing.

Samenvattende en toekomstgerichte beschouwingen

Nadat in de jaren zestig en zeventig zelfverwezenlijking vooral werd gezocht in autonomie, onafhankelijkheid en afgrenzing tegenover anderen, kwam het in de jaren negentig tot een gedeeltelijke ommekeer. Men werd zich ervan bewust dat bovengenoemde doelstellingen enigszins moesten worden genuanceerd. Tederheid, verbondenheid en liefde gingen opnieuw door voor onontbeerlijke waarden in een gelukkig en vervuld leven. Tot nog toe werd echter weinig onderzoek verricht naar de vraag waarom liefdesrelaties voor de persoonlijkheidsontwikkeling en -ontplooiing zo belangrijk en onmisbaar zijn. Dat is het thema van dit boek. De centrale stelling is dat liefdesrelaties niet harmonieus en onbaatzuchtig zijn, maar egoïstisch en vol spanning. Partners hopen in de liefde hun meest intieme persoonlijke potentieel te kunnen ontplooien en verwezenlijken. Daarvoor zijn ze echter wederzijds aangewezen op de beantwoording door hun partner, die hun de ruimte laat om zich in de liefde voor hem, met hem en door hem te ontplooien. Om geëngageerd en genuanceerd beantwoord te worden, moet men evenzeer zorg dragen voor de zelfontplooiing van de ander als voor die van zichzelf. Niettemin blijft de liefde van de partners ambivalent in het dilemma in hoeverre de onderlinge relatie de ontplooiing van het eigen potentieel begunstigt dan wel belemmert. Er ontstaat een tweestrijd tussen hechting en vrijheid, nabijheid en afstand, samenwerking en rivaliteit of altruïsme en egoïsme.

Een liefdesrelatie verloopt in verschillende stadia. Aan elk van deze stadia is een bepaalde opdracht verbonden die de partners uitdaagt tot een bepaalde persoonlijkheidsontwikkeling. Die uitdagingen houden vaak verband met het vermogen om een relatie met bindend karakter aan te gaan, zonder te veel angst te hebben dat men zijn vrijheid zal verliezen, verlaten zal worden of zich moet overleveren. Ze hebben betrekking op het vermogen om met zowel de eigen beperkingen in de liefde als met die van de partner om te gaan en de grenzen van zichzelf en de partner te accepteren. Ze hangen samen met de verplichting om persoonlijk potentieel te investeren in de opbouw van een gezamenlijke leefwereld in het besef dat men daardoor andere mogelijkheden uitsluit, maar tevens het voordeel biedt zich met een gezamenlijk gecreëerde wereld te kunnen identificeren. Elk van die uitdagingen kan angst inboezemen en de aanleiding zijn om zich met afweermechanismen te beschermen en van de partner af te grenzen. Het overwinnen van die angsten kan worden bemoeilijkt door vroegere traumatiserende ervaringen in relaties, waardoor een overmatige hunkering naar liefde is ontstaan, samen met een overmatige angst voor de inlossing daarvan. De betrokkenen kunnen met elkaar een collusie aangaan die zowel vervulling als bescherming tegen te hoge eisen in het vooruitzicht stelt.

Liefde is tegenwoordig de belangrijkste factor die paren bindt. Ze gaat echter gepaard met hooggespannen verwachtingen, die partnerrelaties vatbaar maken voor conflicten. De conflicten binnen een paar zijn in eerste instantie normale belangenconflicten tussen de verschillende aanspraken van de partners. Duurzaam, constructief samenleven in een liefdesrelatie vergt een grote mate van competentie in het omgaan met meningsverschillen en in de kunde om met elkaar in discussie te treden.

Geliefden zijn elkaars bekwaamste critici en meest meedogenloze uitdagers, omdat de ontplooiing van de ander hen rechtstreeks treft. De verwijten die ze elkaar wederzijds maken zijn doorgaans terecht, maar dan wel in het kader van de tegenverwijten van de ander. Partners zijn elkaars stem van het eigen onbewuste, met andere woorden van de verdrongen aspecten van de persoonlijkheidsontwikkeling. Sommigen weigeren echter om de verwijten van de ander te aanvaarden omdat ze een grond van vervelende waarheid bevatten en ze vrezen dat door aan de verwijten toe te geven de partner te veel aan invloed zal winnen. De liefdesrelatie verzeilt in een crisis als de partners zich afsluiten voor latente ontwikkelingen in hun relatie. Een ommekeer in de relatie spruit zelden voort uit inzicht of uit persoonlijke motivatie. Meestal zijn het veranderende omstandigheden of externe gebeurtenissen die het noodzakelijk maken dat latente ontwikkelingen worden voltrokken. Vaak roepen de partners relationele omstandigheden in het leven die een verandering op gang brengen die ze tegelijkertijd angstig blokkeren.

In onze benaderingswijze van relatietherapie proberen we de uitdagingen van de partners als ontwikkelingsstimulerende agentia te gebruiken. De liefdesrelatie is de intensiefste stimulans voor de persoonlijkheidsontwikkeling in het leven van een volwassene. De steun die relatietherapie biedt voor de persoonlijkheidsontwikkeling is onafhankelijk van het feit of de partners nadien bij elkaar blijven of niet.

Hoe zullen partnerrelaties er in de toekomst uitzien?

Dit boek verschijnt op een moment dat de maatschappelijke visie op partnerrelaties een omwenteling doormaakt. Tot voor kort gold een stabiel huwelijk als de noodzakelijke hoeksteen van de maatschappij. Daarmee verbonden was de eis dat moeilijkheden in de relatie in stilte moesten worden gedragen en verdragen en dat men zich als persoon ondergeschikt diende te maken aan de noden van het gezin. In de jaren zestig en zeventig zette men zich radicaal af tegen dergelijke echtelijke plichten en werd het nieuwe ideaal 'onafhankelijkheid' en 'zelfbeschikking'. Dat ideaal werd enigszins bijgestuurd in de jaren negentig, in die zin dat liefdesrelaties tegenwoordig opnieuw gelden als onvervangbare waarden voor een gelukkig en vervuld leven. Dat betekent echter niet dat men teruggreep naar het 'stabiele huwelijk'. Het aantal echtscheidingen en tweede huwelijken nam sindsdien onverminderd toe. Sommigen vinden het misschien banaal en vanzelfsprekend dat in dit boek liefde als maatstaf en primordiale vereiste voor de duurzaamheid van relaties wordt vooropgesteld. Toch was het ideaal van een huwelijk uit liefde lange tijd een utopie, iets wat alleen in sprookjes en mythen werkelijkheid werd. In heel veel culturen waar grote familieverbanden sociaaleconomische zekerheid en orde garanderen, is dat nog steeds zo. Liefde is nu eenmaal een labiel fundament om een duurzame relatie op te bouwen. Liefde kan niet worden afgedwongen en men kan ze niet veilig stellen; ze moet continu worden verzorgd en gekoesterd; ze is kwetsbaar en slaat gemakkelijk om in woede en haat. Liefde is van nature onberekenbaar, hoewel (zoals ik in dit boek probeer duidelijk te maken) niet onbegrijpelijk. Zonder een wezenlijke verandering in onze cultuur, is het weinig waarschijnlijk dat het echtscheidingspercentage en het aantal samenlevende paren dat uit elkaar gaat zal dalen. De financiële onafhankelijkheid van de partners, de zelfbeschikking, het feit dat ze zelf verantwoordelijk zijn voor hoe ze hun leven leiden, de mate waarin men beschikbaar en mobiel moet zijn voor zijn werk, de snelle evolutie van de leefomstandigheden in een wereld die steeds meer geglobaliseerd wordt, dat alles doet wel eens het verlangen ontstaan naar stabiliteit en een zekere geborgenheid. Toch stelt eigenlijk niemand de verworven vrijheden in vraag. Hoewel de wens om levenslang, exclusief en onvoorwaardelijk bij iemand te horen is gebleven, moeten we ermee leren leven dat een scheiding tot de reële mogelijkheden behoort. Steeds meer mensen deinzen ervoor terug om hun potentieel in een bindende duurzame relatie te investeren. Ze richten hun woning niet in met kostbare meubels en willen geen kinderen zodat ze geen onherroepelijke verplichtingen op zich hoeven te laden. Een wezenlijke culturele omslag zou kunnen op gang komen wanneer de maatschappij niet langer goed kan functioneren omdat er onvoldoende nakomelingen ter wereld komen, of wanneer zou blijken dat een cultuur met meer nakomelingen en met een meer gezinsvriendelijke levensfilosofie meer kans op overleven heeft.

In dit boek poneren we de stelling dat de hoop op zelfverwezenlijking door een duurzame relatie vandaag de doorslaggevende factor is om een liefdesrelatie aan te knopen. Liefde bloeit op wanneer twee mensen, die elk hun levensweg aan het uitzoeken zijn, elkaar ontmoeten en elkaar het vooruitzicht aanbieden dat ze heel wat zaken waarnaar ze al lang verlangen nu zullen kunnen inhalen en verwezenlijken. Beantwoord worden op het meest persoonlijke en intieme vlak verleent extra kwaliteit aan de uitbouw van de eigen persoonlijkheid. Elkaars mogelijkheden ontdekken en stimuleren en elkaar kritisch uitdagen, geeft diepgang aan een vaste relatie en roept een gezamenlijke geschiedenis in het leven. Samen overwint men heel wat moeilijkheden die de duurzaamheid van de relatie bevorderen.

Niettemin lopen liefdesrelaties op de klippen en blijft men in veel gevallen niet tot het einde van zijn dagen samen. Steeds meer mensen benutten de nieuwe vrijheden om hun liefdesrelatie in te vullen volgens hun eigen ideeën en normen. Het huwelijk als een bindende wilsuiting, waarin men elkaar bijstaat en trouw belooft in goede en kwade dagen, blijft wel voor de meesten het streefdoel van een liefdesgemeenschap. Een dergelijke huwelijksvorm spreekt echter niet alle mensen aan. Sommigen slagen er beter in om samen te leven zonder boterbriefje. Maar ook niet iedereen woont graag samen. Sommigen kunnen elkaar meer emotioneel nabij zijn wanneer ze apart blijven wonen. Nog anderen waarderen de vrijheid en ongebondenheid van hun privé-leven te zeer en zoeken liefde en persoonlijk engagement niet in een partnerrelatie, maar in meer vrijblijvende relaties.

Men stelt mij vaak de vraag of het hoge percentage vrijgezellen niet tegenstrijdig is met mijn stelling dat liefdesrelaties voor de hedendaagse mens van wezenlijk belang zijn. Men moet daarbij echter in gedachten houden dat heel wat mensen die alleen wonen een liefdesrelatie hebben met een vaste partner, maar niet willen of kunnen samenwonen. Het vrijgezellenbestaan is voor veel alleenstaanden geen bewuste of vrije keuze. Velen onder hen kunnen geen geschikte partner vinden. Ik denk uiteraard niet dat alleenstaanden niet in staat zijn tot zelfverwezenlijking. Waarschijnlijk bestaat er echter een diepste, innerlijke kern, die zich pas kan verwerkelijken wanneer men in zijn appel erkend en beantwoord wordt door een liefdespartner.

Ik ga ervan uit dat een 'stabiel' en onontbindbaar huwelijk als maatschappelijk normmodel voorgoed tot het verleden behoort, ondanks fundamentalistische achterhoedegevechten. Het lijkt me waarschijnlijker dat de maatschappij stapsgewijze constructiever leert omgaan met scheidingen en paren die uit elkaar gaan. Het belangrijkste probleem zijn de kinderen. Voor hen is geborgenheid in een stabiel en niet in twijfel getrokken familiaal kader belangrijk. Een echtscheiding is meer dan gewoon scheiden. Men kan op talloze manieren omgaan met een scheidingssituatie. Vandaag pogen steeds meer paren in wederzijds respect uiteen te gaan en velen slagen er zelfs in om na de scheiding vrienden te blijven. Veel ouders hebben grote aandacht voor het effect dat de scheiding op de kinderen heeft. Ze vinden manieren om de kinderen desondanks zekerheid en geborgenheid te bieden en zorgen ervoor dat het pedagogische contact met elk van beide ouders behouden blijft. Ook de maatschappij op zich heeft steeds meer aandacht voor de veranderde gezinssituatie. Scholen en kinderopvang bieden een opvoedingsstructuur aan die een aanvulling vormt op het gezin.

In dit boek wordt een liefdesrelatie gezien als de belangrijkste uitdaging voor de persoonlijkheidsontwikkeling op volwassen leeftijd. Er is me dan ook veel aan gelegen om scheidingen in een positiever licht te stellen. Veel mensen vertellen me dat ze zich na de scheiding veel intensiever als persoon konden ontwikkelen dan tijdens het samenleven. Veel mensen, waarschijnlijk meer mannen dan vrouwen, doen pas iets aan hun relationeel destructief gedrag nadat ze uit elkaar zijn gegaan. Velen luisteren niet naar de kritiek van hun partner zolang ze nog samenleven. Ze moeten eerst de pijn van een scheiding ondergaan voor ze zich openstellen en inzicht verwerven in zichzelf en in hun partner. Belangrijk daarbij is dat ze zich er vroeg of laat wel mee verzoenen dat aan de liefdesrelatie een einde is gekomen. Die liefdesrelatie was nu eenmaal een belangrijk deel van hun levensverhaal. Ze maakte persoonlijkheidsontwikkelingen mogelijk en leverde ervaringen op die de basis kunnen vormen voor een latere, beter geslaagde partnerrelatie. Wie kans wil maken om zich na een scheiding beter te ontwikkelen, moet echter bereid zijn om het verdriet over het verlies toe te laten en mag dat niet wegdrukken door zich halsoverkop in een nieuwe relatie te storten.

Bibliografie

- Abraham, K. (1913): *Über neurotische Exogamie.* Imago, London, Band III.
- Ainsworth, M.D.S., Blehar, M.C., Waters, E., Walls, S. (1978): *Patterns of Attachment: a Psychological Study of the Strange Situation.* Erlbaum, Hillsdale, NJ.
- Alexander, J.F., Holtzworth-Munroe, A., Jameson, P. (1994): 'The Process and Outcome of Marital and Family Therapy: Research Review and Evaluation'. In: Bergin: A.E. und Garfield, S.L. (Hrsg.): *Handbook of Psychotherapy and Behavior Change.* Wiley & Sons, New York, pp. 595-630.
- Anand, M. (1995): *Tantra oder die Kunst der sexuellen Ekstase*; Mosaik, München (The Art of Sexual Ecstasy. The Path of Sacred Sexuality for Western Lovers. Tarcher, Los Angeles 1989).
- Auckenthaler: A. (1983): *Klientenzentrierte Psychotherapie mit Paaren.* Kohlhammer, Stuttgart.
- Augsburger-Dölle, Th. (1996): *Die Förderung der Einseitigkeit. Karrierewünsche und Karrierehindernisse von Schweizer Ärztinnen und Ärzten.* Huber, Bern.
- Augustinus, Aurelius (1983): *Aufstieg zu Gott.* Walter, Olten.
- Balint, M. (1947): *Die Urformen der Liebe und die Technik der Psychoanalyse* S. Fischer, Frankfurt am Main.
- Balint M. (1947): 'Über genitale Liebe'. In: ders.: *Die Urformen der Liebe und die Technik der Psychoanalyse.* dtv, München/Klett-Cotta, Stuttgart, 2. Auflage 1997, pp. 136-150.
- Bauriedl, Th. (1995): 'Psychoanalystische Familientherapie'. In: Mertens, W. (Hrsg.): *Schlüsselbegriffe der Psychoanalyse.* Verlag Internationale Psychoanalyse, Stuttgart, pp. 345-351.

- Bodenmann, G. (2000): 'Streß, kritische Lebensereignisse und Partnerschaft'. In: Kaiser, P. (Hrsg.) *Partnerschaft und Paartherapie.* Hogrefe, Göttingen, pp. 193-218.
- Boszormenyi-Nagy, I., Krasner, B.R. (1986): *Between Give and Take. A Clinical Guide to Contextual Therapy.* Brunner: Mazel, New York.
- Boszormenyi-Nagy, I., Spark, G.M. (1981): *Unsichtbare Bindungen.* Klett-Cotta, Stuttgart, 7. Auflage 2001 (Invisible Loyalties, Harper & Row, Hagerstown 1973).
- Botton. A., de (1999): *Proeven van liefde.* Contact, Utrecht.
- Bowen, M. (1972): 'On the Differentiation of Self'. In: J. Framo (Hrsg.); *Family Interaction – A Dialogue between Family Researchers and Family Therapists.* Springer, New York.
- Bowlby, J. (1975): *Bindungen.* Kindler, München (Attachment and Loss. Basic Books, New York 1969).
- Brandstädter, J., Baltes-Götz, B., Heil, F. (1990): 'Entwicklung in Partnerschaften: Analyse zur Partnerschaftsqualität bei Ehepaaren in mittlerem Erwachsenenalter'. *Zeitschrift für Entwicklungspsychologie und Pädagogische Psychologie* 22 (3).
- Bray, J., Jouriles, E. (1995): 'Treatment of marital conflict and prevention of divorce'. *Journal of Marital and Family Therapy* 21, 461-473.
- Buber, M. (1984): *Ekstatische Konfessionen.* Gütersloher Verlagshaus, Gütersloh, 5. Auflage.
- Buber, M. (1993): *Mystische Zeugnisse aller Zeiten und Völker.* Diederichs, München.
- Burkhart, G. (1997): *Lebensphasen – Liebesphasen. Vom Paar zur Ehe, zum Single und zurück?* Leske & Budrich, Opladen.
- Christensen, A., Heavey, C.L. (1999): 'Interventions for couples'. *Annual Review of Psychology* 50, 165-190.
- Coellen, M. (1997): *Paartherapie und Paarsynthese. Lernmodell Liebe.* Springer, Wien.
- Cooper, D. (1972): *Tod der Familie.* Rowohlt, Reinbek.
- Dawkins, R. (1986): *De zelfzuchtige genen. Over evolutie, agressie en eigenbelang.* Contact, Amsterdam.
- Dicks, H. (1967): *Marital tensions*, Basic Books, New York.
- Dorian, B.J., Garfinkel, P.E., Brown, G.M. et al. (1982): 'Aberrations in lymphocyte subpopulations and functions during psychological stress'. *Journal of Clinical and Experimental Immunology* 50, 132-138.

- Ebbecke-Nohlen, A. (2000): 'Systemische Paartherapie – Das Balancieren von Gemeinsamkeiten und Unterschieden'. *Psychotherapie im Dialog* 1, 21-28.
- Eibl-Eibesfeldt, I. (1998): *Liebe und Haß*. Piper, München, 12, Auflage.
- Ellis, L., Ebertz, L. (Hrsg.) (1997): *Sexual Orientation: Toward Biological Understanding*. Praeger, Westport, Connecticut.
- Ellis, L., Ebertz, L. (Hrsg.) (1998): *Males, Females, and Behavior: Toward Biological Understanding*. Praeger, Westport, Connecticut.
- Erikson, E.H. (1973): *Identität und Lebenszyklus.* Suhrkamp, Frankfurt am Main.
- Ernst, C. Luckner, N. von (1985): *Stellt die frühe Kindheit die Weichen?* Enke, Stuttgart.
- Fairbairn, W. (1952): *Psychoanalytic Studies of the Personality*. Tavistock, London.
- Fehm-Wolfsdorf, G., Groth, T., Kaiser, A., Hahlweg, K. (1998): 'Partnerschaft und Gesundheit'. In: Bundesministerium für Familien, Senioren, Frauen und Jugend (Hrsg.): *Prävention von Trennung und Scheidung,* Kohlhammer, Stuttgart, pp. 261-279.
- Foerster, H. von (1984): 'Das Konstruieren einer Wirklichkeit'. In: P. Watzlawick (Hrsg.): *Die erfundene Wirklichkeit.* Piper, München, pp. 39-60.
- Frei, R., Riehl-Emde, A., Willi, J. (1997): 'Verbessert die Technik der Konstruktdifferenzierung die Ergebnisse der Paartherapie?' *Familiendynamik* 22, 64-82.
- Freud, A. (1978): *Das Ich und die Abwehrmechanismen*. Kindler, München.
- Freud, S. (1918): *Beiträge zur Psychologie des Liebeslebens*. GW VIII, Imago, London, pp. 65-91.
- Freud, S. (1914): *Zur Einführung des Narzißmus*, GW X, Imago, London, pp. 138-170.
- Frisch, M. (1985): *Tagebuch 1946-1949*. Suhrkamp, Frankfurt am Main.
- Geary, D.C. (1998): *Male, Female: The Evolution of Human Sex Differences*. American Psychological Association, Washington, D.C.
- Glasersfeld, E. von (1984): 'Einführung in den radikalen Konstruktivisum'. In: P. Watzlawick (Hrsg.): *Die erfundene Wirklichkeit.* Piper, München, pp. 16-38.

- GOLDEN, G.K. (1991): 'Coupling: Contracts, Attachment and Love'. In: Brothers, B.J. (Hrsg.): *Coupling. What makes permanence?* Haworth Press, New York, pp. 63-70.
- GONDONNEAU, J. (1972): *Freiheit in der Liebe*. Benziger, Zürich.
- GOTTMAN, J.M. (1995): *Laß uns einfach glücklich sein. Der Schlüssel zu einer harmonischen Partnerschaft*. Heyne, München. (Two-Part Harmony, The Breakthrough, Research on Why Marriages succeed or fail. Simon & Schuster, New York 1994).
- GOTTMAN, J.M., LEVENSON, R.W. (2000): 'Wie stabil sind Ehebeziehungen über mehrere Jahre?' *Familiendynamik* 25, 14-38.
- GRAWE, K., DONATI, R., BERNAUER, F. (1994) *Psychotherapie im Wandel. Von der Konfession zur Profession*. Hogrefe, Göttingen.
- GRAY, J. (2002): *Mannen komen van Mars, vrouwen van Venus*. Het Spectrum, Utrecht.
- GROF, C., GROF, S. (1990) *The stormy search for the self*. St. Martin's, New York.
- GRUENEBAUM, H. (1997): 'Thinking about romantic/erotic lover'. *Journal of Marital and Family Therapy* 23, 295-307.
- GRÜN, A. (2000): *Die Trauung. Segen für das gemeinsame Leben*. Vier-Türme, Münsterschwarzach.
- HAMILTON, R. (1964)l 'The genetical evolution of social behaviour'. *Journal of Theoretical Biology* 7, 1-25.
- HARK, H. (Hrsg.)(1998): *Lexikon Jungscher Grundbegriffe*. Walter, Zürich, 4. Auflage.
- HELLINGER, B. (1994): *Ordnungen der Liebe*. Carl-Auer-Systeme, Heidelberg.
- HEMMINGER, H.J. (1982): *Kindheit als Schicksal*. Rowohlt, Reinbek.
- HETHERINGTON, E.M., COX, M., COX, R. (1982): 'The effects of divorce on parents and children'. In: Lamb, M. (Hrsg.): *Nontraditional families*. Lawrence Erlbaum, Hillsdale, NJ, pp. 233-288.
- HOFFMEISTER, J. (1955): *Wörterbuch der philosophischen Begriffe*. Meiner, Hamburg, 2. Auflage.
- HOFSTADTER, D.R. (1983): 'Metamagikum. Kann sich in einer Welt voller Egoisten kooperatives Verhalten entwicklen?' *Spektrum der Wissenschaft*, August, 8-14.
- HOHL, J. (1995): 'Neurotischer Konklikt'. In: W. MERTENS (Hrsg.):

Schlüsselbegriffe der Psychoanalyse. Verlag Internationale Psychoanalyse, Stuttgart, 2. Auflage, pp. 176-184.

- Jacobson, N.S., Schmaling, K.B., Holtzworth-Munroe, A. (1987): 'Component analysis of behavioral marital therapy: 2-year follow-up and prediction of relapse'. *Journal of Marital and Family Therapy* 13, 187-195.
- Jellouschek, H. (1995): 'Lebensübergänge in der Paarbeziehung'. In: Egner, H. (Hrsg.): *Lebensübergänge oder Der Aufenthalt im Werden.* Walter, Solothurn.
- Jellouschek, H. (1999): *Wie Partnerschaft gelingt – Spielregeln der Liebe.* Herder, Freiburg im Breisgau, 3. Auflage.
- Jung, E. (1999): *Animus en anima.* Lemniscaat, Rotterdam.
- Kaiser, R. (2000): 'Partnerschaft und Herkunftsfamilie'. In: ders. (Hrsg.): *Partnerschaft und Paartherapie.* Hogrefe, Göttingen, pp. 113-146.
- Kaiser, R. (Hrsg.)(2000): *Partnerschaft und Paarttherapie.* Hogrefe: Göttingen.
- Karpel, M.A. (1994): *Evaluating Couples. A Handbook for Practitioners.* Norton, New York.
- Kehl, M. (1990): 'Psychologie als religiöse Heilslehre: Selbstverwirklichung im New Age'. In: Frielingsdorf, K. und Kehl, M. (Hrsg.): *Ganz und heil. Unterschiedliche Wege zur 'Selbstverwirklichung'.* Echter, Würzburg, pp. 11-25.
- Kernberg, O.F. (1994): 'Psychoanalytische Objektbeziehungstheorien'. In: Mertens, W. (Hrsg.): *Schlüsselbegriffe de Psychoanalyse.* Verlag Internationale Psychoanalyse, Stuttgart, pp. 96-104.
- Kernberg, O.F. (1997): *Wut und Haß,* Klett-Cotta, Stuttgart (Aggressions in Personality Disorders and Perversions, Yale University Press, New Haven 1992).
- Kernberg, O.F. (1998): *Liebesbeziehungen. Normalität und Pathologie.* Klett-Cotta, Stuttgart (Love Relations, Normality and Pathology. Yale University Press, New Haven 1995).
- Kiecolt-Glaser, J.K., Fisher, L.D., Ogrock, P., et al. (1987): 'Marital quality, marital disruption, and immune function'. *Psychosomatic Medicine* 49, 13-34.
- Kobak, R.R., Hazan, C. (1991): 'Attachment in Marriage: Effects of Security and Accuracy of Working Models'. *Journal of Personal and Social Psychology* 60, 861-869.

- König, K. (1984): 'Unbewußte Manipulation in der Psychotherapie und im Alltag'. *Georgia Augusta* 40,10-16.
- König, K. (1993): *Gegenübertragungsanalyse*. Vandenhoeck & Ruprecht, Göttingen.
- Kowalczyk, A. (2000): 'Systemische Paartherapie'. In: Kaiser, P. (Hrsg.), Partnerschaft und Paartherapie. Hogrefe, Göttingen, pp. 339-363.
- Kreische, R. (2000): 'Psychoanalutische Paartherapie'. In: Kaiser, P. (Hrsg.): Partnerschaft und Paartherapie. Hogrefe, Göttingen, pp. 257-270.
- Kreuz, J. vom (1999): *Die Dunkle Nacht*. Herder, Freiburg im Breisgau, 4. Auflage.
- Küfner, H. (1989): 'Bindung und Autonomie als Grundmotivation des Lebens und Verhaltens'. *Forum der Psychoanalayse* 5, 99-123.
- Kuhn, T. (1973): *Die Struktur wissenschaftlicher Revolutionen*. Suhrkamp, Frankfurt am Main (The Structure of Scientific Revolutions, University of Chicago 1962).
- Lebow, J.L. (2000): 'Building a Science of Couple Relationships: Comments to Two Articles by Gottman and Levenson'. *Family Process* 38, 167-173 (ein wichtiger Beitrag zu einer wissenschaftlichen Untersuchung der Paarbeziehungen. *Familiendynamik* 25, 39-49 (2000)).
- Lederer, W.J., Jackson, D.D. (1968): *Ehe als Lernprozeß*. Pfeiffer, München 1972 (The Mirage of Marriage. Norton, New York 1968).
- Lee, J.A. (1974): 'The styles of loving'. *Psychology Today* 8, 44-51.
- Lersch, P. (1962): *Aufbau der Person*. Barth, München.
- Limacher, B., Willi, J. (1998): 'Wodurch unterscheidet sich die ökologischkoevolutive Therapiekonzeption von einer systemisch-konstruktivistischen?' *Familiendynamik* 23, 129-155.
- Lindenmeyer, J. (2000): 'Paartherapie aus der Sicht der Verhaltenstherapie'. *Psychotherapie im Dialog* 1, 15-20.
- Linster, H.W. (2000): 'Klientenzentrierte Paartherapie'. In: Kaiser, P. (Hrsg.): *Partnerschaft und Paartherapie*. Hogrefe: Göttingen, pp. 271-291.
- Liturgische Institute Salzburg, Trier und Zürich (1999): *Die Feier der Trauung*. Herder, Freiburg im Breisgau.
- Luborsky, L. (1988): *Einführung in die analytische Psychotherapie*. Springer, Berlin (Principles of psychoanalytic psychotherapy. Basic Books, New York 1984).

- Marks, N.F. (1996): 'Flying solo at midlife: Gender, marital status, and psychological well-being'. *Journal of Marriage and the Family* 58, 917-932.
- Massing, A., Reich, G. (2000): 'Psychoanalytische Paartherapie nach dem Mehrgenerationenansatz'. *Psychotherapie im Dialog* 1, 8-14.
- Masters, R.D. (1988): 'Evolutionsbiologie, menschliche Natur und Politische Philosophie'. In: Meier, H. (Hrsg.): *Die Herausforderung der Evolutionsbiologie*. Piper, München, pp. 251-289.
- Mathes, E.W., Wise, P.S. (1983): 'Romantic love and the ravages of time'. *Psychological Reports* 53, 839-846.
- Maturana, H.R., Varela, F.J. (1987): *Der Baum der Erkenntnis*. Scherz, Bern.
- Mayr, E. (1988): 'Die Darwinsche Revolution und die Widerstände gegen die Selektionstheorie'. In: Meier, H. (Hrsg.): *Die Herausforderung der Evolutionsbiologie*. Piper, München, 3. Auflage, pp. 221-250.
- Mechthild von Magdeburg, zit. nach Buber, M.: *Ekstatische Konfessionen*.
- Meier, B., Röskamp, A., Riehl-Emde, A., Willi, J. (2002): 'Trennung nach Paartherapie im Urteil der Patientinnen'. *Familiendynamik* 27 (im Druck).
- Mentzos, St. (1995): 'Abwehr'. In: Mertens, W. *Schlüsselbegriffe der Psychoanalyse*. Verlag Internationale Psychoanalyse, Stuttgart, 2. Auflage, pp. 191-199.
- Mentzos, St. (2000): 'Externalisierung'. In: Mertens, W. und Waldvogel, B. (Hrsg.): *Handbuch psychoanalytischer Grundbegriffe*. Kohlhammer, Stuttgart, pp. 182-184.
- Mertens, W., (1995): *Schlüsselbegriffe der Psychoanalyse*. Verlag Internationale Psychoanalyse, Stuttgart, 2. Auflage.
- Mertens, W., Waldvogel, B. (Hrsg.)(2000): *Handbuch psychoanalytischer Grundbegriffe*. Kohlhammer, Stuttgart.
- Mieth, D. (Hrsg.)(1979): *Meister Eckhart*. Walter, Olten.
- Miklowitz, D.J., Goldstein, M.J., Neuchterlein, K.J., et al. (1988): 'Family factors and the course of bipolar affective disorder'. Archives of General Psychiatry 45, 225-231.
- Minuchin, S., Rosman, B., Baker, L. (1983): *Psychosomatische Krankheiten in der Familie*. Klett-Cotta, Stuttgart (Psychosomatic Families. Anorexia Nervosa in Context. Harvard Univ. Press, Cambridge 1978).

- MOELLER, M.L. (1988): *Die Wahrheit beginnt zu zweit.* Rowohlt, Reinbek.
- MOOR, P. (1981): *Reifen – Glauben – Wagen. Menschwerdung durch Erziehung.* Theologischer Verlag, Zürich.
- NEEDLEMAN, J. (2000): *Das kleine Buch der Liebe.* S. Fischer, Frankfurt am Main (A little Book on Love. Doubleday, New York 1996).
- NORWOOD, R. (1986): *Wenn Frauen zu sehr lieben. Die heimliche Sucht, gebraucht zu werden.* Rowohlt, Reinbek.
- OTSCHERET, E. (1988): *Geschichte und Interpretation der menschlichen Zweispältigkeit.* Asanger, Heidelberg.
- REICH, G., CIERPA, M. (1996): 'Der psychodynamische Befund'. In: Cierpka, M. (Hrsg.): *Handbuch der Familiendiagnostik.* Springer, Berlin, pp. 279-306.
- REVENSTORF, D. (2000): 'Liebe und die empirische Forschung. Gottmans Versuch, das Unfaßbare faßbar zu machen'. *Familiendynamik* 25, 50-54.
- REVENSTORF, D., FREUDENFELD, E. (2000): 'Paartherapie – Stand der Kunst und Kontroversen'. *Psychotherapie im Dialog* 1, 2-7.
- RIEHL-EMDE, A. (1998): *Die Liebe – eine vernachlässigte Dimension in Paartherapie und Eheforschung.* Habilitationschrift Zürich.
- RIEHL-EMDE, A. (1999): 'Ist seine Ehe auch ihre Ehe?' Eine alte Frage in neuem Licht. *Sustem Familie* 12, 132-138.
- RIEHL-EMDE, A. (2000): 'Kann denn Liebe Sünde sein?' Paarfoschung und Paartherapie entdecken ein neues Gebiet'. *Psychotherapie im Dialog* 1, 76-80.
- RIEHL-EMDE, A., FREI, R., WILLI, J. (1994): 'Menschen in Trennung und ihre Ambivalenz: Erste Anwendung eines neu entwickelten Paar-Inventars'. *Psychotherapie, Psychosomatik, Medizinische Psychologie* 44, 37-45.
- RIEHL-EMDE. A., WILLI, J. (1997): 'Sich verlieben und die große Liebe. Eine Fragebogenaktion und Überlegungen aus paartherapeutischer Sicht'. *Psychotherapeut* 42, 85-91.
- ROGERS, C.R. (1981): *Der neue Mensch.* Klett-Cotta, Stuttgart (A Way of Being. Houghton Mifflin, Boston 1980).
- ROGERS, C.R. (1973): *Entwicklung des Persönlichkeit.* Klett, Stuttgart (On Becoming a Person. A Therapist's View of Psychotherapy. Houghton Mifflin, Boston 1961).

- RÖSKAMP, A. (2001): *Wirksamkeit von Paartherapie im Urteil der Patienten.* Diss, Zürich.
- SASSMANN, H., BRANKHANS, C., HAHLWEG, K. (2000): 'Behaviorale Ansätze der Gesundheits- und Entwicklungsförderung für Paare'. In: Kaiser: P. (Hrsg.): *Partnerschaft und Paartherapie.* Hogrefe, Göttingen, pp. 365-382.
- SCHIEPEK: G. (1999): *Die Grundlagen der Systemischen Therapie.* Vandenhoeck & Ruprecht, Göttingen.
- SCHINLDER, L., HAHLWEG, K., REVERSTORF, D., (1998) *Partnerschaftsprobleme: Diagnose und Therapie.* Springer, Berlin, 2. Auflage.
- SCHINDLER: L., HAHLWEG, K., REVENSTORF, D. (1999): *Partnerschaftprobleme: Möglichkeiten zur Bewältigung.* Springer, Berlin, 2. Auflage.
- SCHLIPPE, A. VON, SCHWEITZER, J. (1996): *Lehrbuch der systemischen Therapie Und Beratung.* Vandenhoeck & Ruprecht, Göttingen.
- SCHMIDT, G., (1998): 'Wir sehen immer mehr Lustlose'. *Familiendynamik* 23, 348-365.
- SCHUBART, W. (1989): *Religion und Eros*, Beck, München.
- SCHWARZER, A. (2000): *Der große Unterschied.* Kiepenheuer & Witsch, Köln.
- SHAVER, P., HAZAN, C., BRADSHAW, D. (1988): 'Love as attachment: The integration of three behavioural systems'. In: Sternberg, R.J., Barnes, M.L. (Hrsg.): The Psychology of Love. Yale University Press, New Haven, pp. 68-99.
- SHAZER, St. de (1989): *Der Dreh. Überraschende Wendungen und Lösungen in der Kurzzeittherapie.* Carl-Auer-Systeme, Heidelberg (Clues. Investigating Solutions in Brief Therapy. Norton, New York 1988).
- SIMON, F.B., CLEMENT, U., STIERLIN, H. (1999): *Die Sprache der Familientherapie.* Klett-Cotta, Stuttgart, 5. Auflage.
- SPITZER, M., (2001): *Ketchup und das kollektive Unbewußte.* Schattauer, Stuttgart.
- STEENWEGEN, A. van (1998): 'Divorce after couples therapy: An overlooked perspective of outcome research'. *Journal of Sex and Marital Therapy* 24,123-130.
- STERNBERG, R.J. (1986): 'A triangular theory of love'. *Psychol. Rev.* 9, 119-135.
- SYDOW, K. von (1998): 'Sexualität und/oder Bindung' *Famliendynamik* 23, 377-404.

- THIBAUT, J.W., KELLEY, H.H. (1959): *The Social Psychology of Groups.* Wiley, New York.
- TIEDEMANN, R. von, JELLOUSCHEK, H., (2000): 'Systemische Paartherapie – ein integratives Konzept'. *Psychotherapie im Dialog* 1, 37-44.
- VANSTEENWEGEN, A. (1998): 'Divorce after couples therapy: An overlooked perspective of outcome research'. *Journal of Sex and Marital Therapy* 24,123-130.
- VANSTEENWEGEN, A. (2002) Liefde is een werkwoord. Lannoo, Tielt.
- VANSTEENWEGEN, A. (1999) Liefde na verschil. Lannoo, Tielt.
- VANSTEENWEGEN, A. (2002) Liefde vraagt tijd. Lannoo, Tielt.
- VOGEL, Ch. (1992): 'Gibt es eine natürliche Moral? Oder: Wie widernatürlich ist unsere Ethik'. In: Meier, H. (Hrsg.): *Die Herausforderung der Evolutionsbiologie.* Piper, München, 3. Auflage, pp. 193-219.
- WALSTER, E., UTNE, M.K., TRAUPMANN, J. (1977): 'Equity-Theorie und intime Sozialbeziehungen'. In: Mikula, G., Groebe W. (Hrsg.): *Sympathie, Freundschaft und Ehe*, Huber, Bern, pp. 193-220.
- WATZLAWICK, P., BEAVIN, J.H., JACKSON, D.D. (1969): *Menschliche Kommunikation.* Huber, Bern (Pragmatics on Human Communication. Norton, New York 1967).
- WEIS, H.W. (1998): *Spiritueller Eros.* Via Nova, Petersberg.
- WEISS, J., SAMPSON, H. and the Mount Zion Psychotherapy Research Group (1986): *The psychoanalytic process: Theory, clinical observation, and empirical research.* Guilford, New York.
- WELTER-ENDERLIN, R., (1996): *Deine Liebe ist nicht meine Liebe. Partnerprobleme und Lösungsmodelle aus systemischer Sicht.* Herder, Freiburg im Breisgau.
- WICKLER, W., SEIBT, U. (1983): *männlich weiblich.* Piper, München.
- WICKLER, W. SEIBT, U. (1991): *Das Prinzip Eigennutz.* Piper, München.
- WILBER, K., (1988): *Halbzeit der Evolution.* Scherz, Bern.
- WILLI, J. (1975): *Die Zweierbeziehung.* Rowohlt, Reinbek.
- WILLI, J. (1998): *Het paar op de divan. Analytische relatietherapie.* Lannoo, Tielt.
- WILLI, J. (1985): *Ko-Evolution. Die Kunst gemeinsamen Wachsens.* Rowohlt, Reinbek.
- WILLI, J. (1999): *Duurzame liefde. Hoe samen groeien in een partnerrelatie.* Lannoo, Tielt. Rowohlt, Reinbek.
- WILLI, J. (1996): *Ökologische Psychotherapie.* Hogrefe, Göttingen.

- WILLI, J. (1997): 'The significance of romantic love for marriage'. *Family Process* 36, 171-182.
- WILLI, J. (2000): 'Koevolutive Aspekte der Paartherapie'. *Psychotherapie im Dialog* 1, 29-36.
- WILLI, J., FREI, R., GÜNTER, E. (2000): 'Psychotherapy of Panic Syndrom: Focusing on Ecological Aspects of Relationships'. *American Journal of Psychotherapy* 54, 226-242.
- WILLI, J., FREI, R., LIMACHER, B. (1993): »Couples Therapy Using the Technique of Construct Differentiaton«. *Family Process* 32, 312-321.
- WILLI, J., LIMACHER, B., FREI, R., BRASSEL-AMMANN, L. (1992): 'Konstruktdifferenzierung in der Paartherapie'. *Familiendynamik* 17, 68-92.
- WYDLER, H. (1997): 'Sexualität Jugendlicher: safe, aber nicht immer'. *P&G Prävention & Gesundheitsförderung im Kanton Zürich* 3, 13-15.

Zakenregister

Personenregister